铁路职业教育铁道运输类专业课程改革系列教材

U0794233

铁路行车规章

（第三版）

主　编　蹇旭霞　茹彦虹　展晓玲
副主编　张艳兵　耿敬源
主　审　王　达

西南交通大学出版社
·成 都·

图书在版编目（CIP）数据

铁路行车规章 / 蹇旭霞，茹彦虹，展晓玲主编. --
3 版. -- 成都：西南交通大学出版社，2024.1（2026.1 重印）
ISBN 978-7-5643-9681-7

Ⅰ. ①铁… Ⅱ. ①蹇… ②茹… ③展… Ⅲ. ①铁路行车－行车组织－规章制度－教材 Ⅳ. ①U292

中国国家版本馆 CIP 数据核字（2024）第 005826 号

Tielu Xingche Guizhang
铁路行车规章
（第三版）

主　编 / 蹇旭霞　茹彦虹　展晓玲

责任编辑 / 周　杨
封面设计 / 曹天擎

西南交通大学出版社出版发行
（四川省成都市金牛区二环路北一段 111 号西南交通大学创新大厦 21 楼　610031）
营销部电话：028-87600564　　028-87600533
网址：http://www.xnjdcbs.com
印刷：四川森林印务有限责任公司

成品尺寸　185 mm × 260 mm
印张　18.25　　字数　456 千
版次　2013 年 10 月第 1 版　　2015 年 9 月第 2 版　　2024 年 1 月第 3 版
印次　2026 年 1 月第 8 次

书号　ISBN 978-7-5643-9681-7
定价　49.00 元

课件咨询电话：028-81435775
图书如有印装质量问题　本社负责退换
版权所有　盗版必究　举报电话：028-87600562

三版前言

根据国务院对职业教育发展改革要求及教育部对课程思政的要求，同时保证本教材的内容与国家铁道行业标准及国铁集团相关规定的一致性、教材形式适应教育数字化发展的要求，结合专业教师教学的经验探讨，以及铁路发展和铁道行业对人才的需求情况，对铁道交通运营管理专业的对应岗位知识、技能进行了序化，考虑岗位实际工作内容，在《铁路行车规章》（第二版）的基础上改编形成教育改革新理念教材。

本版在保持了上一版的基本知识体系框架的基础之上，进行了以下修订：在所有项目的“典型任务”下增加了具体“工作任务”和“任务目标”；在相关知识点增加了媒体资料，通过二维码链接相应的自主知识产权的微课视频；在部分工作任务增加了课程思政案例、材料；根据最新中华人民共和国铁道行业标准对调车工作部分和接发列车作业部分做了更新及内容调整；根据《铁路运输调度规则》（铁总运〔2017〕128 号）修改了运输调度工作部分变更内容；根据《车站行车工作细则编制规则》（铁总运〔2017〕174 号）修改了《车站行车工作细则》的编制部分变更内容。

本版参加编写的工作人员有：包头铁道职业技术学院蹇旭霞（绪论，项目一：任务 1 ~ 任务 6，项目三：任务 1 ~ 任务 4）、包头铁道职业技术学院茹彦虹（项目二：任务 1 ~ 任务 7，项目四：任务 5 ~ 任务 7）、包头铁道职业技术学院展晓玲（项目三：任务 5 ~ 任务 6，项目五：任务 1 ~ 任务 4）、包头铁道职业技术学院张艳兵（项目四：任务 1 ~ 任务 4）、包头铁道职业技术学院耿敬源（项目五：任务 5 ~ 任务 8）、包头铁道职业技术学院张亚樵（项目一：任务 7 ~ 任务 8）。

由于编者能力有限，书中难免有疏漏之处，恳请广大读者批评指正。

编　者

2023 年 8 月

数字资源目录

24	1-6-4 自动化驼峰制动作业	视频	59
25	1-7-1 整列解体调车作业计划的编制	视频	64
26	1-7-2 分部解体调车作业计划的编制	视频	64
27	1-7-3 编组调车作业计划的编制	视频	64
28	1-8-1 防溜及防溜揭示	视频	72
29	1-8-2 手推调车	视频	73
30	3-2-1 关门车的编挂要求	视频	164

目　录

绪　论

铁路是国民经济大动脉、国家重要基础设施和大众化交通工具，是综合交通运输体系骨干、重要的民生工程和资源节约型、环境友好型运输方式，在我国经济社会发展中的地位至关重要。

一、铁路运输法规体系

铁路拥有大量的技术设备，如何正确地运用这些设备，安全、准确、迅速、协调地运送旅客和货物，以满足国民经济发展和国防建设的需要，是铁路运输的主要任务。由于铁路运输在促进经济增长和保证经济正常运行方面的关键作用，必须为其建立一些特殊的法律和规则，即要求铁路运输活动必须在法定规则下进行。同时，为了保证铁路运输生产的顺利进行，保障铁路运输安全，维护铁路运输生产秩序，必须制定完备的铁路运输法律法规，用以调整铁路运输关系。

铁路运输法律法规是为了适应铁路运输管理而产生的，也是在总结铁路运输管理的实践经验基础上不断完善起来的部门法。

铁路运输法律法规一般由三部分构成：一是由国家的专门立法机关制定的法律，如《中华人民共和国铁路法》（以下简称《铁路法》）等；二是由国家的最高行政机关制定的行政法规，主要是一些条例和实施细则，如国务院发布的《中华人民共和国铁路运输安全保护条例》等；三是由政府的铁路主管机关颁发的行政规章，包括各种实施细则、规程、规则、办法和规定等，如国铁集团（原铁道部、中国铁路总公司）制定的《铁路技术管理规程》（以下简称《技规》）和《铁路货物运输规程》。

二、铁路行车规章

铁路行车规章是铁路运输企业安全、正点、优质、高效完成客货运输任务，组织生产活动，约束生产行为而制定的规范和准则。在铁路运输企业管理中，铁路行车规章制度属于技术管理的范畴。正确、合理地制定规章制度，科学、规范地管理规章制度，全面、有效地实施规章制度，是铁路运输企业技术管理的主要任务。因此，行车规章制度的科学性、先进性及实施中的权威性、实效性是衡量铁路运输企业管理水平的重要标志。同时，行车规章是铁路实施安全基础建设的重要内容，是规范安全生产和组织运输生产活动的基本依据和行为准则，必须做到“科学制定，贯彻畅通，规范管理，落实到位”，以确保铁路运输安全正点、方便快捷、高速有效。

（一）铁路行车规章的种类

铁路行车规章主要包括《技规》《接发列车作业标准》（以下简称《接标》）《铁路调车作业标准》（以下简称《调标》）《铁路运输调度规则》（以下简称《调规》）《铁路营业线施工及

安全管理办法》《铁路行车组织规则》(以下简称《行规》)《车站行车工作细则》(以下简称《站细》)等有关内容。

1.《技规》

《技规》是由国铁集团制定，规定了铁路的基本建设、产品制造、验收交接、使用管理及保养维修方面的基本要求和标准；规定了各部门、各单位、各工种在从事铁路运输生产时，必须遵循的基本原则、责任范围、工作方法、作业程序和相互关系；规定了信号的显示方式和执行要求；规定了铁路工作人员的主要职责和必须具备的基本条件。

2.《行规》

《行规》是各铁路局集团公司为实施《技规》规定的行车组织原则和办法，针对本局技术设备、运输特点及工作水平的具体条件制定的行车组织办法。《行规》的主要内容包括：《技规》明文规定由各局自行规定的事项；《技规》未作统一规定，又不宜由站段等基层单位自行补充规定的行车办法；根据铁路局管内特殊地段的平/纵断面情况、信号、联锁、闭塞设备和机车类型，对行车工作所规定的特殊要求和注意事项；本局在生产实践中普遍推广的先进经验和行之有效的安全生产措施等。

3.《站细》

《站细》是车站编制、执行日常作业计划，组织接发列车、调车和各项技术作业以及有关技术设备使用的基本法规。《站细》的主要内容包括车站技术设备的使用、管理，接发列车、调车以及与行车有关的客运、货运、军事运输工作的组织，列车的技术作业程序和时间标准，作业计划的编制、执行制度，车站信息系统的管理制度，车站通过、改编能力，并应附注有坡度的车站线路平面图、进站信号机外制动距离内平/纵断面图、联锁图表及电气化区段接触网高度和分相分段绝缘器位置等技术资料。

4. 作业标准

作业标准是指与直接生产有关的作业项目、程序，在内容、顺序、质量、时限、工具、动作和态度等方面所作的统一规定。它是对生产作业人员具有约束性的准则，包括国家制定的国家标准，国铁集团制定的行业标准，铁路局制定的局定标准，各基层站段根据本单位具体情况制定的属于站段一级的标准。铁路行车工作常用标准有《铁路调车作业标准》《接发列车作业标准》《车机联控标准》《铁路车站行车作业人身安全标准》等。

除上述规章、标准外，上级下达的与行车有关的文件、电报、规则、办法、命令等也是行车规章的重要组成部分。

(二)《技规》《行规》《站细》的关系

《技规》依据《铁路法》《中华人民共和国铁路运输安全保护条例》等有关法律法规制定，是铁路技术管理的基本规章，适用于全国铁路。铁路其他规章和规范性文件及各部门、各单位制定的技术管理文件等，都必须符合《技规》的规定。《技规》是长期生产实践和科学研究的总结，它将随着运输生产和科学技术的不断发展逐步充实和完善。在国铁集团没有明令修改以前，任何部门、任何单位、任何人员都不得违反《技规》的规定。铁路职工必须认真学习、严格执行《技规》的有关规定。一切违反《技规》的规章制度都必须纠正和禁止。

《行规》是铁路局制定的。根据《中华人民共和国铁路法》的有关规定，铁路局是企业，所以《行规》是铁路局的企业内部规章，只适用于制定《行规》的本铁路局。作为企业内部规章的《行规》显然不能违反《技规》的规定。如因作业、设备等特殊原因，无法执行《技规》的有关规定，须经国铁集团批准。

《站细》是由车站制定，报铁路局批准执行的。《站细》只适用于其制定车站。《站细》不能违反《行规》的有关规定，如因作业、设备等特殊原因，无法执行《行规》的规定，须经铁路局批准。《站细》不能违反《技规》的规定，特殊原因无法执行《技规》的规定时，须上报铁路局，经国铁集团批准。

行车规章之间的相互关系并不是指不同规章间有大小之分，任何行车规章，无论何部门制定，一旦实施，都必须得到严格遵守。任何违反行车规章的行为，都必须得到纠正。

三、对铁路行车工作人员的要求

铁路行车工作事关人民生命和财产安全，除了严格遵守《中华人民共和国劳动法》的有关规定外，《技规》还对行车有关人员提出了特殊要求。

（1）行车有关人员，在任职、提职、改职前，必须按照铁路职业技能培训规范要求，进行拟任岗位资格性培训，并经职业技能鉴定和考试考核，取得相应职业资格证书和岗位培训合格证书后，方可任职。

在任职期间，须按照铁路职业技能培训规范等规定，定期参加岗位适应性培训和业务考试，考试不合格的，不得继续履职。

（2）行车有关人员，在任职前必须经过健康检查，身体条件不符合拟任岗位职务要求的，不得上岗作业。

在任职期间，要定期进行身体检查，身体条件不符合任职岗位要求的，应调整工作岗位。

（3）对行车有关人员，应进行日常安全生产知识和劳动纪律的教育、考核，并有计划地组织好在职人员的日常政治和技术业务学习。

（4）驾驶机车、动车组、自轮运转特种设备的人员，必须持有国家铁路局颁发的驾驶证。变更驾驶机（车）型前，必须经过相应的技术培训并考试合格。

实习和学习驾驶机车、动车组、自轮运转特种设备和操纵信号或重要机械、设备及办理行车作业的人员，必须在正式值乘、值班人员的亲自指导和负责下，方准操作。

（5）铁路行车有关人员在执行职务时，必须坚守岗位，穿着规定的服装，佩戴易于识别的证章或携带相应证件，讲普通话。

（6）铁路行车有关人员，接班前须充分休息，严禁饮酒，如有违反，立即停止其所承担的任务。

有关部门应加强对行车有关人员日常安全生产知识和劳动纪律的教育、考核，并有计划地组织好日常政治和技术业务学习。对遵守规章制度成绩突出者，应予以表扬或奖励；对违反者，应视其违反程度和造成事故的性质、情节及后果，给予教育、纪律处分或追究法律责任。

项目一　调车工作

【项目介绍】

调车工作是铁路运输过程的重要组成部分，也是车站行车组织工作的基础。本项目主要介绍调车工作的基本制度、牵出线调车和驼峰调车作业的作业标准及基本要求、调车作业计划的编制，使学生了解和掌握调车作业的基本规定、基本要求和基本方法。

【教学目标】

1．知识目标

熟知调车工作的基本要求、工作制度，掌握调车人员分工及岗位责任；掌握调车准备作业的内容；掌握牵出线调车、驼峰调车作业程序及作业标准；掌握调车作业计划的编制方法，调车作业的其他规定和限制。

2．能力目标

能够明确调车工作在铁路运输中的重要性，能正确使用调车设备，正确显示、识别调车信号；掌握调车准备作业的内容及安全操作方法；掌握牵出线和驼峰调车作业方法及调车作业其他限制和规定，能够保证人身安全和作业安全，并高效率地进行调车作业。

3．素质目标

树立“以人为本”的基本理念，培养“安全第一，注重效率”的安全生产意识。

典型工作任务 1　调车工作的基本要求

1.1.1　工作任务

结合所学基础知识和生活经历，举例说明哪些作业属于调车工作，尝试说明铁路调车工作的意义。

1.1.2　任务目标

1．知识目标

认识调车工作在铁路运输生产过程中的重要意义，了解调车工作的基本要求，掌握调车工作的基本制度和调车作业人员的岗位责任，了解调车作业标准体系。

2. 能力目标

能够阐述和理解铁路调车工作的意义，了解铁路调车工作的特殊性。

3. 素质目标

自觉树立安全为了生产，生产必须安全的思想。

1.1.3 相关配套知识

知识点一 调车工作基本要求

调车工作是铁路运输过程的重要组成部分，也是车站行车组织工作的基础。调车工作质量对车站及时编解列车、取送货物作业车辆和检修车辆，缩短车辆在车站停留时间、加速车辆周转，保证车站畅通等起着决定性的作用。对于技术站来说，更是其日常运输生产的重要内容。

因此，车站的调车工作应按《铁路调车作业》标准和车站的技术作业过程及调车作业计划进行。参加调车作业的人员应做到：

（1）及时编组、解体列车，保证按列车运行图的规定时刻发车，不影响接发列车。

（2）及时取送客货作业和检修的车辆。

（3）充分运用调车机车及一切技术设备，采用先进工作方法，用最少的时间完成调车任务。

（4）认真执行作业标准，保证调车有关人员的人身安全及行车安全。

1-1-1 调车工作的定义及分类

知识点二 调车工作的领导与指挥

调车工作是一项由多工种联合行动的复杂工作。调车工作不仅作业场地大、调动的机车车辆多种多样、作业人员及工种多，而且作业组织比较复杂、作业方法灵活多变、影响调车作业效率的因素较多。为安全、迅速、高质量地完成调车任务，调车工作必须实行统一领导和单一指挥。

1. 统一领导

统一领导，就是在同一时间内，一个车站只能由车站调度员统一领导全站调车工作；车站的有关调车区长，根据车站调度员布置的调车工作任务，领导本区的调车工作。未设车站调度员的车站，调车工作由调车区长统一领导，未设调车区长的由车站值班员统一领导。分场（区）时，各场（区）的调车工作由负责该场（区）的车站调度员或调车区长领导。车站调度员、调车区长在领导调车工作中，遇有占用正线、到发线和机车走行线以及影响接发列车进路的调车工作时，必须与车站值班员联系，取得其同意后方可进行。

动车段（所）调车工作的领导及指挥由铁路局集团公司规定。

2. 单一指挥

单一指挥，就是在同一时间内，一台调车机车的调车作业计划的执行、作业方法的拟订和布置以及调车机车的行动，只能由调车长一人单一指挥。由本务机车进行调车作业时，可由车站值班员或助理值班员担任指挥工作。遇有特殊情况，上述人员不能指挥作业时，可由经鉴定、考试合格取得调车长资格的胜任人员代替。如果一个调车组配有两名调车长时，对每台担当调车作业的机车，在同一班次内，不得轮流指挥。必须更换指挥人时，应按各铁路局有关规定办理。在调车作业中，所有调车有关人员（调车组、扳道组、机车乘务组）都必须服从调车指挥人的指挥。

调车长在调车作业前，必须亲自并督促组内人员充分做好准备，认真进行检查。在作业中应做到：

（1）组织调车人员正确及时地完成调车任务。

（2）正确、及时地显示信号（发出指令），指挥调车机车的行动。

（3）负责调车人员的人身安全和行车安全。

知识链接：高铁线路上车站调车工作的领导与指挥

车站的调车作业由列车调度员（由车站负责办理调车进路时为车站值班员或车务应急值守人员）担当调车领导人。分场时的调车工作，由负责该场调车进路的列车调度员（车站值班员或车务应急值守人员）领导。

调车作业由调车长单一指挥，遇特殊情况，可由经鉴定、考试合格的胜任人员担当调车指挥工作。动车组自走行调车作业、机车及自轮运转特种设备转线等作业由司机负责，不另设指挥人。

知识点三　调车工作制度

一、调车工作的“九固定”

为使参加调车作业的人员在作业中相互协调、紧密配合以及熟悉调车技术设备及工具的性能，便于及时操作和使用，调车工作要实行“九固定”，即固定作业区域、线路使用、调车机车、人员、班次、交接班时间、交接班地点、工具数量及其存放地点。

1-1-2 调车作业“九固定”

1. 固定调车作业区域

在调车作业繁忙、配线较多的车站，配有两台或两台以上调车机时，应根据车站作业特点、设备情况及调车作业性质，划分每台调车机车的固定作业区域，以减少各调车机车作业的相互干扰，并有利于作业人员熟悉本区作业性质和设备状况，掌握作业区调车工作的规律，避免在作业中发生冲撞等事故。

知识链接：划分调车区的方法

（1）对于调车作业互不干扰、设有牵出线和一定数量调车线的独立车场，可单独划区管理。在调车作业量较大的货场、交接场和专用线，在配有专用的取送调车机车时，也可以划为单独的调车区。

（2）对于两端均设有牵出线和驼峰，或一端设有牵出线、一端设有驼峰的车场，可实行横向划区或纵向划区。

横向划区是在调车场中部特设分界标或利用固定建筑物作为调车区的分界线，两端各为一个调车区，两调车区之间应设立安全区。为了保证重点和适应不同作业的需要，通常把分界线划在靠近担负编组或辅助工作的一端，尽量使担负解体或主体调车一端保证有较长的线路。有的车站由于线路短，不宜用固定分界线方法划分调车区，而是规定当线路上有停留车时，就以该线内停留车为分界标，两端调车作业均不准触动该分界车。只有当线路空闲时，才以固定的分界标为界。在横向划区的调车场任何一端调车时，越过分界线或触动分界车均为越区作业。

纵向划区是调车（编发）场的任何一端都有两条及以上的牵出线或驼峰溜放线，且分别配有固定的调车机车，共同担负车场一端的调车工作，或调车（编发）场两端各有一台机车，因设备、车流等原因分线束划区作业。一般是按照每条牵出线或驼峰溜放线直接接通的线束来划分，每个调车区分配几条线路，规定一定的工作任务，固定一台调车机车，这样便于各台调车机车平行作业。遇有交叉作业时，按越区作业办理。

在集中联锁的车站，一般以独立的集中信号楼来划分调车区，固定一台或多台调车机车共同作业。调车（编发）场为共同作业区域，在横列式车站到发场亦为共同作业的区域，在共同区域作业时，应相互做好联系。

2. 固定线路使用

固定线路使用是指按列车编组计划方向的要求、车流量的大小，结合线路配置情况以及特殊用途等合理安排车辆的集结线路，分类固定使用，这样既可以有效地使用线路，又可以减少重复作业，缩短调车行程，提高调车效率。

调车场线路固定使用方法：分配调车场线路用途时，先计算出各种用途线路所需要的线路数目，然后根据以上要求指定线路用途。

（1）每一编组去向的车流指定一条线，如线路少编组去向多时，应先满足主要车流，分配单独的线路，其余车流采用合并使用线路。

（2）对车流量大的编组去向，分配较长的线路。

（3）为均衡牵出线的作业量，应将几个车流大的编组去向固定在衔接不同的调车线上。

（4）尽量减少调车作业的干扰。

（5）照顾车辆的溜行性能。

（6）便于检修和其他作业。

3. 固定调车机车

调车机车与本务机车担当的任务不同，机车装备也不同。为便于调车工作，要求调车机车起、停快，前后瞭望条件好，能顺利通过较小半径的曲线。因而，调车机车要车身短，轴距小，前后均有头灯、防滑踏板、扶手把以及无线调车设备。为此，担当调车作业的机车应固定使用。

作固定替换用的调车机车及小运转机车，应符合调车机车的条件，如安装有前后头灯、扶手把、防滑踏板、无线调车灯显设备接口等。

4．固定人员

调车作业是由多工种配合进行的，包括调车组人员、调车机车乘务人员和扳道人员等。由于单位不同、工种不同，只有相对稳定在一起工作，才有利于相互熟悉，协同作业。

5．固定班次

调车组与机车乘务组、扳道组的班次必须统一、固定。

6．固定交接班时间

固定交接班时间，可以避免交接班人员相互等待，有利于缩短非生产时间。

7．固定交接班地点

交接班时，调车机车停放地点及有关人员交接地点均应固定，以便建立良好的作业秩序。

8．固定工具数量

调车机车及调车组配备足够数量的调车工具和备品，是做好调车工作的物质保证，且必须质量良好，以免工具数量不足或质量不好危及作业安全。

9．固定工具存放地点

铁鞋、鞋叉、安全带、调车灯（旗）、无线调车设备等调车工具要固定地点存放，以便于及时取用和保管。

调车工作应使用符合标准的制动铁鞋及防溜器，制动铁鞋及防溜器具应在规定的地点放置，用后归位。制动铁鞋应成组放置在鞋台上（在雪少地区可放在涂有特殊标记的钢轨外侧），每组铁鞋数量及组距由车站规定。

二、调车各工种岗位责任制

在调车作业中，严格班组管理、坚持标准化作业、落实岗位责任制是保证调车作业安全、提高调车作业效率、完成调车工作任务的重要手段。

1．调车指导岗位责任

（1）负责对调车作业人员进行技术业务指导和考核。

（2）组织和开展练功比武活动，提高职工素质。

（3）检查调车作业人员执行作业标准情况，发现问题及时解决。

（4）检查和管理调车工具和备品。

（5）指导调车组搞好班组管理。

2．车站调度员岗位责任

（1）根据日（班）和实际车流接续情况，正确、及时编制下达阶段计划。

（2）组织有关人员实现阶段计划。

3．驼峰调车区长岗位责任

（1）领导驼峰调车区的调车工作，组织本区作业人员安全、迅速地完成各项任务。

（2）合理组织调车机车工作，不断提高驼峰利用率，如实填记调车工作纪实单，并及时向车站调度员报点。

（3）及时收录下达阶段计划和调车作业计划，认真核对。变更计划时，按规定向有关人员传达清楚。

（4）遇到溜放车组错进股道，应做记录，及时向计划调车区长汇报。

（5）检查行车有关设备、工具、备品，填写行车设备检查登记簿。

4．驼峰值班员岗位责任

（1）抄收、核对、布置、传达调车作业计划。

（2）按照调车作业计划完成调车作业，确保调车作业人员的人身安全和作业安全。

（3）按规定联系和准备进路，操纵信号，正确掌握调车速度。

（4）掌握调车作业进度，监视作业情况。

5．驼峰作业员岗位责任

（1）操纵车辆减速器，控制车组出口速度。

（2）储存进路，办理手动进路，对停有待发车列或装载危险品车辆的线路上的两端道岔要向其他线路开通并加锁。

6．调车区长岗位责任

（1）根据阶段计划，正确、及时地编制下达调车作业计划。

（2）掌握调车作业进度

7．调车长岗位责任

（1）认真布置调车作业计划，拟定调车工作方法。

（2）正确及时地显示信号（发出指令），指挥调车机车的行动。

（3）按照调车作业计划的要求，组织调车人员正确及时地完成调车任务。

（4）确保调车作业人员的人身安全和作业安全。

8．连结员岗位责任

（1）负责计划联系和人员的工作分配。

（2）负责提钩、摘结制动软管、人力制动机等机车车辆的摘挂和组织制动员的工作。

（3）负责车辆防溜和推送车列时的前部瞭望。

（4）根据调车长的要求，检查线路、道岔、停留车位置、车辆连挂状态及防溜措施。

（5）正确显示停留车位置信号。

（6）通过无扳道员管理的道岔时，亲自或指派制动员扳动道岔。

（7）取送调车时，亲自或指派制动员检查线路和车辆装载状态，并负责联系。

（8）负责列车编组质量和编成后复检工作。

9. 制动员岗位责任

（1）负责车组的制动、摘结制动软管、拉风和停留车辆的防溜等工作。

（2）作业前，检查线路及车辆装载情况，试验人力制动机，检查铁鞋数量和质量，每批作业完成后，逐车逐轴检查压鞋情况。

（3）正确显示停留车位置信号。

（4）取送调车时，负责检查线路和进行联系工作。

（5）通过无扳道员管理的道岔时，根据指派负责扳道工作。

10. 扳道员岗位责任

（1）根据调车作业计划正确及时地准备调车进路。

（2）及时办理越区调车手续并进行防护。

（3）及时向调车司机和调车长显示信号。

（4）确保道岔区安全和道岔扳动灵活。

三、调车机车司机要求

调车机车司机在作业中应做到：

（1）组织机车乘务人员正确及时地完成调车任务。

（2）负责操纵调车机车，做好整备，保证机车质量良好。

（3）时刻注意信号，不间断地进行瞭望，认真执行呼唤应答制度，正确及时地执行信号显示（作业指令）和调车速度的要求，没有信号（指令）不准动车，信号（指令）不清立即停车。

（4）负责调车作业的安全。

四、班工作制度

1. 班前点名制度

（1）按时参加点名会。

（2）听取班计划的传达和第一个阶段计划及重点工作要求。

（3）调车长要重点做好记录。

2. 对号交接班制度

（1）按岗位顺序排列，依次对号交接班。

（2）问题当面提出，不清不接，接后负责。

（3）交班要为接班创造良好的作业条件。

3. 班前预想制度

（1）根据本班任务，开展安全预想，制定完成任务的措施。

（2）按规定着装，扎好安全带。

（3）准备好调车工具。

（4）调车长对每位调车组人员的着装及调车工具的准备情况进行检查。

4. 作业前的准备制度

（1）提前核对、传达调车作业计划，确定作业方法，明确分工。

（2）提前排风、摘管，整理好钩提杆、钩链，并检查有无溜放限制和特殊作业要求的车辆。

（3）提前检查线路、道岔，准备好进路。

5. 线路检查制度

（1）按个人分工检查线路有无障碍物。

（2）认真检查停留车位置、车数、连挂状态、车辆装载及防溜措施、铁鞋存放位置及是否压鞋情况。

（3）发现问题及时报告并妥善处理。

6. 分工包线制度

（1）明确车组制动作业中的分工。

（2）明确固定包线制度。

（3）明确规定每个制动员所包的作业线。

（4）做到人人有分工、线线有人管，防止漏线漏钩。

7. 调车工具备品管理制度

（1）调车场内的铁鞋，应有固定的存放地点和数量，并排列整齐。

（2）铁鞋的使用管理要做到接班检查归位。

（3）铁鞋由分工包线检查的制动员负责。

（4）铁鞋叉子由制动长负责。

（5）安全带、信号旗（灯）由使用人负责。

（6）一批作业完了，及时撤下铁鞋，并使之归位，交班前整理归位。

（7）做好无线调车灯显设备的管理工作。

8. 交接班制度

（1）各线停留车辆不压鞋、不压标、不堵门。

（2）铁鞋按规定数量保质保量摆放整齐。

（3）调车工具齐全完好。

（4）站场停留车连挂在一起，并按规定采取防溜措施。

（5）做好室内卫生，坚持文明生产。

9. 班后总结制度

（1）分析本班调车任务完成情况。

（2）分析作业安全情况，总结经验教训。

（3）分析本班中存在的问题，提出措施，以便改进工作。

10．车列编组复检制度

车列编组完后由专人复检，做到编前预检、编后复检。

11．联劳协作制度

（1）正确处理生产过程中各部门、各工种之间的关系，从全局出发，工作积极主动，搞好协作。

（2）调车联劳协作组的各成员要经常开展互访活动。

（3）每月召开一次调车联劳协作组会议，总结联劳工作的经验教训。

五、调车作业标准

《铁路调车作业》TB/T30002—2020 是根据调车设备的发展以及调车作业经验和有关规章制度要求制定的。在调车作业中必须严格执行《技规》和铁路调车作业标准的有关规定，进行标准化作业。《铁路调车作业》包括铁路调车作业基本要求、准备作业、自动化驼峰作业、半自动化驼峰作业、简易驼峰作业、平面牵出线作业、编组列车作业、列车摘挂作业、取送车辆作业、停留车作业等，调车作业标准体系图如图 1-1 所示。

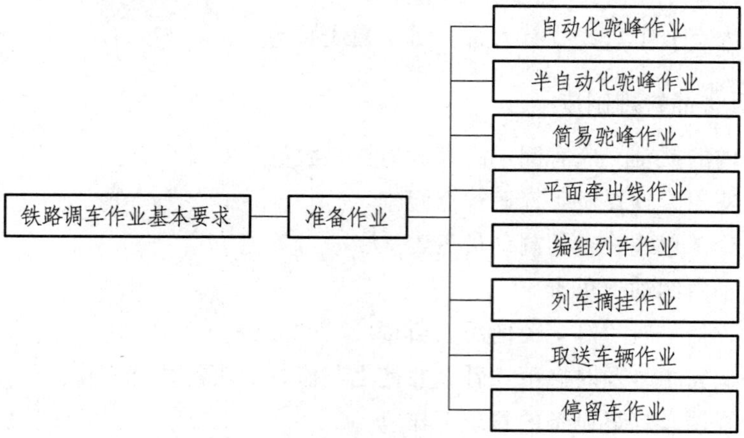

图 1-1　调车作业标准体系图

典型工作任务 2　调车作业的技术要求

1.2.1　工作任务

如图 1-2 所示的中间站，按要求需调车机车连挂 7 道停留的 2 辆车后，将其送入 5 道摘下，目前调车机车停留在 5 道，学习本课后试回答再次调车作业过程中需遵守哪些调车作业技术要求。

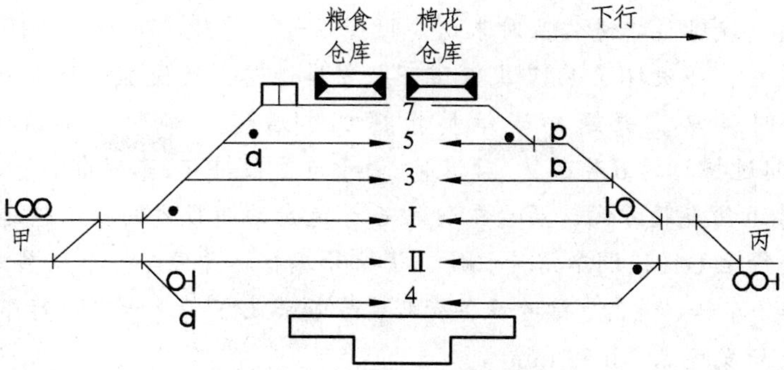

图 1-2　某中间站调车作业

1.2.2　任务目标

1. 知识目标

理解《技规》中对调车确认进路、调车速度、禁止溜放的情况、连结制动软管的要求，探究《技规》做出这些规定的原因，并识记《技规》中的相关规定。

2. 能力目标

能够利用《技规》中调车技术要求的相关规定分析相关铁路调车事故，并制定相关的安全防范措施。

3. 素质目标

自觉树立安全为了生产、生产必须安全的思想，培养学生知其然更要知其所以然的求知精神。

1.2.3　相关配套知识

知识点一　调车进路的确认

一、进路的确认

在调车作业中，单机运行或牵引车辆运行时，前方进路的确认由司机负责；推进车辆运行时，前方进路的确认由调车指挥人负责，如调车指挥人所在位置确认前方进路有困难时，可指派调车组其他人员确认。

没有看到调车指挥人的起动信号（指令），不准动车，但单机返岔子或机车出入段时，可根据扳道员显示的道岔开通信号或调车信号机显示进行的信号动车。无扳道员和调车信号机时，调车指挥人确认道岔开通正确（如为集中操纵的道岔，还须与操纵人员联系）后，向司机显示起动信号。

事故案例：

2009 年 1 月 20 日 0:46，京九线 × × 站在执行 1904 次旅客列车车底调车作业时，因调车长与信号员联系不彻底，且在未征得车站值班员同意的情况下，擅自变更调车计划，信号员违章办理调车进路，连结员推进作业时未认真瞭望信号，导致车列越过关闭的 D10。调车信号机，挤坏 6 号道岔，并破坏了 K87 次 5 道下行发车进路，致使 X；信号机关闭。信号员发现后，用电台呼叫停车，并通知连结员指挥机车后退。车列停车后，最前一辆客车 YW22B674415 已越过挤坏的 6 号道岔。后退时，由于道岔被挤坏，车列最后一辆 YW22B674415 的前台车进入 6 号道岔直股方向，后台车进入 6 号道岔的曲股方向，车辆进入 4 股，构成脱轨事故。脱轨车辆行至 D10。调车信号机处，将信号想打坏并停车。车列共走行 107 m，影响京九下行正线行车。车辆、道岔、信号设备受损。造成京九下行正线中断行车 2h 59 min；1904 次欠编 2 辆，列车始发晚点 2 h 53 min

试画出该事故中相关股道的衔接关系及信号设备的位置示意图，分析上述事故的原因，并查找《技规》中相关的规定。

知识链接：动车组调车作业时，司机应在运行方向的前端操作，前方进路的确认由司机负责。在不得已情况下必须在后端操作时，应指派随车机械师或其他胜任人员站在动车组运行方向的前端指挥，发现危及行车或人身安全时，应立即使用紧急停车按钮（紧急制动装置）或通知司机停车。

二、信号的显示

调车作业时，调车人员必须正确及时地显示信号（发出指令），机车乘务人员要认真确认信号，并鸣笛回示。

推进连挂车辆时，要显示“十、五、三车”距离信号，没有显示“十、五、三车”距离信号，不准挂车，没有司机回示，应立即显示停车信号。

说明：单机运行或牵引运行时司机视线不受影响，所以调车指挥人可不显示十、五、三车距离信号，使用无线调车灯显设备时可不发出十、五、三车指令。

推送车辆时，要先试拉。车列前部应有人进行瞭望，及时显示信号。

说明：推送车辆时，要先通过试拉检查车钩连挂状态，防止车钩没有挂好，导致推进中的车辆溜逸。

当调车指挥人确认停留车位置有困难时，应派人显示停留车位置信号。

说明：遇天气不良、照明不足或地形地物影响，调车指挥人看不清停留车位置时，应派人在停留车的连结一端显示停留车位置信号。

调车人员不足 2 人时，不准进行调车作业。

三、非集中区调车作业时的要道还道

为保证调车进路的正确，防止调车作业中挤岔或进入异线等事故的发生，非集中区调车作业时，调车有关人员要认真执行要道还道制度。

扳道员之间的要道还道办法及集中区与非集中区的作业办法，在《站细》内规定。连续溜放和驼峰解散车辆时，第一钩应实行要道还道制度（集中联锁设备除外），从第二钩起，按调车作业通知单的要求扳动道岔。

要道还道的程序是：要道由近而远，还道由远而近。

（1）要道的方法：

① 单机或牵引运行时，由司机要道。

② 推进车辆运行时，由车列前端的调车人员要道。

③ 当调车进路上配有两名及以上扳道员时，在互相检查、确认调车进路是否正确时，也要执行要道还道制度。

（2）还道的方法：

① 还道时扳道员必须在确认进路准备正确、道岔尖轨密贴后，方可显示道岔开通信号；为避免误认，扳道员应先显示开通的股道号码，再显示道岔开通信号。

② 当同一个进路由多名扳道员准备时，扳道员间在准备好进路后，先行对道，然后一般由来车方向的第一个扳道员向调车组人员或司机还道。

由于设备的不同，扳道员间的要道还道办法应由企业规定。

知识点二　调车速度及安全距离

调车作业要准确掌握速度及安全距离，并遵守下列规定：

（1）在空线上牵引运行时，速度不准超过 40 km/h；推进运行时，速度不准超过 30 km/h。

（2）调动乘坐旅客或装载爆炸品、气体类危险货物、超限货物的车辆时，速度不准超过 15 km/h。

（3）接近被连挂的车辆时，速度不准超过 5 km/h。

（4）推上驼峰解散车辆时的速度和装有加、减速顶的线路上的调车速度，在《站细》内规定。经过道岔侧向运行的速度，由工务部门根据道岔具体条件规定，并纳入《站细》。

（5）在尽头线上调车时，距线路终端应有 10 m 的安全距离；遇特殊情况，必须小于 10 m 时，要严格控制速度。

（6）电力机车、动车组在有接触网终点的线路上调车时，应控制速度，距接触网终点标应有 10 m 的安全距离；遇特殊情况，必须小于 10 m 时，要严格控制速度。

（7）旅客未上下车完毕时，除本务机车、补机摘挂作业外，不得进行旅客列车（车底）的连挂作业。

（8）遇天气不良等非正常情况，应适当降低速度。

知识点三　禁止溜放的车辆、线路及其他限制

溜放调车和驼峰解散车辆，可以缩短调车行程、压缩调车钩分、提高调查效率。但为确保人身安全、调车作业和货物安全，对溜放调车和驼峰解散车辆，规定了如下限制：

1-2-1 禁止溜放的车辆、线路及其他限制

（1）装有禁止溜放货物的车辆。

（2）非工作机车、铁路救援起重机、大型养路机械、机械冷藏车、凹型车、落下孔车、客车、动车组和特种用途车。

（3）乘坐旅客的车辆及停有该车辆的线路，停有动车组的线路。

（4）超过 2.5‰坡度的线路（为溜放调车而设的驼峰和牵出线除外）。
（5）停有正在进行技术检查、修理、装卸作业车辆及无人看守道口的线路。
（6）停有装载爆炸品、气体类危险货物车辆的线路。
（7）停留车辆距警冲标的长度，容纳不下溜放车辆（应附加安全制动距离）的线路。
（8）中间站正线、到发线及与其衔接而未设隔开设备的线路。
（9）调车组不足 3 人时，禁止溜放作业。
（10）不准采用牵引溜放法调车。

知识点四　调车作业摘挂车辆及连结制动软管的规定

（1）调车作业时应有安全措施。摘车时，必须停妥，按规定采取好防溜措施，方可摘开车钩；挂车时，没有连挂妥当不得撤除防溜措施。

（2）在一般情况下，调车作业时，车列的减速和停车都是靠机车本身的制动力，不需要连结调车机车与被调动车辆的制动软管。但在不利地形和特殊条件下，为使调车车列能及时停车，应连结制动软管。连结制动软管数量过多，会因摘解制动软管、车列充风而延长作业时间；连结制动软管数量过少，会影响制动力。转场或在超过 2.5‰坡度的线路上调车时（驼峰作业除外），10 辆及以下是否需要连结软管及连结软管的数量，11 辆及以上必须连结软管的数量，以及以解散作业为目的的牵出是否需要连结软管，由车站和机务段根据具体情况共同确定，并纳入企业规定。

知识链接：在高速铁路线路上的车站进行动车组调车作业时，司机应在运行方向的前端操作，前方进路的确认由司机负责。在不得已的情况下必须在后端操作时，应指派随车机械师或其他胜任人员站在动车组运行方向的前端指挥，发现危及行车或人身安全时，应立即使用紧急停车按钮（紧急制动装置）或通知司机停车。

知识点五　调动军运车辆、专运车、公务车的规定

一、调动军运车辆的规定

（1）调动军用人员车辆时，作业前应通知部队做好准备。

（2）军用危险货物“140”产品具有易燃易爆性质，应使用自备专用车辆运输，由托运人负责警卫，并自带消防器材。调动“140 产品”车辆时，调车机与“140”产品车辆应隔离 4 辆以上，速度不得超过 15 km/h，接近被连挂车辆时，速度不得超过 2 km/h。禁止手推调车、溜放和驼峰解体。溜放调车在停有军用危险货物车辆的线路上，调动其他车辆应当保持规定的安全距离，其他车辆与军用危险货物车辆连挂必须严格控制速度，防止冲撞。

（3）调动注有“△W”的车辆时的规定如下：

① 应在调车指导（或业务熟练的干部）的监督下进行作业，严禁溜放及附挂该种车辆进行溜放作业。

② 连挂该种车辆以及带着该种车辆连挂其他车辆时，须接通不少于五分之一的车辆制动

软管（不足 5 辆时接一辆），在距停留车 10 车处一度停车后，再按“十、五、三车制”进行连挂。

③ 向停留“△W”车辆的线路送车时，必须留有 10 m 的天窗，严禁溜放连挂。

二、调动专用车、公务车和搭乘人员的车辆的规定

调动专用车、公务车和搭乘人员的车辆时，为保证专用车、公务车的绝对安全，在调车作业中按以下方法办理：

（1）连挂前一度停车，并通知车内人员注意。

（2）连挂的车辆必须全部接通软管并确认通风状态。

（3）严格掌握调车速度不得超速。

（4）停放专用车、公务车的线路道岔，应向其他线路开通并加锁。在调动搭乘人员的车辆（押运人员除外），必须连结软管通风，调车速度不得超过 15 km/h。

（5）由车站负责干部在现场组织指导。

典型工作任务 3　调车信号

1.3.1　工作任务

如图 1-3 所示的中间站，使用调车手信号指挥调车，按要求需调车机车 连挂 7 道停留的 2 辆车后，将其送入 5 道摘下，目前调车机车刚刚从 5 道转线至 7 道，进入警冲标内方，在调车作业过程中调车长需向司机显示哪些手信号？

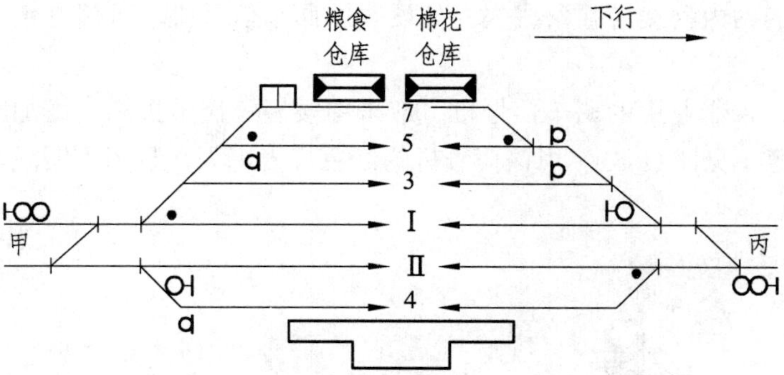

图 1-3　某中间站调车作业

1.3.2　任务目标

1. 知识目标

理解调车信号、相关信号表示器的显示含义；掌握无线调车灯显设备、手信号、听觉信号的使用规定。

2. 能力目标

能够正确识别调车信号、正确显示调车手信号、正确使用无线调车灯显设备。

3. 素质目标

提高学生的动手能力，增强学生的实作技能，培养学生的团队协作意识。

1.3.3 相关配套知识

知识点一　调车相关信号机、信号表示器显示的规定

1. 调车色灯信号机显示信号

调车信号机是用来进行指示调车机车进行作业的。它只在电气集中联锁的车站上采用，通常设在调车作业繁忙的线路上（如到发线、咽喉道岔区），以及从非联锁区到联锁区的入口处。

1-3-1 调车作业信号机及信号表示器

调车信号机一般采用矮型色灯信号机。而在到发线上也可以在出站信号机上添设一个允许调车的月白色灯，成为出站兼调车信号机。

① 一个月白色灯光——准许越过该信号机调车（见图 1-4）。

② 一个月白色闪光灯光——装有平面溜放调车区集中联锁设备时，准许溜放调车（见图 1-5）。

③ 一个蓝色灯光——不准许越过该信号机调车（见图 1-6）。

不办理闭塞的站内岔线，在岔线入口处设置的调车信号机，可用红色灯光代替蓝色灯光（见图 1-7）。

起阻挡列车运行作业用的调车信号机，应采用矮型三显示机构，增加红色灯光或用红色灯光代替蓝色灯光（见图 1-8）。当该信号机的红色灯光熄灭、显示不明或显示不正确时，应视为停车信号。

图 1-4　调车色灯信号（一）

图 1-5　调车色灯信号（二）

图 1-6　调车色灯信号（三）

图 1-7　调车色灯信号（四）

图 1-8　调车色灯信号（五）

2. 调车色灯复示信号机显示信号

① 一个月白色灯光——表示调车信号机在开放状态（见图 1-9）。

② 无显示——表示调车信号机在关闭状态。

进站、出站、进路、驼峰及调车色灯复示信号机均采用方形背板，以区别于一般信号机。

图 1-9　调车色灯复示信号

3. 驼峰色灯信号机显示信号

驼峰色灯信号机为驼峰主体信号机，是铁路编组站驼峰调车场用于指挥调车机车进行推送车列解体的色灯信号机。设于驼峰调车场最高点，即驼峰峰顶处。

1-3-2 驼峰色灯信号机

① 一个绿色灯光——准许机车车辆按规定速度向驼峰推进（见图 1-10）。

② 一个绿色闪光灯光——指示机车车辆加速向驼峰推进（见图 1-11）。

③ 一个黄色闪光灯光——指示机车车辆减速向驼峰推进（见图 1-12）。

④ 一个红色灯光——不准许机车车辆越过该信号机或指示机车车辆停止作业（见图 1-13）。

图 1-10　驼峰色灯信号（一）

图 1-11　驼峰色灯信号（二）

图 1-12　驼峰色灯信号（三）

图 1-13　驼峰色灯信号（四）

⑤ 一个红色闪光灯光——指示机车车辆自驼峰退回（见图 1-14）。

⑥ 一个月白色灯光——指示机车到峰下（见图 1-15）。

⑦ 一个月白色闪光灯光——指示机车车辆去禁溜线或迂回线（见图 1-16）。

驼峰色灯信号机的复示信号机平时无显示（见图 1-17）；当办理驼峰推送进路后，其显示方式与驼峰色灯信号机相同。

图 1-14　驼峰色灯信号（五）

图 1-15　驼峰色灯信号（六）

图 1-16　驼峰色灯信号（七）

图 1-17　驼峰色灯信号（八）

4．驼峰色灯辅助信号机及驼峰色灯复示信号机显示信号

当用驼峰信号机指挥推峰机车运行，其显示不利于司机瞭望时，在峰前到达场每条到发线靠近驼峰的一端装设驼峰色灯辅助信号机。其显示如下：

① 一个黄色灯光——指示机车车辆向驼峰预先推送（见图 1-18）。

② 当办理驼峰推送进路后，其灯光显示与驼峰色灯信号机显示相同。

③ 到达场的驼峰色灯辅助信号机平时显示红色灯光，对到达列车起停车信号作用。

④ 驼峰色灯辅助信号机的复示信号机平时无显示，当办理驼峰推送进路或驼峰预先推送进路后，其显示方式与驼峰色灯辅助信号机相同。

图 1-18　驼峰色灯辅助信号

5. 信号表示器的显示方式

信号表示器用以表示某些与行车有关设备的位置和状态，或表示信号显示的某些附加意义的铁路信号机具，信号表示器没有防护（进路和区间等）意义。调车作业还要使用如下信号表示器：

（1）调车表示器。

① 向调车区方向显示一个白色灯光——准许机车车辆自调车区向牵出线运行（见图 1-19）。

② 向牵出线方向显示一个白色灯光——准许机车车辆自牵出线向调车区运行（见图 1-20）。

③ 向牵出线方向显示两个白色灯光——准许机车车辆自牵出线向调车区溜放（见图 1-21）。

图 1-19　调车表示器信号（一）

图 1-20　调车表示器信号（二）

图 1-21　调车表示器信号（三）

（2）道岔表示器。

① 昼间无显示；夜间为紫色灯光——表示道岔位置开通直向（见图 1-22）。

② 昼间为中央划有一条鱼尾形黑线的黄色鱼尾形牌；夜间为黄色灯光——表示道岔位置开通侧向（见图 1-23）。

图 1-22　道岔表示器——道岔位置开通直向

图 1-23　道岔表示器——道岔位置开通侧向

知识点二　无线调车灯显设备的使用规定

无线调车灯显设备用于铁路站场平面调车作业，是调车组、机车乘务员及调车负责人之间的通信联络工具，无线调车灯显设备使得平面调车中语音和信令的传输更加准确。

一、设备认知

1. 设备组成

1-3-3 平面无线调车灯显设备的使用方法

无线调车灯显设备由机车设备、移动设备、固定设备组成，是以机车控制器为核心，完成调车指令的识别、显示，机控器的外围设备有司机话盒、机车灯显设备、外接扬声器、天线及馈线等。

移动设备包括手持台和便携机控器。手持台包括调车长手持台、连结员手持台、制动员手持台。它主要用于调车人员向机车发送指令，指挥机车行动，并用于司机、调车组人员之间的通话。

固定设备即为区长台，以调车区长控制器为核心，实现调车区长和调车组之间的联络。

2. 主要功能

（1）通话功能：实现调车组、机车乘务组、调车领导人之间通话功能。

（2）调车指令收发功能：调车指挥人通过专用手持台发出的调车指令以不同颜色的灯光显示在机控器上，并辅以语音提示，指挥机车乘务组、调车组作业。

（3）测机信号功能：调车长发出行进信号后（推进、连结、溜放、十车、五车、三车、减速），每隔5秒钟会自动发出一个测机信号，这是调车长手持台保持与机车联络的信号。如果15秒内收不到测机信号，则机控器信号灯熄灭，同时有“注意”语音提示，调车长听到后立即补发相应的信令，如果20秒内收不到测机信号，则机控器信号亮一个红灯，并有“故障停车”语音提示。

（4）录音及录音下载功能：记录调车指令的内容及发出时间。

二、使用规定

（1）使用机车进行调车作业时，应采用无线调车灯显设备（机车摘挂、转线等不进行车辆摘挂的作业，列车在到达线路内拉道口、直接后部摘车除外），并使用规定频率，其显示方式须符合有关要求。无线调车灯显设备应与列车运行监控装置配合使用。

无线调车灯显设备正常使用时停用手信号，对灯显以外的作业指令采用通话方式；无线调车灯显设备发生故障时，改用手信号作业。

（2）使用无线调车灯显设备指挥调车作业时，应执行单一指挥的原则，指挥机车的调车信令和用语，只能由调车长发出。当发现危及人身和行车安全时，其他调车人员应及时发出停车信号或用语，司机接收到停车信令后应立即停车。

（3）使用无线调车灯显调车作业时，不允许发出调车作业无关的用语；其他无关人员不允许使用；不允许私自变更频率；调车长不允许向连结（制动）员放权使用；调车作业人员不到位，不允许指挥动车或作业；不允许简化作业程序。

（4）调车长于交接班或作业前要认真组织调车人员、司机对无线调车灯显设备检查试机。

（5）调车作业中，需进入车挡和车下进行摘接制动软管、调整钩位等作业前，连结（制动）员应使用无线调车灯显及时向调车长汇报，得到同意后按下紧急停车按钮，方可进行作业。

作业人员发现危及行车和人身安全时，应使用紧急停车按钮，及时向司机发出停车指令。

作业完毕或紧急停车原因消除后，发出停车指令的人员应及时“解锁”。

无线调车灯显设备、无线调车机车信号和监控系统的使用、维修及管理办法由铁路局规定。

（6）无固定调车机的车站，应配备两台同一频率的便携机车控制器，一台使用，一台备用。

（7）使用无线调车灯显制式（见图1-24）的信号显示方式如下：

① 一个红灯——停车信号。

② 一个绿灯——推进信号。

③ 绿灯闪数次后熄灭——起动信号。

④ 绿、红灯交替后绿灯长亮——连结信号。

⑤ 绿、黄灯交替后绿灯长亮——溜放信号。

⑥ 黄灯闪后绿灯长亮——减速信号。

⑦ 黄灯长亮——十、五、三车距离信号。

a. 十车距离信号（加辅助语音提示）；

b. 五车距离信号（加辅助语音提示）；

c. 三车距离信号（加辅助语音提示）。

⑧ 两个红灯——紧急停车信号。

⑨ 先两个红灯后熄灭一个红灯——解锁信号。

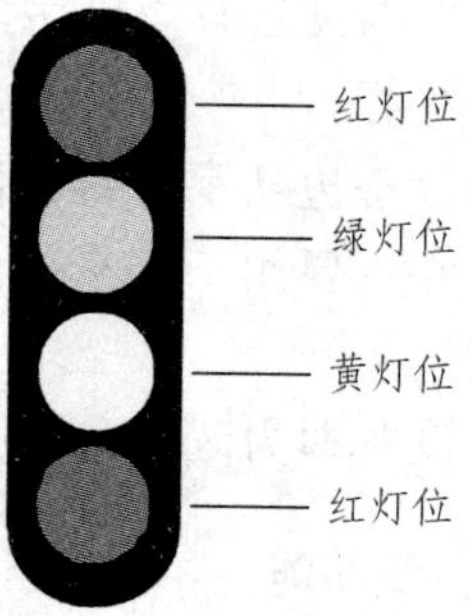

图1-24　无线调车灯显制式

（8）铁路平面无线调车系统调车指令如表 1-1 所示。

表 1-1　铁路平面无线调车系统调车指令

内容操作员	按钮指令	辅助语音	信令显示	注释
调车长	红	停车	一个红灯	操作过程中，任何时候按下红键 1.5 s 或听到提示音后马上松开按键都能发出停车信号
	绿（2 s）	起动	绿灯闪数次后熄灭	牵出，单机起动信号
	绿绿	推进	一个绿灯	行进信号
	黄（1.5 s）	减速	黄灯闪后绿灯长亮	减速信号
	黄（1.5 s）	十车	黄灯长亮	发出推进（连结）指令后，方可发出十、五、三车指令
	黄（0.5 s）	五车	黄灯长亮	直接发出五车时用“黄绿”
	黄（0.5 s）	三车	黄灯长亮	直接发出三车时用“黄红”
	黄（0.5 s）	一车	黄灯长亮	发出三车后才能发出一车指令
	黄（0.5 s）	减速	黄灯长亮	“一车”后按一次“黄”键发出“减速”
	绿红	连结	绿、红灯交替后绿灯长亮	
	绿黄	溜放	绿、黄灯交替后绿灯长亮	
	黄（1.5 s）	546 Hz 音频呼叫区长		只能在无测机信号时发送
连结员	红键	紧急停车 ×号×号	二个红灯	二个红灯亮后封锁调车员的一切指令
	绿键	×号解锁	先二个红灯后熄灭一个红灯	同一编号的设备均能解锁
	黄黄	×号领车		

注：其他调车信号及联系均通过通话对讲联系，通话标准由各使用单位制定。

知识点三　手信号显示的规定

1. 显　示

手信号显示要求：严肃认真，位置适当，正确及时，横平竖直，灯正圈圆，角度准确，段落清晰。

1-3-4 调车手信号

2. 持旗作业

（1）在显示手信号时，凡昼间持有手信号旗的人员，应将信号旗拢起，左手持红旗，右手持绿旗（扳道员右手持黄旗），不持信号旗的人员徒手按照该条规定方式显示信号。

（2）调车指挥人登乘机车车辆，一手扶把手，一手显示展开的绿色信号旗时，应将拢起的红色信号旗放置于绿色信号旗对向司机方向的前面，以便能随时展开红色信号旗。

3. 调车手信号的显示

（1）停车信号：

昼间——展开的红色信号旗；夜间——红色灯光（见图 1-25）。

图 1-25　停车信号（一）

昼间无红色信号旗时，两臂高举头上向两侧急剧摇动；夜间无红色灯光时，用白色灯光上下急剧摇动（见图 1-26）。

图 1-26　停车信号（二）

（2）减速信号：

昼间——展开的绿色信号旗下压数次；夜间——绿色灯光下压数次（见图 1-27）。

（3）指挥机车向显示人方向来的信号：

昼间——展开的绿色信号旗在下部左右摇动；夜间——绿色灯光在下部左右摇动（见图 1-28）。

图 1-27　减速信号

图 1-28　指挥机车向显示人方向来的信号

（4）指挥机车向显示人方向稍行移动的信号：

昼间——拢起的红色信号旗直立平举，再用展开的绿色信号旗左右小动；夜间——绿色灯光下压数次后，再左右小动（见图 1-29）。

图 1-29　指挥机车向显示人方向稍行移动的信号

（5）指挥机车向显示人反方向去的信号：

昼间——展开的绿色信号旗上下摇动；夜间——绿色灯光上下摇动（见图 1-30）。

图 1-30　指挥机车向显示人反方向去的信号

（6）指挥机车向显示人反方向稍行移动的信号：

昼间——拢起的红色信号旗直立平举，再用展开的绿色旗上下小动；夜间——绿色灯光上下小动（见图 1-31）。

图 1-31　指挥机车向显示人反方向稍行移动的信号

对显示本条（2）~（6）项中转信号时，昼间可用单臂，夜间可用白色灯光依式中转。

4. 联系用的手信号的显示

（1）道岔开通信号：表示进路道岔准备妥当。

昼间——拢起的黄色信号旗高举头上左右摇动；夜间——白色灯光高举头上（见图 1-32）。

1-3-5 昼间联系用调车手信号（昼）

1-3-6 夜间联系用调车手信号（夜）

机车出入段进路道岔准备妥当后，显示如下道岔开通信号：

昼间——展开的黄色信号旗高举头上左右摇动；夜间—— 黄色灯光高举头上左右摇动（见图 1-33）。

图 1-32　道岔开通信号（一）

图 1-33　道岔开通信号（二）

（2）股道号码信号：要道或回示股道开通号码。

一道：昼间——两臂左右平伸；夜间——白色灯光左右摇动。

二道：昼间——右臂向上直伸，左臂下垂；夜间——白色灯光左右摇动后，从左下方向右上方高举。

三道：昼间——两臂向上直伸；夜间——白色灯光上下摇动。

1-3-7 昼间股道号码手信号

四道：昼间——右臂向右上方，左臂向左下方各斜伸 45°角；夜间——白色灯光高举头上左右小动。

五道：昼间——两臂交叉于头上；夜间——白色灯光作圆形转动。

六道：昼间——左臂向左下方，右臂向右下方各斜伸 45°角；夜间——白色灯光作圆形转动后，再左右摇动。

1-3-8 夜间股道号码手信号

七道：昼间——右臂向上直伸，左臂向左平伸；夜间——白色灯光作圆形转动后，左右摇动，然后再从左下方向右上方高举。

八道：昼间——右臂向右平伸，左臂下垂；夜间——白色灯光作圆形转动后，再上下摇动。

九道：昼间——右臂向右平伸，左臂向右下斜 45°角；夜间——白色灯光作圆形转动后，再高举头上左右小动。

十道：昼间——左臂向左上方，右臂向右上方各斜伸 45°角；夜间——白色灯光左右摇动后，再上下摇动作成十字形。

十一至十九道，须先显示十道股道号码，再显示所要股道号码的个位数信号。

二十道及以上的股道号码，各站根据需要自行规定，并纳入企业规定。

（3）连结信号：表示连挂作业。

昼间——两臂高举头上，使拢起的手信号旗杆呈水平末端相接；夜间——红、绿色灯光（无绿色灯光的人员，用白色灯光）交互显示数次（见图 1-34）。

图 1-34　连结信号

（4）溜放信号：表示溜放作业。

昼间——拢起的手信号旗两臂高举头上交叉后，急向左右摇动数次；夜间——红色灯光作圆形转动（见图 1-35）。

图 1-35　溜放信号

（5）停留车位置信号：表示车辆停留地点。

夜间——白色灯光左右小摇动（见图 1-36）。

（6）十、五、三车距离信号：表示推进车辆的前端距被连挂车辆的距离。

昼间——展开的绿色信号旗单臂平伸；夜间—— 绿色灯光。在距离停留车十车（约 110 m）时连续下压三次，五车（约 55 m）时连续下压两次，三车（约 33 m）时下压一次（见图 1-37）。

图 1-36　停留车位置信号

图 1-37　十、五、三车距离信号

（7）取消信号：通知将前发信号取消。

昼间——拢起的手信号旗，两臂于前下方交叉后，急向左右摇动数次；夜间——红色灯光作圆形转动后，上下摇动（见图 1-38）。

（8）要求再度显示信号：前发信号不明，要求重新显示。

昼间——拢起的手信号旗右臂向右方上下摇动；夜间——红色灯光上下摇动（见图 1-39）。

图 1-38　取消信号

图 1-39　要求再度显示信号

（9）告知显示错误的信号：告知对方信号显示错误。

昼间——拢起的手信号旗两臂左右平伸同时上下摇动数次；夜间——红色灯光左右摇动。（见图 1-40）。

（10）联络信号：要求显示信号。

昼间——拢起的手信号旗或徒手单臂高举；夜间——白色灯光向上高举。

（11）试闸良好（钩已提开）信号：表示人力制动机已经试验良好或车钩已经提开。

昼间及夜间显示方式均同联络信号。

（12）指示司机鸣笛信号：指示司机按规定鸣笛。

昼间——拢起的手信号旗或徒手小臂向上直立上下小动；夜间——绿色或白色灯光上下小动。

图 1-40　告知显示错误的信号

（13）好了信号：通知此项作业已按规定正确完成。

昼间——拢起手信号旗或徒手上弧线向车辆方面作圆形转动；夜间——白色灯光上弧线向车辆方面作圆形转动。

（14）试拉信号：要求对车组（列）进行全部拉动试验。

昼间——拢起的红色信号旗直立平举，展开的绿色信号旗上下摇动。徒手时，左小臂直立高举，右臂上下摇动；夜间——绿色或白色灯光上下小动。

（15）推进信号：表示前方进路可以运行。

昼间——展开的绿色信号旗平伸。前部的调车人员负责瞭望，正常情况下可不显示信号；夜间——绿色或白色灯光。

（16）指示司机加速信号：指示司机加速运行。

昼间——展开的绿色信号旗或单臂平伸左右迅速摇动；夜间——绿色或白色灯光左右迅速摇动。

在昼间遇降雾、暴风雨雪及其他情况，导致手信号显示距离不足 200 m 时，应使用夜间信号。

知识点四　调车听觉信号的规定

（1）调车作业中使用听觉信号时，鸣示音响长声为 3 s、短声为 1 s，音响间隔为 1 s；重复鸣示时，应间隔 5 s 以上。在天气不良的情况下，无线调车灯显设备发生故障且又无法确认手信号联系作业时，调车作业人员方能使用听觉信号作业。

（2）机车、自轮运转特种设备作业中提示注意、相互联系等应使用通信设备方式（见表 1-2）。遇联系不通或危及行车人身安全时，应采用鸣笛方式。

表 1-2　机车、自轮运转特种设备鸣笛鸣示方式表

名称	鸣示方式	使用时机
起动注意信号	一长声 —	1. 列车起动或机车车辆前进时（双机牵引或使用补机时，本务机车鸣笛后，补机应回答，本务机车再鸣笛一长声后起动） 2. 接近鸣笛标、道口、桥梁、隧道、行人、施工地点或天气不良时 3. 电力机车、自轮运转特种设备在检修及整备中，准备降下或升起受电弓时
退行信号	二长声 — —	列车、机车车辆、单机开始退行时
召集信号	三长声 — — —	要求防护人员撤回时
牵引信号	一长一短声 —·	途中本务机车要求补机牵引运行时（补机应以同样信号回答）
惰行信号	一长二短声 —··	本务机车要求补机惰力推进或要求补机断开主断路器时（补机应以同样信号回答）
呼唤信号	二短一长声 ··—	1. 机车要求出入段时 2. 在车站要求显示信号时
警报信号	一长三短声 —···	发现线路有危及行车安全的不良处所时
试验自动制动机及复示信号	一短声 ·	1. 试验制动机开始减压时 2. 接到试验制动结束的手信号，回答试风人员时 3. 调车作业中，表示已接受调车长所发出的手信号时
缓解及溜放信号	二短声 ··	1. 试验制动机缓解时 2. 要求列车乘务组缓解人力制动机时 3. 复示溜放调车信号时
拧紧人力制动机信号	三短声 ···	1. 要求列车乘务组拧紧人力制动机时 2. 要求就地制动时
紧急停车信号	连续短声 ·······	司机发现（或接到通知）邻线发生障碍，向邻线上运行的列车发出紧急停车信号时。邻线列车司机听到此种信号后，应紧急停车

（3）调车扳道人员使用口笛、号角的鸣示方式（见表 1-3）。

表 1-3　口笛、号角鸣示方式

用途及时机	鸣示方式	
发车、指示机车向显示人反方向移动	一长声	—
指示机车向显示人方向移动	一短一长声	· —
试验制动机减压	一短声	·

续表

用途及时机	鸣示方式	
试验制动机缓解	二短声	· ·
试验制动机结束及安全信号	一短一长二短声	· — · ·
一道	一短声	·
二道	二短声	· ·
三道	三短声	· · ·
四道	四短声	· · · ·
五道	五短声	· · · · ·
六道	一长一短声	— ·
七道	一长二短声	— · ·
八道	一长三短声	— · · ·
九道	一长四短声	— · · · ·
十道	二长声	— —
二十道	二短二长声	· · — —
十、五、三车距离信号：十车	三短声	· · ·
十、五、三车距离信号：五车	二短声	· ·
十、五、三车距离信号：三车	一短声	·
连结及停留车位置	一长一短一长声	— · —
停车	连续短声	· · · · · · · ·
要求司机鸣笛	二长三短声	— — · · ·
试拉	一短声	·
减速	连续二短声	·· ·· ·· ··
溜放	三长声	— — —
取消	二长一短声	— — ·
再显示	二长二短声	— — · ·
列车接近通报信号：上行	二长声	— —
列车接近通报信号：下行	一长声	—

典型工作任务4 调车准备作业

1.4.1 工作任务

如图 1-41 所示的区段站，到发线 4 股道停有 30051 次待解车列，按计划将于 19:00—19:30 在调车场右端牵出线对其进行解体调车，试想在开始调车作业之前需进行哪些准备作业，由谁来完成。

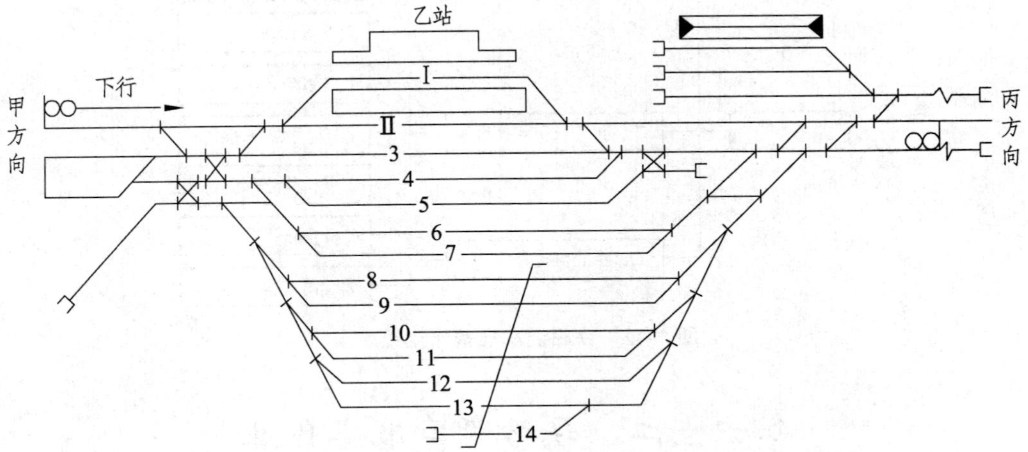

图 1-41 某区段站调车作业

1.4.2 任务目标

1. 知识目标

掌握调车准备作业的内容、作业完成人及技术要求。

2. 能力目标

能够正确确认计划，安全进行排（拉）风、摘管操作，正确检查线路、道岔、车辆、选闸、试闸、选鞋。

3. 素质目标

提高动手能力，增强实作技能，使学生将“把标准养成习惯，让习惯符合标准”的作业要求内化为作业人员自我需求。

1.4.3 相关配套知识

知识点一 铁路调车准备作业程序图

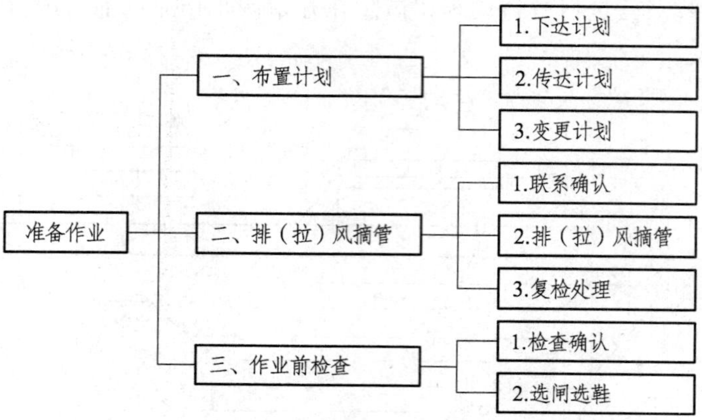

图 1-42 铁路调车准备作业程序图

知识点二 铁路调车准备作业

表 1-4 铁路调车准备作业

作业程序			岗位作业		事项要求
程序	项目	内容	作业人员	技术要求	
一、布置计划	1. 下达计划	（1）计划编制	调车领导人	① 应正确及时地编制、布置调车作业计划。布置调车作业计划，应使用调车作业通知单（企业另有特殊规定时除外）；普速铁路中间站利用本务机车调车以及高速铁路车站进行有车辆摘挂的调车作业时，应使用有示意图的调车作业通知单（示意图可另附） ② 调车作业通知单按企业规定格式符号及要求填写	本标准中“高速铁路”是指 200 km/h 及以上的铁路和 200 km/h 以下仅运行动车组列车的铁路。 本标准中“普速铁路”是指 200 km/h 以下的铁路（仅运行动车组列车的铁路除外）。 由于设备原因，亲自交接计划确有困难以及设有调车作业通知单传输装置的车站，交接办法由企业规定。
		（2）计划下达	调车领导人 调车指挥人	③ 调车领导人与调车指挥人应亲自交接（连续作业时可由连结员接取）计划，并布置作业要求和注意事项；由列车调度员担当调车领导人时，可指派胜任人员代为转达 ④ 一批作业不超过三钩可用口头方式布置（普速铁路中间站利用本务机车调车及高速铁路车站进行有车辆摘挂的调车除外），有关人员应复诵	

续表

<table>
<tr><th colspan="3">作业程序</th><th colspan="2">岗位作业</th><th rowspan="2">事项要求</th></tr>
<tr><th>程序</th><th>项目</th><th>内容</th><th>作业人员</th><th>技术要求</th></tr>
<tr><td rowspan="6">一、布置计划</td><td rowspan="3">2. 传达计划</td><td>（1）传达计划</td><td>调车指挥人</td><td>① 调车指挥人应亲自向司机递交调车作业通知单，传达作业方法及注意事项
② 对较远的制动组及扳道组，传达办法由企业规定。
③ 一批作业不超过三钩可用口头方式布置（普速铁路中间站利用本务机车调车及高速铁路车站进行有车辆摘挂的调车除外），有关人员应复诵</td><td>1-4-1 调车作业计划的布置、传达与变更</td></tr>
<tr><td rowspan="2">（2）作业分工</td><td>调车指挥人</td><td>③ 向调车组人员传达计划时（连续作业、向其他有关人员传达计划有困难时，可指派连结员进行），应明确分工，布置重点事项，并及时听取复诵。</td><td rowspan="2"></td></tr>
<tr><td>调车人员</td><td>④ 接受调车作业计划后，按分工做好准</td></tr>
<tr><td rowspan="3">3. 变更计划</td><td rowspan="2">（1）变更限制</td><td>调车领导人
调车指挥人</td><td>① 变更计划（指一张调车作业通知单）不超过三钩时，可以口头方式传达（普速铁路中间站利用本务机车调车及高速铁路车站进行有车辆摘挂的调车时除外），有关人员应复诵。仅变更作业方法或辆数时，不受口头传达三钩的限制，但调车指挥人应向有关人员传达清楚</td><td rowspan="2"></td></tr>
<tr><td>调车指挥人</td><td>② 变更股道时，应停车传达。驼峰解散车辆，变更钩数、辆数、股道时，可不通知司机，但变更为下峰作业或向禁溜线送车前，应通知司机
③ 作业中变更计划，影响编组顺序、股道顺序、股道停车顺序和车数时，要取得调车领导人的同意；变更正线、到发线的调车作业计划时，应事先取得车站值班员同意</td></tr>
<tr><td>（2）变更后报告</td><td>调车指挥人</td><td>④ 普速铁路，岔线、段管线、货物线内的调车作业计划与实际情况不符时，调车指挥人可自行修订计划，并传达清楚。作业完了及时向调车领导人汇报。</td><td></td></tr>
</table>

续表

作业程序			岗位作业		说明事项
程序	项目	内容	作业人员	技术要求	
二、排风摘管	1. 联系确认	(1)联系	调车人员	① 作业前要与调车领导人联系，了解列车到达情况和解体顺序，做到车次、股道、时间、钩序（或组号）清楚，多人作业时，做好分工	
		(2)确认	调车人员	② 列车到达后，确认列检到达试风完毕，方可开始排拉风	无列检作业的列车除外
		(3)防护	调车人员	③ 排风摘管，应做好防护。	
	2. 排拉风摘管	(1)排拉风	调车人员	① 缓缓打开折角塞门，放出主制动软管的风。排净制动缸里的余风。做到风排净、不漏排、不抱闸排（拉）风作业在列车解体前完成	
		(2)摘管	调车人员	② 根据调车作业计划或车号员的开口通知单（或粉笔标记）正确摘管	1-4-2 排风、摘管的方法及注意事项
	3. 复检处理	(1)检查	排风制动员	① 检查（核对）禁止通过驼峰、不宜使用铁鞋制动的车；未下达计划的将检查情况报告调车领导人，已下达计划的将核对不一致的情况报告调车领导人和调车指挥人 ② 排（拉）风摘管后逐辆检查，发现问题及时处理	调车人员检查有困难时，由企业规定检查办法
		(2)处理	调车指挥人	③ 根据报告或指示，在调车作业通知单上注明人力制动机制动、禁止溜放或禁止过峰车的钩序，并向有关人员传达清楚	
三、作业前检查	1. 检查确认	(1)检查工具备品	调车人员	① 检查无线调车灯显设备、手信号灯（旗）、安全带、号角、口笛、防溜器具、铁鞋叉子、提钩摘管器、制动软管胶圈、简易紧急制动阀等	车站未规定使用的工具、备品除外

续表

作业程序			岗位作业		说明事项
程序	项目	内容	作业人员	技术要求	
三、作业前检查	1. 检查确认	（2）检查线路	连结员制动员	② 检查线路上有无障碍物，防护信号是否撤除，大门开启状态，调车组扳动的道岔是否良好及开通位置，线路两旁及站台上堆放货物距离是否符合规定。不符合规定要求时，不允许调车作业	
		（3）检查车辆	连结员制动员	③ 根据调车作业计划核对车辆、注意事项，检查停留车位置（开口车号）、连挂状态，有无压鞋、人力制动机是否松开，调整好钩位	
	2. 选闸选鞋	（1）选闸	连结员制动员	① 使用人力制动机时，应提前检查闸链、闸杆、闸盘、闸台等是否完好。按照“选前不选后、选重不选空、选高不选低、选大不选小、选标型不选杂型、选双不选单”的要求进行选闸，使用折叠式人力制动机，应事先做好准备	1-4-3 人力制动机选闸
		（2）选鞋	制动员	② 使用铁鞋制动时，应准备足够且符合标准的铁鞋	

典型工作任务 5　牵出线调车

1.5.1　工作任务

如图 1-48 所示的区段站，到发线 4 股道停有 30051 次待解车列，按计划将于 19:00—19:30 在调车场右端牵出线对其进行解体调车，试想在开始调车作业之前需进行哪些准备作业，由谁来完成。

1.5.2　任务目标

1. 知识目标

掌握牵出线调车作业方法，掌握牵出线调车作业标准和取送调车作业标准，理解牵出线调车的特点及重要性。

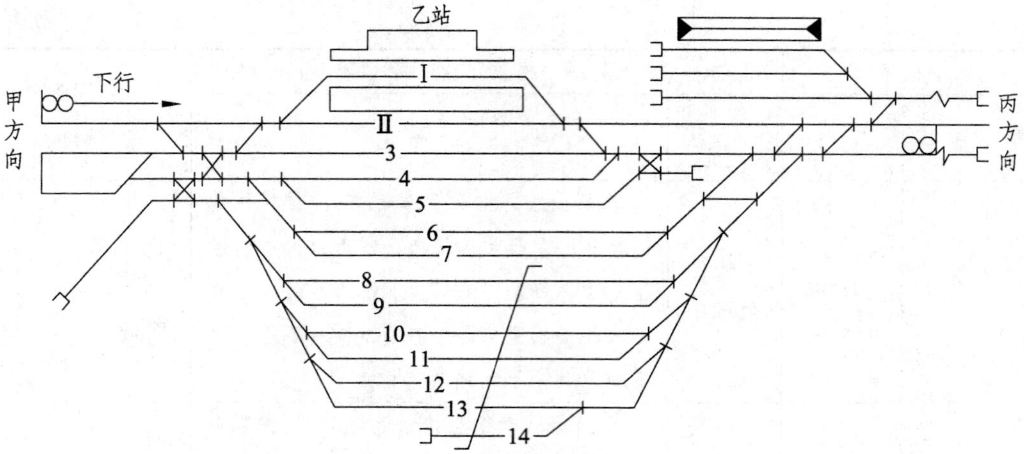

图 1-43　某区段站调车作业

2. 能力目标

能够完成牵出线调车作业中安全上、下车、正确提钩、精确观速观距、恰当制动溜放车辆等作业。

3. 素质目标

提高安全意识，培养学生团队协作精神和吃苦耐劳的品质。

1.5.3　相关配套知识

知识点一　牵出线调车作业特点

牵出线是借机车动力进行调车作业的一种调车设备。牵出线设于调车场的一端或两端，其长度一般不小于到发线的有效长或不小于该站编组的列车长度。我国铁路车站配置的牵出线基本上没有坡度，牵出线调车属于平面调车。牵出线调车是我国铁路目前最基本的调车作业方式，在全路总调车作业量中占有相当大的比重。对比驼峰调车，牵出线调车具有以下特点：

（1）车辆的动力来源完全依靠机车的推送力，因此，要求调车组与机车乘务组之间能够协调配合，做到灯（旗）闸一致。

（2）解体车组时的提钩地点随着调车车列的移动而不断变化，因此，提钩地点范围很大，提钩地点不固定。

（3）车组脱离调车车列时的速度为该车组的最高速度，车辆的走行性能对溜放距离影响较小，因此，调车长掌握速度的范围比较大。

（4）溜放调车时，车组脱离车列后的间隔距离以及能否停在适当位置，主要依靠制动员随车拧闸来调节，因此，对制动工作要求高。

（5）调车人员的劳动强度较大，而且经常需在车辆（组）走行过程中上、下车。因此，对人身安全必须十分重视。

知识点二　牵出线调车作业方法

1. 推送调车法

凡使用机车将车辆由一股道送到另一股道，停车后再进行摘车的调车方法，称为推送调车法。

采用推送调车法分解车列时，司机按照调车长的手信号，牵引车列至分路道岔外方停车，调车长确认前方进路开通后，指挥司机将车组推送至指定地点停车或与停留车连挂后，摘下第一钩车组（辆）。根据调车长的手信号牵引车列返回牵出线或分路道岔外方，用同样的方法依次摘解之后的车组。

采用推送调车法时，车辆在移动过程中始终和机车连挂在一起，直至车列停妥后再摘下，因此，技术上简单，作业上安全。但是，每分解一组车辆需用两个长调车程，耗费的时间较多，平均钩分较长，调车效率较低。通常在条件不允许溜放时才使用这种方法。

2. 溜放调车法

机车推送车列达到一定的速度，在推进中将车组提钩，使摘离的车组利用所获得的动能自行溜向指定地点的调车方法，称为溜放调车法。

溜放调车法按其作业方法不同，分为单钩溜放、连续溜放、多组溜放和牵引溜放调车法等。这里只介绍单钩溜放和连续溜放调车法。

（1）单钩溜放法。机车推送车列每加速、减速一次即溜出一个车组，调车机车停轮等待该溜出车组越过分歧道岔不妨碍后续车组进路时，再进行下一车组的溜放，这种调车作业方法称为单钩溜放法。

采用单钩溜放法分解车列时，由于摘解一个车组的调车行程比较短，故其调车效率比推送法提高 30% 左右。但每溜出一钩就需要向牵出线回拉或停轮等待开通次一车组的溜放进路，调车效率仍不高。

单钩溜放法主要用于：牵出线过短的车站或车场；受调车组人数、技术水平、车列组成等条件限制，不能采用其他溜放法时。

（2）连续溜放法。连续溜放法和单钩溜放法不同，它不是溜放一钩即回拉或停轮等待开通进路，而是不改变运行方向地连续加速和减速，每次加速减速即溜出一个车组。这种连续溜放几个车组后，才向牵出线回拉一次的作业方法，称为连续溜放法。

连续溜放调车法分解一个车组的调车行程不但比单钩溜放法更短，而且大大减少回拉次数和停轮等待进路的时间，平均钩分小，调车效率比单钩溜放法提高 50%左右。

知识点三　平面牵出线调车作业标准

1. 铁路调车平面牵出线作业程序图

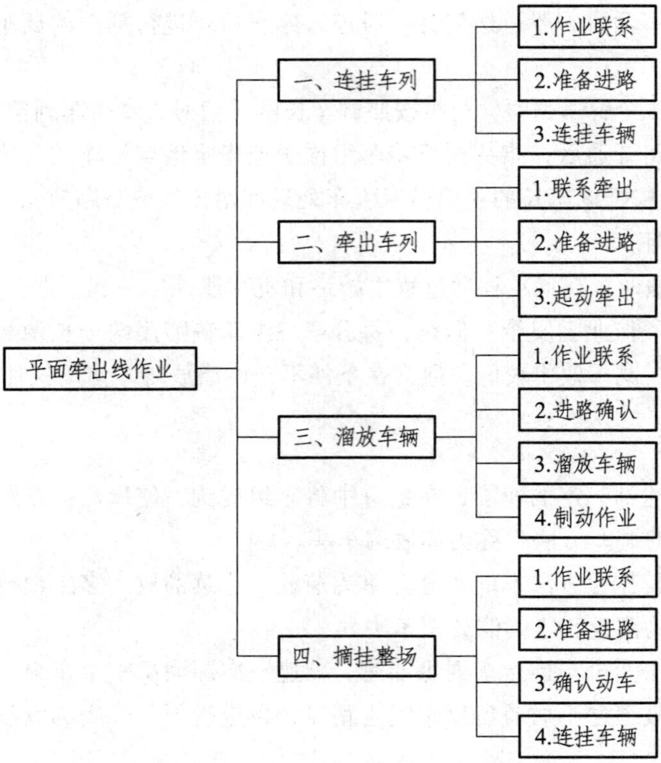

图 1-44　铁路调车平面牵出线作业程序图

2. 铁路调车平面牵出线作业

表 1-5　铁路调车平面牵出线作业

作业程序			岗位作业		说明事项
程序	项目	内容	作业人员	技术要求	
一、连挂车列	1. 作业联系	（1）布置联系	调车长	① 根据计划要求，了解作业准备情况，通知司机开始作业	
		（2）指挥动车	调车长	② 显示起动信号，指挥司机动车，司机按信号显示运行	
	2. 准备进路	（1）请求挂车	信号员 扳道员	① 根据计划，提出挂车请求，在正线、到发线上调车时，应经过车站值班员的准许	
		（2）准备进路	信号员 扳道员	② 根据计划或要道信号，按规定准备进路，确认进路开通正确	

续表

作业程序			岗位作业		说明事项
程序	项目	内容	作业人员	技术要求	
一、连挂车列	2. 准备进路	（3）立岗还道	扳道员	③ 显示股道号码和道岔开通信号，立岗监视机车车辆走行	
	3. 连挂车列	指挥挂车	调车长	① 接近车列，确认具备挂车条件 ② 显示连结信号，指挥机车连挂	
二、牵出车列	1. 联系牵出	（1）信号联系	制动员	① 提前到达取车地点，按规定摘管提钩，核对取车末车号，确认调车长联络信号，向调车长回示	
		（2）指挥动车	调车长	② 向车列开口处或末端制动员显示联络信号，确认制动员回示后，向司机显示起动信号	
	2. 准备进路	（1）请求作业	信号员 扳道员	① 与车站值班员联系，请求牵出	
		（2）准备进路	信号员 扳道员	② 根据计划或要道信号，按规定准备进路，确认进路开通正确	
		（3）立岗还道	扳道员	③显示股道号码和道岔开通信号，立岗监视机车车辆走行	
	3. 起动牵出	（1）确认牵出	制动员	① 确认车列起动无误后，向调车长回示	1-5-1 上下车方法
			调车长	② 确认开口处或末端制动员回示，注意调车人员上车及安全等情况，向司机回示“好了”信号	
		（2）核对确认	连结员	③ 车列牵出，按计划查车数，核对提钩处制动软管摘开、无抱闸车及牵出车列最后一辆车号正确	遇特殊情况，连结员不能确认牵出车列最后一辆车号时，由制动员负责
		（3）指挥停车	调车长	④ 根据作业计划，确认车列停车所需位置，指示司机停车	
三、溜放车辆	1. 作业联系	（1）联系溜放	调车长	① 通知各作业点解体车次、股道、防溜措施及重点注意事项，听取制动员准备好了的报告	

续表

作业程序			岗位作业		说明事项
程序	项目	内容	作业人员	技术要求	
三、溜放车辆	1. 作业联系	（2）汇报上岗	制动员	② 向调车长报告准备好了 ③ 人力制机制动，试闸良好后，向调车长或连结员报告试闸良好	
			连结员	④ 检查核对车组无误，确认制动员试闸“好了”信号（或试闸良好的报告），向调车长报告	
	2. 进路确认	（1）准备进路	信号员	① 按规定准备进路，确认进路开通正确	
			扳道员	② 连续溜放第一钩执行要道还道制度（集中联锁设备除外）	
		（2）对道确认	调车长	③ 非集中区第一钩确认扳道员道岔开通信号，集中区确认调车信号开放，指示开始作业	溜放车组距离由企业规定 1-5-2 人力制动机拧闸 1-5-3 人力制动机试闸 1-5-4 观速观距
	3. 溜放车辆	（1）掌握溜放	调车长	① 开放（或显示溜放）信号。根据停留车位置、气候条件、车组大小、空重、车辆走行状态、难易行车等情况，掌握溜放速度，保证溜放车组速度均匀，间隔适当 ② 发现异常情况，果断处理	
		（2）提钩作业	连结员	③ 按计划核对车数、车号、随时确认调车长信号或调车信号显示状态，根据车组大小、车辆走行性能、气候条件、难易行线、间隔距离、禁溜车等情况，正确提钩，发现异常情况，及时报告或采取停车措施	
		（3）扳道作业	信号员 扳道员	④ 按计划准备进路，监视溜放车组走行 ⑤ 扳道员做到溜放车组间隔不足规定距离不扳：未过联动道岔不扳；有压标车或有侧面冲突的可能时不扳 ⑥ 发现异常情况，果断采取措施处理	

续表

作业程序			岗位作业		说明事项
程序	项目	内容	作业人员	技术要求	
三、溜放车辆	4. 制动作业	（1）人力制动机制动	制动员	① 人力制动机制动时，抓牢站稳，按规定使用安全带，进行试闸 ② 试好闸后，向调车长或连结员显示（报告）试闸良好 ③ 正确观速观距，观前顾后，均衡调整，稳妥连挂 ④ 多人制动一车组，以第一位制动员为主其他制动员听从第一位制动员指挥 ⑤ 制动完了，松开人力制动机（按规定防溜时除外）	
		（2）脱鞋制动调速	制动员	⑥ 根据计划，掌握重点车、重点股道、人员技术、停留车位置、气候条件、安全注意事项，监视各股道车组走行，认真观速观距，正确调速 ⑦ 发生危及行车安全情况时，及时采取措施或向制动人员报警 ⑧ 一批作业完成，及时将铁鞋归位、摆齐	
		（3）铁鞋制动	制动员	⑨ 根据计划钩序、辆数、空重、难易行线、停留车位置、车辆走行、气候条件，采用相应的下鞋方法；但单个车辆应“一车三鞋单轨双基本”，小组车应下基本鞋	1-5-5 铁鞋制动
	4. 制动作业			⑩ 选择适宜地点，准备足够数量且符合标准的铁鞋，遇天气不良或钢轨有油渍、盐、碱、冰、雪、箱等情况时，撒好沙子，正确观速观距，准确安放铁鞋，做到安全连挂或车组间不大于 4 m ⑪ 一批作业完了，及时将铁鞋归位、摆齐	
			调车长	⑫ 压鞋时的处理方法，由企业规定。根据作业进度或在一批作业完了及时安排取出	

续表

作业程序			岗位作业		说明事项
程序	项目	内容	作业人员	技术要求	
四、摘挂整场	1. 作业联系	作业联系	调车长	① 根据计划要求，通知有关人员将做好摘挂车整场准备 ② 需越区作业时，同时按规定办理越区作业手续	
	2. 准备进路	（1）准备进路	信号员 扳道员	① 根据计划或要道信号，按规定准备进路，确认进路开通正确	
		（2）立岗还道	扳道员	② 显示股道号码和道岔开通信号，立岗监视机车车辆走行	
	3. 确认动车	确认动车	调车长	① 推进运行时，确认扳道员股道号码及道岔开通信号，集中区确认调车信号，瞭望进路，指挥运行 ② 单机或牵引运行时，向司机显示起动信号，指示动车	
	4. 连挂车辆	（1）检查线路	制动员	① 检查线路、停留车辆，调整钩位	
		（2）推送车辆	调车长 制动员	② 推送车辆先要试拉，车列前部应有人进行瞭望，及时显示信号。当调车长确认停留车位置困难时，应派人显示停留车位置信号。末端车辆距信号机（警冲标）不足 30 m 时，应采取安全措施	
			调车长	③ 使用手信号作业时，应位于易于瞭望前方，又能使司机看见所显示信号的位置	
			连结员 制动员	④ 使用手信号作业时，中转信号人员位置适当，正确、及时、一致地中转信号	
		（3）连挂车辆	调车长 连结员 制动员	⑤ 推进挂车时，车列前部应有人瞭望，正确及时显示十、五、三车距离信号 ⑥ 连续连挂时，可不停车连挂，应确认连挂状态，车组间隔超过 10 车时，应顿钩或试拉；末端车辆距信号机（警冲标）不足 30 m 时，应采取安全措施 ⑦ 推送或牵出车辆前，按规定确认车列挂妥	

知识点四　取送车辆调车作业标准

1．铁路调车取送车辆作业程序图

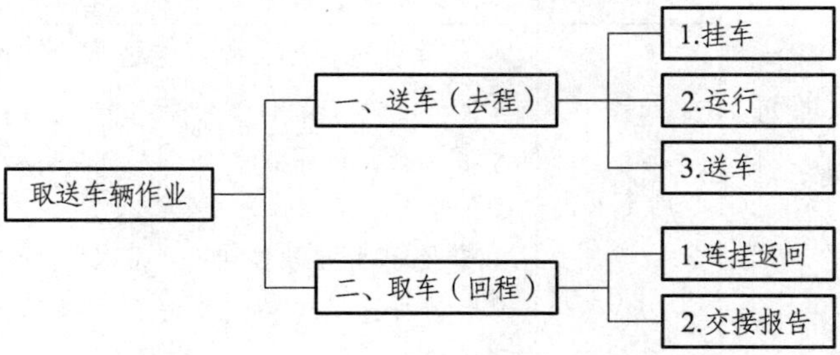

图 1-45　铁路调车取送车辆作业程序图

2．铁路调车取送车辆作业

铁路调车取送车辆作业应符合表 1-6 的规定。

表 1-6　调车取送车辆作业

作业程序			岗位作业		说明事项
程序	项目	内容	作业人员	技术要求	
一、送车（去程）	1.挂车	（1）挑选	调车人员	① 按作业计划要求，挑选车组	
		（2）连挂车辆	调车长 连结员 制动员	② 显示连结信号，指示挂车 ③ 挂妥后，撤除防溜措施；对遗留车辆应先采取防溜措施，再摘开车钩 ④ 向调车长显示试拉信号，确认末位车辆起动后，向调车长显示“好了”信号	
		（3）接管试风	调车长 连结员 制动员	⑤ 按规定连结制动软管，确认通风良好；使用简易紧急制动阀时，还应确认简易紧急制动阀作用良好	连结制动软管数量由企业规定 1-5-6 简易紧急制动阀的使用
	2.运行	（1）要道动车	连结员 制动员	① 应按规定执行要道还道制度。推进运行时，车列前部瞭望人员得到扳道员道岔开通信号或确认调车。信号开放正确后，向调车长显示起动信号（或通知调车长显示起动信号）	
			调车长	② 确认连结员（制动员）显示起动信号后，向司机显示起动信号	

续表

作业程序			岗位作业		说明事项
程序	项目	内容	作业人员	技术要求	
一、送车（去程）	2.运行	（2）起车运行	连结员 制动员	③ 牵引运行时，确认车列起动无误，向调车长显示“好了”信号	
			调车长	④ 牵引运行时，确认连结员（制动员）的“好了”信号，注意调车人员上车及安全等情况，向司机显示“好了”信号 ⑤ 使用手信号作业时，应位于易于瞭望前方，又能使司机看见所显示信号的位置	
一、送车（去程）	2.运行	（2）起车运行	连结员 制动员	⑥ 使用手信号作业时，中转信号人员位置适当，正确、及时、一致地中转信号	
			调车长 连结员 制动员	⑦ 车列运行中，进行瞭望，及时显示信号。推进运行经过无人看守道口前，应显示指示司机鸣笛信号，适当控制速度 ⑧ 走行线上由调车人员扳动的道岔，开通走行线并加锁时，可不停车检查，运行中应加强瞭望	
	3.送车	（1）检查确认	调车长 连结员 制动员	① 进入货物线、岔线、段管线前，应派人检查线路及停留车，确认道岔（由调车人员扳动的道岔）开通位置正确，装卸停止，防护信号及装卸机具已撤除	
		（2）摘车防溜	调车长 连结员 制动员	② 按调车计划及送车地点工作人员的要求，对好位置，按规定采取防溜措施	
二、取车（回程）	1.连挂返回	（1）连挂	调车人员	① 按“程序一项目 1 挂车和项目 2 运行”的岗位作业标准执行 ②挂车前，应确认装卸停止、防护信号及装卸机具已撤除，车下无障碍	停车后起动困难时，不停车进入站内的办法由企业规定
		（2）要道	调车人员	② 由货物线、岔线、段管线返回时，应确认扳道人员的道岔开通信号或调车信号开放正确后，进入指定的股道	
	2.交接报告	（1）交接	调车人员	① 规定由调车人员递交货运票据时，应负责交清货运票据	
		（2）报告	调车长 连结员 制动员	② 每次作业完毕，应将停留车位置及防溜措施、计划变更的情况等，一并向调车领导人报告清楚	

知识点五　人力制动机制动工作

一、人力制动机制动原理

目前，我国铁路牵出线采用溜放调车法时，对溜行车组多采用人力制动机制动，即由制动员利用车上设置的人力制动机调节车组的溜行速度，使车组间逐步形成必要的间隔（称为间隔制动），并使其溜至指定地点停车或与停留车安全连挂（称为目的制动）。

人力制动机制动是利用人力转动车辆上的手制动轮或扳动手制动把，通过制动装置的杠杆作用，使闸瓦与车轮踏面摩擦而产生制动力，阻止车轮滚动，从而起到制动车辆的目的。

二、人力制动机类型及性能

目前，我国铁路货车上装设的人力制动机主要有以下几种形式：

1. 固定链条闸

固定链条闸制动机性能好、操纵灵活、制动力强、制动作用快，多装在棚车、敞车、罐车等车辆上。

2. 折叠链条闸

折叠链条闸制动机性能与固定链条闸相同，多装在平车、砂石车上。闸杆分为上下两部分，用活节及销子连接，并用轴套将两部分固定在一起。不使用时，把手制动轴上部放倒，放在手制动轴手把托内。

3. 螺丝闸

螺丝闸制动机操纵省力、制动力强，但操纵不够灵活，制动和缓解作用较慢，调节速度较困难。我国货车只有部分载重 50 t 棚车及部分长大货物车辆采用。

此外，还有盒子闸、脚踏闸等。

三、人力制动机制动过程及方法

在调车作业中，人力制动机的制动过程包括选闸、试闸、拧闸等。

1-4-3 人力制动机选闸

1. 选　闸

溜放两辆以上车组时，要进行选闸。目前，人力制动机的类型比较多，有的人力制动机制动力强，有的制动力弱，有的制动台高、瞭望条件好，有的制动台低、瞭望条件差，因此，存在选闸的问题。选闸的一般原则是：

（1）选大不选小。

在一组车中，应选择闸盘大的人力制动机，其制动力强。

（2）选重不选空。

因为重车的惰力大，重车被制动时可以使整个车组的速度迅速下降，有利于调节车组溜行速度。在选重车时，尽量避免选用装有原木、毛竹、棉花等车辆上的人力制动机。这些车辆既不好上下，又不便于瞭望。

（3）选前不选后。

选择溜放车组中间偏前的人力制动机，根据现场的经验，最合适的闸位是在车组中间偏前的位置，不仅易于瞭望，而且调速方便，制动效能高。

（4）选高不选低。

选择闸位高的车辆，制动员能站得高看得远，易于瞭望，便于调速连挂。

此外，要选用上下车方便的车辆。对装载易窜货物的车辆、货物装载紧靠闸盘的车辆、车梯在端板上的车辆以及覆盖篷布车辆的人力制动机，尽量不要使用。

2. 试　闸

试闸是对人力制动机制动力的强弱进行试验。试闸的方法有停留试闸和牵出试闸两种。

（1）停留试闸。

停留试闸也称停车试闸或静止试闸，一般在待解车列排拉风、摘管后、牵出前，车辆在静止状态下进行。

（2）牵出试闸。

牵出试闸的最好时机是在牵出车列起动之初或在牵出线末端将要停车之时进行，因为这时速度较慢，容易听清楚闸瓦的摩擦声，并能看清车钩伸缩状态和试验反弹力，从而判断人力制动机的好坏。

1-5-3 人力制动机试闸

3. 拧　闸

拧闸的方法有两种，即端闸和勒闸。

端闸是双臂分开旋转用力，依靠双臂猛然向相反方向晃动的力量，可以产生较大的制动力，一般在车组走行速度较低，对罐车、空车和连挂车调速时使用。

1-5-2 人力制动机拧闸

勒闸是双臂合拢旋转用力，即双臂向同一方向猛然用力旋转，要同时和身体晃动而产生的力量相结合，这样可以加大旋转的臂力，多用于速度较高、要求急剧减速的车辆。

典型工作任务 6　驼峰调车

1.6.1　工作任务

1. 确定图 1-51 中各编组站型中驼峰的位置，并说明各站型利用驼峰进行解体调车的车列作业流线。

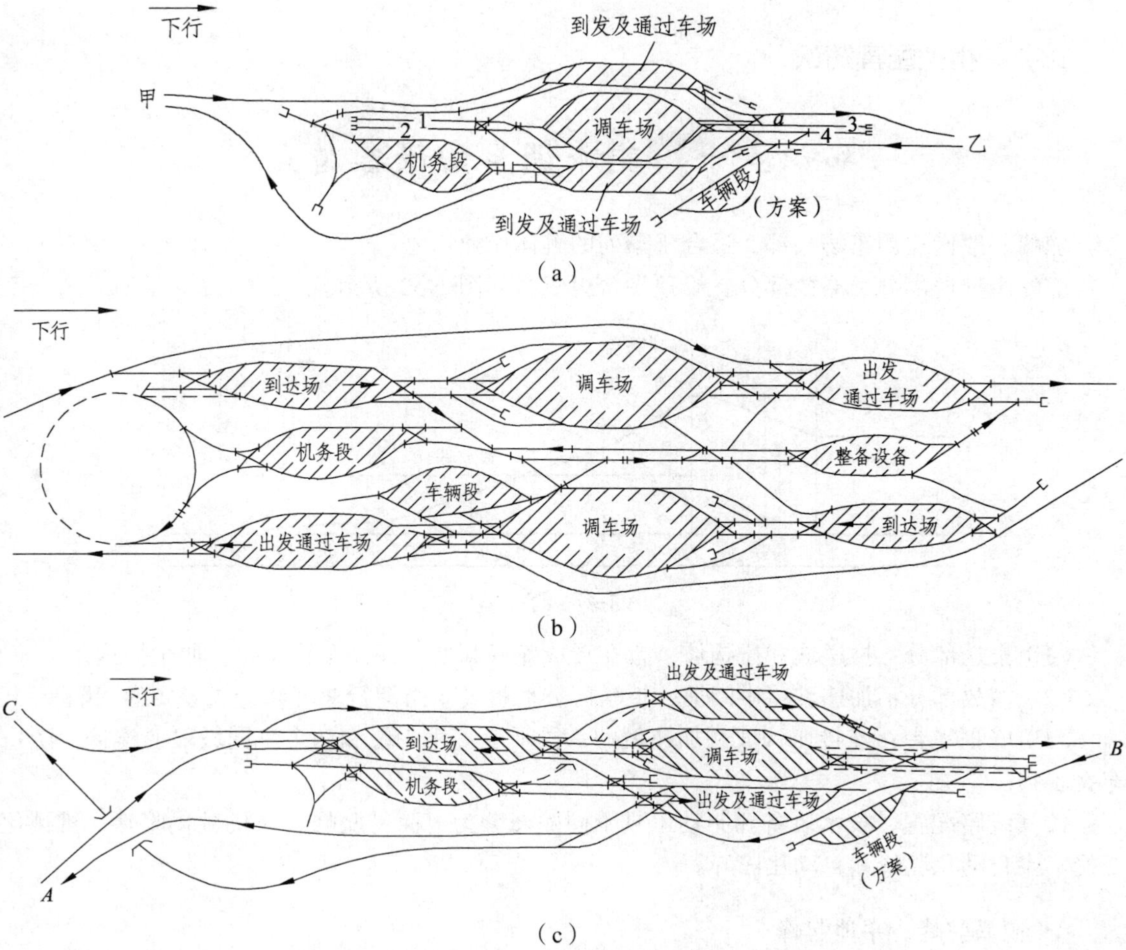

图 1-46　各编组站平面图

对比分析驼峰调车作业特点，探讨禁止通过驼峰的限制及使用铁鞋制动的限制，演练半自动化驼峰调车作业标准。

1.6.2　任务目标

1. 知识目标

理解驼峰调车作业特点，掌握禁止通过驼峰的限制及使用铁鞋制动的限制，掌握半自动化驼峰调车作业标准。

2. 能力目标

能够正确判断哪些车辆禁止通过驼峰、哪些情况禁止使用铁鞋制动，并能使用铁鞋实现对溜放车组的安全制动。

3. 素质目标

提高安全意识，培养安全责任意识，激发科技兴路意识。

1.6.3 相关配套知识

知识点一　驼峰调车的设备特点

驼峰一般设在调车场头部，适合于车列的解体作业。

驼峰由推送部分、溜放部分、峰顶平台组成，如图 1-52 所示。

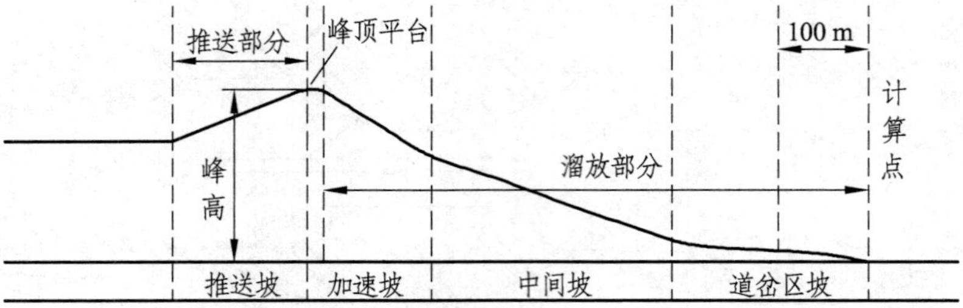

图 1-47　驼　峰

（1）推送部分：推送坡和压钩坡，旨在形成驼峰高度，并使车钩压缩，便于提钩。

（2）溜放部分：加速坡、中间坡、道岔区坡。提高车组溜行速度和造成必要的间隔。

（3）峰顶平台：连接压钩坡和加速坡的一段平道。用于缓和两个不同坡段的连接，防止车钩折损。

按其线路配置、技术装备和制动工具不同驼峰分为：简易驼峰、非机械化驼峰、机械化驼峰、半自动化驼峰和自动化驼峰。

1．简易驼峰：平地起峰

特点：设备简单、投资少、修建快、调车效率和安全性比牵出线好。

适用：区段站和小型编组站。

制动工具：铁鞋。

道岔：采用电气集中或人工现地操纵。

2．非机械化驼峰与机械化驼峰

非机械化驼峰与机械化驼峰是编组站采用驼峰的主要类型。纵断面比较合理，调车场头部采用对称道岔和线束。

道岔：驼峰自动集中或电气集中控制。

区别：在于制动工具。前者以铁鞋为主，后者以车辆减速器制动为主。

3．半自动化驼峰和自动化驼峰

半自动化、自动化驼峰比机械化驼峰更先进，装有电子计算机和一系列自动控制设备。

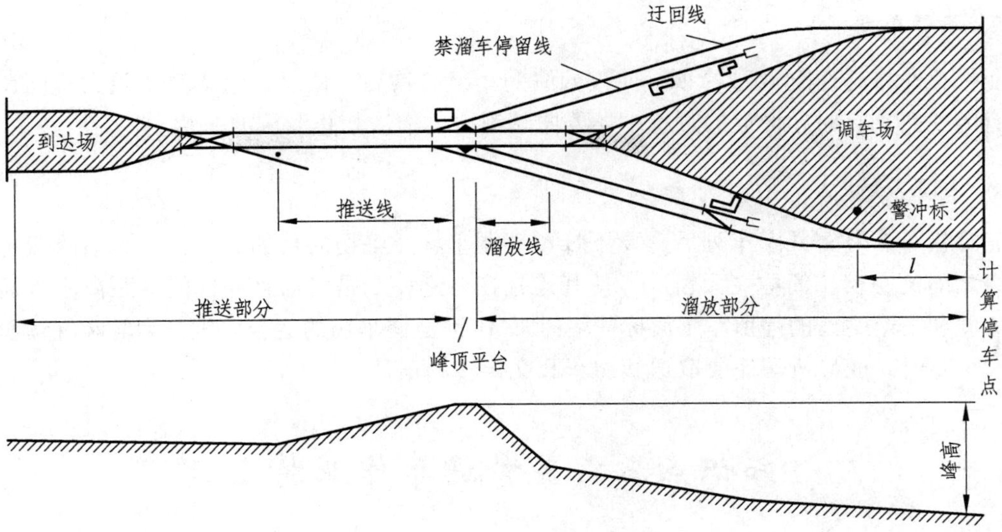

图 1-48　编组站驼峰

知识点二　驼峰调车作业过程

驼峰分解车列通常要经过连挂车列、推峰、解散车辆、下峰作业过程，如图 1-54 所示。

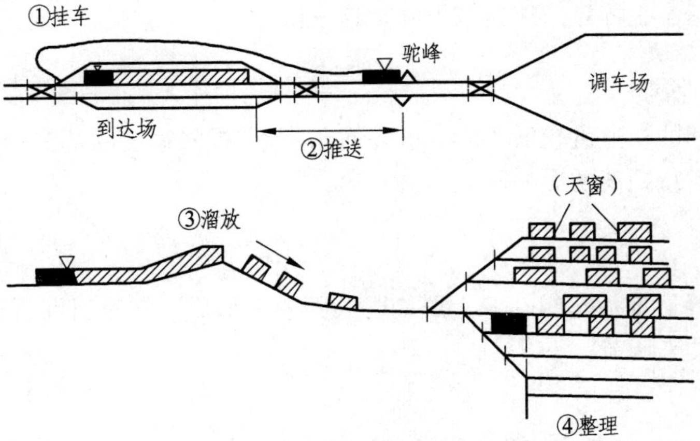

图 1-49　驼峰作业程序

1-6-1 驼峰调车作业过程

1. 连挂车列

驼峰调车机驶往到达场连挂车列，在到达场与调车场横向配列的车站，挂车后还需将车列牵引至峰前牵出线。

2. 推　峰

驼峰调车机车将车列推至峰顶或预推至峰前信号机。

1-6-2 各种情况连挂车辆技术要求

1-6-3 驼峰解散车辆提钩作业方法

3. 解散车列

驼峰机车推送车列经过峰顶，使被摘解的车组脱钩后，依靠车组本身的重力溜向调车场内指定的线路。有时在溜放的过程中还要向禁溜线内推送禁止溜放的车辆。

4. 下峰整场

驼峰机车在分解几个车列后，要下峰整理调车场。整场的目的有二：一是消除股道内停留车组之间的空档（简称“天窗”），使其连挂在一起；二是将与警冲标间的距离小于溜入车组的长度和安全距离的停留车（简称“堵门车”）推至调车场的适当位置，为驼峰继续溜放创造条件。有时，驼峰机车还要取送禁溜车和交换转场车。

知识点三　驼峰调车作业特点

与牵出线调车比较，驼峰调车具有以下特点：

1. 车辆溜行动力

驼峰调车主要依靠车辆本身的重力，机车推力起辅助作用。

2. 提钩地点

驼峰解体车列时，提钩地点基本上固定在压钩坡至峰顶这一段。

3. 溜放速度

而驼峰调车时，车组脱离车列的初速度较低（5 km/h 左右），调节推峰速度的范围较小，车辆的走行性能对其溜行速度、溜行距离的影响较大。

4. 车组间隔调节

驼峰溜放主要靠机车变速推峰、前后车组在峰上脱钩时间间隔来形成，在车组溜行过程中，还要用车辆减速器或铁鞋制动来调节。

知识点二　车辆通过驼峰的限制

（1）机车（调车机车除外）、铁路救援起重机、客车、动车组、大型养路机械、凹型车、落下孔车、钳夹车及其他涂有禁止上驼峰标记的车辆禁止通过驼峰。

说明：经过驼峰时，其车钩与相邻车钩钩舌高度差和夹角必然偏大，因而损坏钩托板螺栓、钩舌销等配件，甚至造成断钩或自动脱钩。同时峰顶净平台一般为 7.5～10 m，D_{17} 型落下孔车转向架中心距离大于峰顶净平台，经过驼峰时，车体构件距钢轨面距离最小仅有 200 mm，极易出现“爬峰”事故而刮坏驼峰设备或车辆，因此严禁通过驼峰。

（2）装载活鱼（包括鱼苗）、跨装货物的车辆（跨及两平车的汽车除外）等，是否可以通过驼峰，由车站会同车辆段等有关单位做出具体规定，并纳入《站细》。

（3）如因迂回线故障等原因，机械冷藏车必须通过设有车辆减速器（顶）的驼峰时，以不超过 7 km/h 的速度推送过峰。不得附挂机械冷藏车溜放其他车辆（推峰除外）。

（4）曲线外轨、调车场以外的线路和外闸瓦车、直径 950 mm 及以上的大轮车，严禁使用铁鞋制动。

知识点三　铁鞋制动有关规定

1. 禁止安放铁鞋的地点

（1）在钢轨的接头处不能安放铁鞋。

在钢轨的接头处钢轨头部的高低不平，容易引起铁鞋和轨面不密贴，这样，车轮压上铁鞋后，会发生跳动，而造成掉鞋或车辆脱轨。

1-5-5 铁鞋制动

（2）在道岔区不能安放铁鞋。

在道岔区域内有导曲线，尤其在辙叉前不能安放铁鞋，因辙叉能将铁鞋脱出，使铁鞋与辙叉心撞击而引起辙叉损伤，另外还有被辙叉槽卡住引起车辆脱轨的可能。

（3）在曲线的外轨上不能安放铁鞋。

由于外轨超高，在轨面不平的曲线外轨上安放铁鞋时，铁鞋很容易与车轮相撞，而且安放不牢固，容易跌落，所以在一般情况下，应避免在曲线上安放铁鞋。必须在曲线上安放铁鞋时，只能安放在曲线的内轨上。

（4）在绝缘体的钢轨接头前不能安放铁鞋。

在集中联锁的道岔绝缘接头前，安放铁鞋有可能接通电流，形成短路，可能造成道岔途中转换。

（5）在覆盖冰雪、油渍或盐碱等润滑性物质的钢轨上不能安放铁鞋。

在覆盖冰雪、油渍或盐碱等润滑性物质的钢轨上安放铁鞋，易使铁鞋滑动，不但延长了滑行距离，而且有打落铁鞋的可能。如果必须在这样的线路上安放铁鞋，必须清除油垢或者进行撒沙。

（6）在钢轨内侧有飞边或同一条线路轨型不一，以及铁鞋与钢轨的尺寸不符的线路上不能安放铁鞋。因为一旦放上铁鞋就会被打掉，即使暂时未被打掉也会造成卡鞋、脱鞋的情况发生。

（7）在调车场以外的线路上不能安放铁鞋。

铁鞋只能在调车场的线路上进行制动，调车场以外的线路上由于钢轨型号不一致，铁鞋尺寸与钢轨类型不符，容易发生危险。尤其在到发线上不能安放铁鞋，因为到发线主要用来接发列车，一旦忘掉撤去铁鞋就有使列车脱轨的危险。其他线路只能使用铁鞋防溜。

2. 禁止使用铁鞋的车辆

（1）直径 950 mm 及其以上的大轮车。

我国目前使用的铁鞋托座弧面是根据一般轮对直径为 840 mm 制造的。直径在 950 mm 以上的大轮车使用普通铁鞋时，车轮踏面与铁鞋托座弧面不密贴，影响制动力，也可能发生“压不上”的情况，从而发生车辆冲撞。

（2）外闸瓦车。

有的车型将制动闸瓦安装在两对车轮的外侧，这样的外闸瓦车的闸瓦钎距轨面最低为 25 mm，而铁鞋挡板距轨面高度为 110 ~ 125 mm。铁鞋放在轨面上，当溜放车组接触铁鞋时，很容易被闸瓦钎子撞掉或被推着滑行，起不到制动作用，甚至会发生因闸瓦钎将铁鞋掘起（鞋尖向上）卡住车辆而造成行车事故。

其他不准使用铁鞋的情况，由车站根据具体情况决定并纳入企业规定。

知识点四　驼峰调车作业标准

1. 铁路调车半自动化驼峰作业程序图

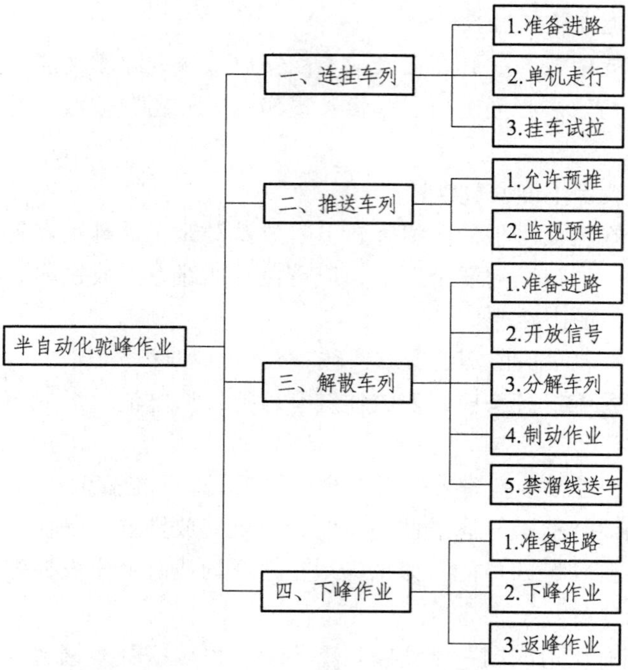

图 1-50　铁路调车半自动化驼峰作业程序图

2. 铁路调车半自动化驼峰作业

表 1-7　铁路调车半自动驼峰作业

作业程序			岗位作业		说明事项
程序	项目	内容	作业人员	技术要求	
一、连挂车列	1. 准备进路	（1）联系经路	驼峰值班员	① 根据计划要求，与有关值班员联系挂车股道、车次及经路	设有两条及其以上推峰线车站应讲明推峰线别（能从设备上确认的，联系办法由企业规定）
		（2）准备进路	信号员	② 根据计划和车站值班员指示，正确排列进路、开放信号	

续表

作业程序			岗位作业		说明事项
程序	项目	内容	作业人员	技术要求	
一、连挂车列	2. 单机走行	（1）指示动车	调车长	① 向司机显示起动信号，指示司机动车	
		（2）单机返岔	信号员	② 确认机车动态，正确排列挂车进路，开放信号	
	3. 挂车试拉	（1）确认进路	连结员	① 跟随机车至解体车列前下车确认车列（设固定人员除外）	
		（2）指挥挂车	调车长	② 接近车列，确认具备挂车条件，显示连结信号，指挥机车连挂	
		（3）试拉联系	调车长	③ 与连结员联系，得到试拉信号回示后，向司机显示试拉信号	
			连结员	④ 确认车列全部起动，向调车长回示“好了”信号	
			调车长	⑤ 确认连结员回示“好了”信号，向司机显示停车信号	
二、推送车列	1. 允许预推	（1）联系预推	信号员	① 确认机车进入挂车股道，报告车站值班员	
			车站值班员	② 联系驼峰值班员，准备预推	
			驼峰值班员	③ 确认具备预推条件，按下允许预推按钮	
		（2）开放信号	信号员	④ 确认允许预推表示灯亮，排列预推进路，开放驼峰辅助信号	
			调车长	⑤ 确认驼峰辅助信号开放，向司机显示起动信号	
	2. 监视预推	监视推峰	驼峰值班员	从设备上监视预推，发现异常及时处理	
			调车长 连结员	确认驼峰辅助信号显示状态	
三、解散车列	1. 准备进路	（1）核对计划	驼峰值班员	① 车列压上接近表示器后，与有关人员核对计划，布置峰尾防溜（未设峰尾防溜人员的除外）及重点注意事项	

续表

作业程序			岗位作业		说明事项
程序	项目	内容	作业人员	技术要求	
三、解散车列	1. 准备进路	(2-1)储存自动进路	驼峰值班员	② 将道岔手柄置于中间位置 ③ 按下自动按钮，确认自动表示灯点亮 ④ 根据计划钩序，正确储存进路命令 ⑤ 按压进路检查按钮，逐钩检查储存进路 ⑥ 按计划钩与有关人员核对	根据作业要求确定储存自动进路、半自动进路或办理手动进路的作业方法
		(2-2)储存半自动进路	驼峰值班员 驼峰作业员	② 将道岔手柄置于中间位置 ③ 按下半自动按钮，确认半自动表示器点亮 ④ 按下第一钩序股道储存按钮，正确储存进路命令	
		(2-3)办理手动进路	驼峰作业员	② 根据驼峰值班员指示，将道岔手柄置于计划第一钩序进路所需位置 ③ 确认道岔手柄位置正确后，向驼峰值班员汇报	
	2. 开放信号	开放信号	驼峰值班员	① 确认计划正确、进路准备妥当 ② 开放驼峰主体信号，指示司机推峰	
	3. 分解车列	(1)指挥推峰	驼峰值班员	① 根据调速显示器上报警栏和进路显示器的显示内容，以及停留车位置、气候条件、难易行线、车组去向及大小、空重、车组间隔、车组走行性能、峰上作业等情况，正确及时操纵驼峰信号，掌握好推峰速度，认真监视溜放窗口 ② 注意提钩和调速制动情况 ③ 根据车组溜放情况和有关人员报告，及时发出指令，遇危及安全的紧急情况，应立即关闭驼峰信号，先停车后处理，未得到有关人员处理完了的回示，不允许开放信号	其他需要注意的事情由各站自定
		(2)监视推峰	调车长	④ 监视驼峰信号的显示，监督司机按信号显示准确掌握推峰速度	

续表

作业程序			岗位作业		说明事项
程序	项目	内容	作业人员	技术要求	
三、解散车列	3. 分解车列	（3）提钩作业	连结员	⑤ 按作业计划准确掌握提钩时机，正确提钩，做到一确认（信号显示、摘钩车数、大组车摘钩车号、推峰速度、车组走行）；二检查（制动软管、提钩杆、抱闸车、长轴距车及禁止溜放和过峰车辆）；三提钩（掌握提钩时机，不错不漏） ⑥ 遇有提钩车号不符，危及安全时应立即报告驼峰值班员处理，来不及报告时应迅速按下切断器再进行报告 ⑦ 遇有漏摘制动软管或没有拔出防跳插销、钩链不良的车辆，使用提钩摘管器进行摘管、提钩，处理不了时应停车处理	其他需要注意的事项由车站自定。 本标准所称“长轴距车”是指四轴车中二三轴距超过企业规定的允许自动溜放的二三轴距长度的车辆
		（4）进路处理	驼峰值班员	⑧ 使用自动储存进路，在溜放过程中，需要拆分、合并、取消以及变更计划重排进路时，严格按照系统操作说明书进行相关操作 ⑨ 使用半自动储存进路，根据计划钩序，确认前钩命令发出后，按下后一钩进路按钮，正确储存进路命令 ⑩ 办理手动进路，根据计划钩序，确认前钩车已出清分歧道岔轨道电路后，逐钩操纵手柄	
	4. 制动作业	减速器制动	驼峰作业员	① 按规定使用间隔位制动减速器，随时确认按钮缓解状态 ② 根据溜放车组大小、空重、停留车位置、气候条件等情况，监视车组走行，正确调速，保证溜放车组间隔距离 ③ 按规定掌握好出口速度 ④ 发现车辆夹停、途停、堵门，设备故障等情况，及时报告驼峰值班员，危及安全时立即按下切断信号按钮，关闭驼峰信号，停车处理	需人力制动机制动时，按有关规定执行 1-6-4 自动化驼峰制动作业

续表

作业程序			岗位作业		说明事项
程序	项目	内容	作业人员	技术要求	
三、解散车列	5. 禁溜线送车	（1）指挥送车	驼峰值班员	① 根据调车作业计划和连结员的报告，掌握作业进度，及时关闭驼峰信号，停止推峰 ② 机车车辆停妥后，开通禁溜线的道岔，开放信号，待将车辆送入禁溜线，关闭信号	
			调车长	③ 提前检查确认禁溜线线路及车辆；确认信号开放，指挥机车向禁溜线送车	
			连结员	④ 提前检查确认禁溜线路及车辆。对送入禁溜线的车辆，先防溜后提钩	
		（2）联系返峰	驼峰值班员	⑤ 确认送车完了，开放信号，继续解散作业	
四、下峰作业	1. 准备进路	（1）下峰联系	驼峰值班员	① 根据计划或作业需要，向有关人员布置下峰作业计划 ② 按下手动按钮，正确排列手动进路	
		（2）准备进路	驼峰值班员	③ 输入整理开始命令，确认减速器已缓解，进路信号正确	
	2. 下峰作业	（1）检查线路	连结员 制动员	① 提前检查线路、车辆，当调车长确认停留车位置有困难时，应派人显示停留车位置信号。末端车辆距信号机（警冲标）不足 30 m 时，应采取安全措施	
		（2）指示下峰	调车长	② 确认下峰信号，向司机显示起动信号，指挥机车下峰	
			连结员 制动员	③ 推送车列下峰时，在车列前瞭望，正确及时显示信号	
			调车长	④ 单机挂车时，接近车列下车，向司机显示连结信号，指挥机车挂车	

续表

作业程序			岗位作业		说明事项
程序	项目	内容	作业人员	技术要求	
四、下峰作业	2. 下峰作业	（3）连挂车辆	调车长 连结员 制动员	⑤ 推进挂车时，车列前部应有人瞭望，正确及时显示十、五、三车距离信号 ⑥ 连续连挂时，可不停车连挂，应确认连挂状态，车组间距超过10车时，应顿钩或试拉；末端车辆距信号机（警冲标）不足30 m时，应采取安全措施	
		（4）确认摘车	调车长	⑦ 将车列送到适当地点停车，确认连结员“好了”信号后，向司机显示起动信号	
	3. 返峰作业	（1）准备进路	驼峰值班员	① 确认返峰进路空闲，正确排列进路	
		（2）开放信号	驼峰值班员	② 确认进路表示灯正确，开放调车信号，机车带车需越过推峰线进入到达场道岔区时，要得到到达场车站值班员同意后，开放驼峰后退信号	
		（3）返峰停车	驼峰值班员	③ 确认机车车辆越过驼峰信号后，关闭驼峰后退信号	

典型工作任务7　调车作业计划

1.7.1　工作任务

（1）识别图1-51和图1-52中调车作业通知单中各项内容的含义。

（2）试想调车作业相关人员应如何传达调车作业计划。

（3）变更图中调车作业通知单的内容有何风险，变更调车作业计划应遵守哪些规定？

调车作业通知单

1 调解 45011 次　　　　　　　　第 01 号
甲（夜）
20:40~21:00　　　　　　　　11月22日

股道	甩挂	车号	备注
D5	+ 15	4922931	
6	− 3	3407403	*B*及其以远 216 t
4	− 2	5251607	*C*及其以远 146 t，押运
9	− 2	4406962	*A—a*间 108 t
8	− 3	0914168	*b*及其以远 127 t
11	− 5	3126641	空车 114 t

股道	4	6	8	9	11
车数	2	3	3	2	5

区长：××　　　　编制时间：04-11-22,20:20

图 1-51　调车作业通知单

________月________日 40002 次列车　　　　　　计划时间　　时　　分　起 止

股道	容车数
Ⅰ	70
Ⅱ	65
3	61
4	65
5	60
7	32

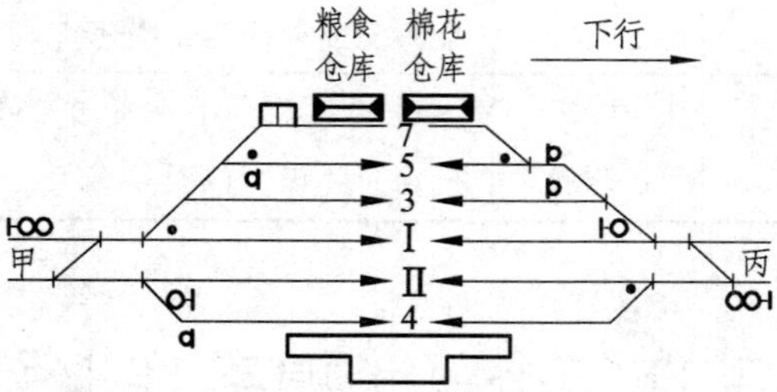

作业计划表	
股道	摘挂车数
5	△
7	+2
5	+5
7	−4 对货位
5	+5
7	−5 对货位
5	连结

注意事项

作业方法：“+”挂车，“−”摘车，“△”单机

B 站值班员×××（签名）

图 1-52　附有示意图的摘挂列车调车作业计划通知单

1.7.2 任务目标

1. 知识目标

理解布置、传达、变更调车作业计划的相关规定。

2. 能力目标

准确识记布置、传达、变更调车作业计划相关规定，并能运用规定内容分析相关铁路交通事故。

3. 素质目标

培养学生遵守规章、敬畏规章的意识及团队协作精神。

1.7.3 相关配套知识

调车作业计划是车站作业计划的重要组成部分，是确保完成阶段计划的行动计划，是对每一项调车作业的具体安排，是调车有关人员的行动依据。调车作业计划由调车领导人（车站调度员、调车区长或车站值班员）负责编制，并以调车作业通知单的形式下达给调车指挥人及有关人员执行。中间站利用本务机车调车，编制调车作业计划时，应使用附有车站线路示意图的调车作业通知单。

知识点一 编制调车作业计划的要求和依据

1. 编制要求

（1）符合列车编组计划、列车运行图和《技规》等有关规定。

（2）合理运用技术设备和组织方法，使解、编、取、送作业密切配合。力争做到调车钩数少、调动辆数（带车数）少、占用股道少、行程短、作业方便、调车效率高。

（3）及时、准确、完整。“及时”，就是及时编制和下达计划；“准确”，就是保证计划本身无漏洞、无差错，尽量不变或少变计划；“完整”，就是要求调车作业通知单字迹清晰、项目齐全。

2. 编制依据

（1）阶段计划规定的各项调车作业的顺序和起止时分。

（2）到达列车确报，包括车种、车号、品名、载重、到站、收货人和特殊标记。

（3）调车场、货场线路固定用途、容车数和停留情况。

（4）调车区现在车及其分类情况。

知识点二　调车作业计划的编制方法

一、解体调车作业计划的编制方法

车列的解体，一般是通过驼峰或牵出线，将车列按各车辆（组）的去向（重车）或车种（空车）分解到调车场固定使用的股道内，为编组作业和取送车创造条件。

1. 整列解体

纵列式车站利用驼峰解体调车时，一般采用整列解体的方法。整列解体通常是按照调车线路固定使用编制调车作业计划。

1-7-1 整列解体调车作业计划的编制

1-7-2 分部解体调车作业计划的编制

2. 分部解体

在横列式车站，由于牵出线长度或调车机车牵引力限制，为了缩短牵出车列的长度和减少牵引重量，多采用分部解体的方法。分部解体时“开口”位置的选择，一般应遵循以下原则：

（1）车列内有禁溜车时，应在禁溜车之后开口。

（2）车列内有长大车组时，应在大车组之前开口。

（3）当待解车列内有“坐编”车组时，应在“坐编”车组之后开口。

（4）当调车场某股道已“满线”或有“堵门车”时，应避免开口后的第一组车为进入该线的车组，以免调机带着其他车组到该线顶送车辆。

二、编组调车作业计划的编制方法

解体作业是按调车场固定线路分解车辆，并且广泛采用了“解体照顾编组”，所以，除编组摘挂列车外，其他列车的编组作业一般只在一条线上或几条线上连挂车辆和车列转线作业。

编组摘挂列车是一项比较复杂的工作。为了便于摘挂列车在中间站的摘挂作业，一般要求将同一到站的车辆编挂在一起，并按到站成组或按站顺编组。大部分技术站调车场只固定一股道用于集结一个方向的摘挂车流，导致该股道的摘挂车流为无序随机分布，如何将这些车流变成按到站成组的有序排列，是编组摘挂列车时重点考虑的问题，这需要将待编车列重复分解，不仅调车钩数多，而且使用股道多，调车作业比较复杂。为了解决这一问题，我国铁路职工在实践中总结了许多省钩、省线的先进方法，主要有“车组编号及合并使用线路的方法”“表格移动调车法”和“看图调车法”等。

1-7-3 编组调车作业计划的编制

三、取送调车作业计划的编制方法

取送调车作业计划也是以调车作业通知单的形式下达，因此，根据阶段计划安排的取送顺序、起止时分、调车场内待送车辆和装卸地点待取车辆停留等情况进行编制，并注意货车或专用线在走行线上的道岔衔接方向以及货场或专用线内有无机车转头设备，从而确定送车时调机连挂位置（牵引或推进），以及选编待送车辆时调机在调车场哪一端作业比较方便。

知识点三　调车作业计划的实施

一、调车计划的布置及变更

1. 调车作业计划的布置

调车领导人应正确、及时地编制、布置调车作业计划。布置调车作业计划应使用调车作业通知单。当一批作业（指一张调车作业通知单）不超过三钩时，允许以口头方式布置（中间站利用车务机车调车除外）。由于口头布置没有书面依据，为确保作业人员之间协调一致，确保作业安全，有关人员必须复诵。中间站利用本务机车调车，应使用附有车站线路示意图的调车作业通知单。使用无线调车设备的车站，调车作业计划的布置方法由铁路局规定。

1-4-1 调车作业计划的布置、传达和变更

2. 调车作业计划的交接

为保证在调车作业中正确执行作业计划，使调车指挥人能彻底了解计划的要求，调车领导人与调车指挥人必须亲自交接计划。因设备及劳动组织等原因，调车领导人与调车指挥人亲自交接计划确有困难以及设有调车作业通知单传输装置的车站，交接办法在《站细》内规定。

3. 调车作业计划的传达

为正确及时地完成调车作业计划规定的任务和要求，调车指挥人每次接受调车作业计划后，应根据调车作业计划制定具体的调车作业方法，连同注意事项亲自向司机和调车组人员递交和传达。当调车指挥人亲自传达有困难时，可指派连结员传达，具体传达办法在《站细》内规定。

调车指挥人必须确认作业人员已经了解后，方可开始作业。

4. 调车作业计划的变更

变更计划主要指变更股道、辆数、作业方法及取送作业的区域或线路。若随意变更计划，既不安全也影响效率。但调车作业涉及的因素较多，产生计划变更是难免的。如何正确了解和掌握情况，增强预见性，不变更或少变更计划，是对调车领导人的一项重要要求。变更计划应用书面方式重新按规定程序下达。

事故案例：1992 年 1 月 12 日，3173 次货物列车 3:40 到达兰州铁路局原银川分局包兰线新市沟站 3 道，编组 30 辆（本站电厂煤车 21 辆，下行长途车 8 辆，守车 1 辆），本务机于 3:50 开单机 4003 次去中卫站，由中卫站返回的单机 4002 次 4:50 到达新市沟站 1 道后，担当调车作业（中卫机务段 QI 型 6767 号机车）。5:35 车站值班员下达调车作业计划：1 道机车出，3+8，专 1-8，3+8，专 2-8，3+5，专 1-5 待卸。调车长接受计划后与司机商定将计划变更为：单机 1 道出，3+10，专 1-10，3+11，专 1-11 待卸。当 3 道+10，专 1-10 时，因走行线坡度太大（走行线 2 669 m、15‰上坡度），推送不上去，退回牵出线。调车长提出 3-2 再送。司机与副司机商定后说："不用甩了，再闯一次"。而车站值班员仍按原计划将进路排向 3 道。信号开放后，

调车长显示了起动信号，司机开汽闯坡（实际进入了 3 道），以 50 km/h 的速度与 3 道停留的 20 辆车发生冲突，致使 3 道停留车中第 7 位 C62 708116 等 3 辆车颠覆（另有 7 辆车脱轨和破损），并侵入Ⅱ道限界，调车长受伤。由于助理值班员和机车乘务员忙于抢救调车长，车站值班员忙于开单机送调车长去医院，均未检查调车冲突后的车辆状态和侵入限界状况。

1307 次货物列车枣园堡向新市沟站 5:21 闭塞，1307 次枣园站 5:24 开过来（列车编组 35 辆，总重 2382 t，计长 38.6）。列车进站前司机问路，车站值班员指路："Ⅱ道通过…"司机、运转车长均回答："明白"。1307 次于 5:35 进站并与侵入Ⅱ道限界的货车发生侧面冲突。蒸汽机车大破 1 台，货车报废 7 辆，大破 6 辆，中破 2 辆，小破 3 辆，损坏线路 163 米；重伤 1 人（调车长）；中断正线行车 12 h 10 min；直接经济损失 401 788.52 元。1307 次机车（Q 型 6395 号）颠覆，货车颠覆 6 辆，脱轨 1 辆。构成货物列车冲突行车事故。

对于一批作业变更不超过三钩时，允许以口头方式布置（中间站利用本务机车调车除外），有关人员必须复诵。变更股道时，必须停车传达。变更超过三钩时，应重新填写调车作业通知单。仅变更作业方法或辆数时，不受口头传达三钩的限制，但调车指挥人必须向有关人员传达清楚，有关人员必须复诵。

驼峰解散车辆，只变更钩数、辆数、股道时，可不通知司机，但调车机车变更为下峰作业或向禁溜线送车前，须通知司机。

中间站利用本务机车调车时，无论变更钩数多少，都应重新填写附有示意图的调车作业通知单。

专用线调车时，如遇实际情况与原计划不符，准许调车指挥人根据实际情况，自行制定作业计划，但在作业结束后，必须及时向调车领导人汇报计划变更情况和车辆停留情况。

二、调车作业计划的组织与实施

调车作业计划是完成车站作业计划的具体行动计划，编制计划时调车领导人应考虑到需要和可能遇到的各种因素，尽量防止由于各种原因导致调车作业不能按计划的要求完成，造成作业被动。

为了使调车作业计划得以实施，应注意以下几点：

（1）组织调车组和机车乘务组按时接班，及时做好作业前的准备工作，压缩非生产时间，根据作业需要，保证按计划的要求及时动车。调车组应与司机及时联系，加强联劳协作，尽可能提前动车，迅速作业，保证后续作业顺利进行。

（2）掌握调车机车的作业进度，调车场两端进行分区调车作业或需要越区作业时，要加强作业联系，避免交叉干扰或等待，保证作业安全。

（3）要及时与车站值班员联系，掌握到发线的使用情况，及时报告腾空或占用到发线的时间，以便车站值班员可以按计划安排使用到发线。

（4）在作业中遵章守纪，特别注意人身安全和行车安全。

典型工作任务8　调车作业的其他规定

1.8.1　工作任务

1. 如图1-53所示的车站，需将较长的车列从1股道整列转线至Ⅱ股道，车站咽喉道岔与进站信号机间距离容纳不下调车车列，此时该如何组织调车？

2. 假设如图1-53所示的车站，有一辆车需要在1股道内移动5 m，又缺乏动力时可否采用手推调车方式调动车辆，若采用手推调车方式需具备哪些条件，遵守哪些规定？

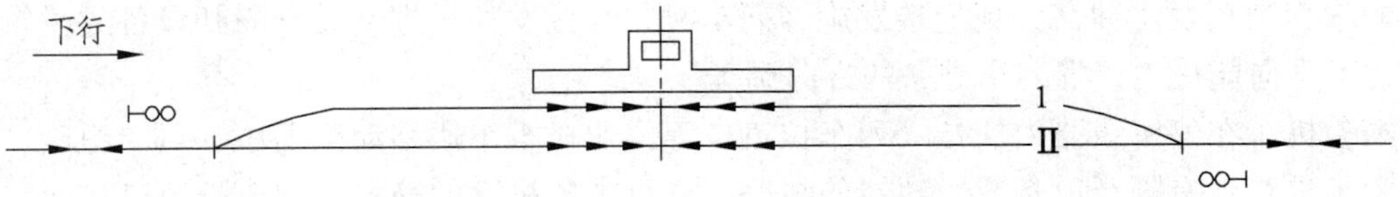

图1-53　某车站平面图

1.8.2　任务目标

1. 知识目标

理解并准确识记在正线、到发线和货场、专用线上调车的相关规定；理解机车车辆停留及手推调车的相关规定。

2. 能力目标

能够正确填写出站调车通知书；能够为停留车辆妥当防溜。

3. 素质目标

提高安全责任意识，树立认真细致的工作作风。

1.8.3　相关配套知识

知识点一　在正线、到发线和货场、专用线调车的规定

一、在正线、到发线上调车的规定

站内正线、到发线主要是为办理列车通过和接发列车使用的。在正线、到发线调车作业时，应保证安全、正点和不间断地接发列车，调车作业应服从于接发列车作业。

1. 正线、到发线调车规定

（1）在正线、到发线调车要经过车站值班员的准许。车站值班员是接发车工作的指挥者，掌握列车运行情况及正线、到发线运用，对列车运行情况应当心中有数。因此，占用正线和

到发线的调车作业，都必须经过车站值班员的准许，以全面安排。

知识链接：在调度集中区段，列车调度员（车站控制时为车站值班员）办理接发列车，掌握车站的正线、到发线的运用情况下，在正线、到发线上调车时，必须取得列车调度员的准许。

（2）在接发列车时，应按《站细》规定的时间，停止影响列车进路的调车作业。

2. 接发旅客列车时调车作业的规定

（1）接发旅客列车时，与接发列车进路没有隔开设备或脱轨器的线路，不准向能进入接发列车进路的方向调车。本务机车在停留线路内摘挂、列车拉道口时除外。

为防止调车作业的机车车辆因车辆溜逸、冒进信号等原因进入接发列车进路，与正在进、出站的旅客列车发生冲突，规定接发旅客列车时，与接发列车进路没有隔开设备或脱轨器的线路，不准向能进入接发列车进路的方向调车。

本务机车在停留线路内摘挂、列车拉道口等作业机车车辆移动范围小、目的明确，允许接发列车进路没有隔开设备或脱轨器的线路，进行本务机车的摘挂、列车拉道口作业，但严格控制速度，只能在本线路内进行。

（2）有特殊困难的车站，确需调车时，制定安全措施，由铁路局批准。

3. 越出站界调车

越出站界调车是指利用列车占用区间的间隔时间，调车车列越过进站信号机或站界标进入区间的调车作业。

这种调车一般出现在没有牵出线也没有可利用的岔线或其他线路，对于较长的调车车列只能利用区间正线的中间站。越出站界调车是在区间空闲（自动闭塞为第一闭塞分区空闲）的情况下，进入区间调车的一种方法。由于闭塞设备及区间线路数目不同，为了调车作业安全，办理方法及凭证也不尽相同。

① 双线区间正方向越出站界调车。由于双线区间正方向线路的发车权归发车站所有，是否向区间发车由车站值班员控制。为此，只要区间空闲，经车站值班员口头准许并通知司机后即可越出站界调车。具体情况有：

a. 区间为自动闭塞，从监督器上确认第一闭塞分区空闲；

b. 区间为非自动闭塞，必须区间空闲。

② 双线区间反方向越出站界调车。双线区间反方向越出站界调车，必须区间空闲，由于发车权归邻站所有，越出站界调车时，要请示列车调度员发布停止基本闭塞法的调度命令，车站值班员与邻站办理电话闭塞手续，发给司机出站调车通知书后，方可出站调车。

双线自动闭塞有反方向运行条件的区段，越出站界的调车作业不开放出站信号机，因而可以任意改变闭塞方向，为此，亦应办理电话闭塞手续。

③ 单线区间越出站界调车。

a. 当区间为自动闭塞时，闭塞系统必须在发车位。第一闭塞分区空闲，经车站值班员口头准许并通知司机后，即可越出站界调车；

b. 当区间为半自动闭塞时，区间必须空闲，得到停止基本闭塞法的调度命令，与邻站办理电话闭塞手续，发给司机出站调车通知书后，方可出站调车；

c. 当区间为电话闭塞时，区间必须空闲，经列车调度员口头准许，车站值班员与邻站办理电话闭塞手续，发给司机出站调车通知书后，方可出站调车。

出站
跟踪 调车通知书

对方站承认的号码第＿＿＿＿＿＿＿＿＿＿＿＿＿＿＿＿＿＿号，

准许 自/至 时 分 起/止 机车由车站向 区间 出站/跟踪 调车。

站（站名印）车站值班（扳道）员（签名）

年 月 日填发

注：不用的字可抹消。 （规格 90 mm×130 mm）

图 1-54 调车通知书（示例）

④ 出站调车通知书的填写。

出站调车通知书应由车站值班员填写，当调车机车距行车室较远时，可由扳道员按车站值班员的指示填写。

⑤ 注意事项。

a. 调车车列应在限定的时间内返回站内，以免影响列车运行。若司机持有凭证时，待出站调车作业完毕，全部退回站内并不妨碍列车进路时，车站值班员应将占用区间凭证收回注销并与邻站办理区间开通手续；

b. 出站调车在限定的时间内不受出站次数限制。但在限定的时间退回车站待避列车后，再需继续出站调车时，应重新办理手续，不得使用原凭证；

c. 去区间岔线取送车辆的调车作业及列车在区间进行装卸作业返回车站，均应按列车办理，不得按出站调车办理；

d. 车站值班员应在控制台或闭塞机上揭挂“出站调车”表示牌，以防遗忘。

（5）跟踪出站调车。

在单线区间和双线正方向线路上，间隔一定的距离或时间，跟随在出发列车后面越过进站信号机或站界标在站界外 500 m 内进行的调车作业，称为跟踪出站调车。

跟踪出站调车，因与列车运行是平行作业，而且“同时”进入同一区间，虽然提高了运输效率，但存在着不安全因素，因此，对跟踪出站调车应加以限制。

① 对跟踪出站调车的限制。

a. 只准在单线区间及双线正方向的线路上办理；

b. 为保证跟踪出站调车作业的机车车辆与前行列车保持一定距离，只有前发列车尾部越过预告、接近信号机（或靠近车站的第一个预告标）后，方可跟踪出站调车。如确认前发列车位置困难时，应按《站细》规定的间隔时间进行；

c. 跟踪出站调车最远不得越过站界 500 m。因为列车在不得已情况下必须退行时，未得到后方站车站值班员允许，不得退行到车站最外方预告信号机或预告标（双线区间为邻线预告标或特设的预告标）的内方。这样可以保证调车车列与由区间退回的列车保持 300 m 以上的安全距离。

知识链接：半自动闭塞、自动站间闭塞区段，进站信号机为色灯信号机时，设色灯预告信号机或接近信号机。

遮断信号机和半自动闭塞、自动站间闭塞区段线路所通过信号机，设预告信号机。

列车运行速度不超过 120 km/h 的区段，预告信号机与其主体信号机的安装距离不得小于 800 m，当预告信号机的显示距离不足 400 m 时，其安装距离不得小于 1 000 m。

列车运行速度超过 120 km/h 的区段，设置两段接近区段，在第一接近区段和第二接近区段的分界处，设接近信号机，在第一接近区段入口内 100 m 处，设置机车信号接通标。

② 跟踪出站调车应办理的手续。

a. 须经列车调度员口头准许。以防因办理跟踪出站调车，影响其他列车运行；

b. 取得邻站车站值班员承认的号码。防止跟踪出站调车的机车、车辆返回车站前，两站误办闭塞，使其他列车进入区间；

c. 发给调车司机跟踪调车通知书。填写时，应将“出站”字样及“对方站承认号码第 × 号”字样抹掉。跟踪调车通知书允许由扳道员根据值班员的命令填发。跟踪调车完毕后，应及时收回跟踪调车通知书，并通知邻站值班员。当前发列车到达邻站且跟踪调车完毕后，收回凭证，两站值班员方可办理区间开通手续。

③ 禁止办理跟踪出站调车的情况。

a. 出站方向区间内有瞭望不良的地形或有连续长大上坡道（站名表由铁路局公布）。因前发列车一旦制动不当或车辆发生溜逸时，可能与跟踪调车的机车、车辆发生冲突。

知识链接：线路坡度超过 6‰，长度为 8 km 及其以上；线路坡度超过 12‰，长度为 5 km 及其以上；线路坡度超过 20‰，长度为 2 km 及其以上者称之为长大上（下）坡道。

b. 先发列车需由区间返回，或挂有由区间返回的后部补机。

c. 车站一切电话中断。

d. 降雾、暴风雨雪时，因瞭望不便，禁止办理跟踪调车。

列车虽已到达邻站，但跟踪调车通知书尚未收回时，禁止办理区间开通手续。

4. 越区、转场作业

越区作业是指调车机车由本调车区到其他调车区进行的取送车辆作业；转场作业是指车场之间的转线作业。

越区或转场调车，不仅要经过许多线路和道岔，有的还要跨越正线，因而涉及各调车区和车场之间作业的安排。如果没有做好联系和防护，不但影响调车效率，而且会危及行车安全和人身安全。因此，要求调车机车在越区和转场作业时，两区（场）调车领导人之间必须事先做好联系，做出调车作业书面计划，下达给参加调车作业的有关人员，并做好防护。

没有做好联系和防护，不准放行越区车或转场车。

二、货场、专用线调车的规定

1. 有关规定

（1）向货场、专用线取送车时，应派调车人员提前检查线路有无障碍物，道岔开通是否正确，大门是否开启，线路两旁货物堆放距离是否符合规定；车列行经道口时，应注意道口看守员的信号，对无人看守道口、曲线地段，应加强瞭望，控制通过速度；行经无扳道员管理的道岔时，调车指挥人应指派调车组其他人员扳道，并执行要道还道制度。

（2）在作业前，应按《站细》规定，连结规定数量的制动软管；使用简易紧急制动阀时，在车列起动前须进行通风试验。

（3）在货场、专用线的线路上取送调车时，没有采取好防溜措施，不得摘开机车。

（4）向轨道衡上取送检衡车时，调车指挥人要严格执行企业的有关速度规定，以确保安全。

（5）在装卸作业未完的线路上取送车时，必须在通过事先联系或取得装卸作业人员的同意后，方可进行取送作业。

2. 线路两旁堆放货物的规定

（1）线路两旁堆放货物，距钢轨头部外侧不得少于 1.5 m。

（2）站台上堆放货物，距站台边缘不得少于 1 m。这是考虑到调车人员、货运人员走行及叉车等装卸机具的作业条件所必需的安全距离。不足上述规定距离时，不得进行调车作业。

（3）货物应堆放稳固，防止倒塌。靠近线路两旁堆放为维修线路用的材料、机具等，不得侵入建筑限界。

知识点二　机车车辆停留及手推调车的规定

一、机车车辆停留

1. 机车车辆停留的线路及地点

（1）机车车辆必须停在警冲标内方。

知识链接：警冲标设在两会合线路（距离为 4 m）的中间。线间距离不足 4m 时，设在两线路中心线最大间距的起点处。靠准许停车线路的一方称为警冲标内方，靠道岔方面或线路平面交叉的一方称为警冲标的外方。警冲标用来指示机车车辆的停留位置，防止机车车辆侧面冲突。

（2）遇特殊情况，在不影响接发列车和调车作业时，准许临时停放在警冲标外方。

调车作业中，因溜放车组速度不当，车辆临时停在警冲标外方时，在确认不妨碍其他作业进路时，准许临时停留在警冲标外方，但一批作业完了后，应立即送入警冲标内方，以免影响后续作业。

因特殊情况（如装卸货位不足，抢装急用物资、军用物资等）需在警冲标外方进行装卸作业时，须经车站值班员、调车区长准许，在不影响列车到发及调车作业的情况下方可进行，装卸完了后，应立即取走或送入警冲标内方。

（3）安全线及避难线上，禁止停留机车车辆。

安全线、避难线的设置目的是防止列车和机车、车辆冲突，如果在该线上停留机车、车辆，不仅失去了它的作用，反而增加了冲突机会。

（4）在超过 6‰坡度的线路上，不得无动力停留机车车辆。

（5）装载爆炸品、气体类危险货物的车辆及救援列车，必须停放在固定的线路上，两端道岔应扳向不能进入该线的位置并加锁；临时停留公务车线路上的道岔也应扳向不能进入该线的位置并加锁。

爆炸品、气体类危险货物对冲击、火焰敏感，万一发生意外，其后果严重。在选择停留这些车辆的固定线路时，应注意远离房舍、住宅及其他建筑物，并应与列车运行和调车繁忙的线路保持一定间距。救援列车担负着事故救援的紧急任务，停放在固定线路上，就能保证需要救援时能及时出发。

（6）集中操纵的道岔可在控制台上进行单独锁闭。

1-8-1 防溜及防溜揭示

2．机车车辆停留的安全措施

由于货物的性质、车辆的特点或线路坡度方面的因素，停留车辆不进行调车作业时，应采取防溜措施或其他安全措施，以保证行车和货物安全。

（1）编组站、区段站在到发线、调车线以外的线路上停留车辆，不进行调车作业时，应连挂在一起，并须拧紧两端车辆的人力制动机，或以铁鞋（止轮器、防溜枕木等）牢靠固定。因装卸车对货位等情况，不能连挂在一起时，应分组做好防溜措施。

图 1-55　铁路防溜

图 1-56　防溜枕木防溜

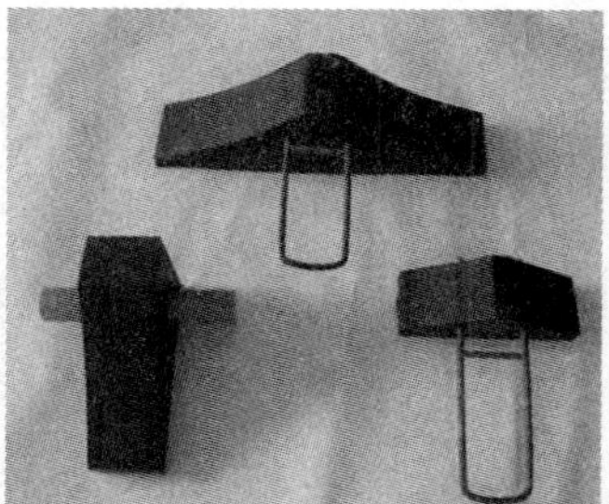

图 1-57　止轮器

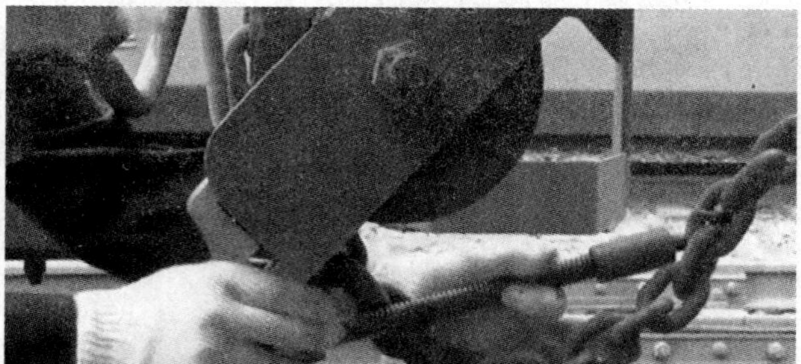

图 1-58　防溜紧固器

（2）中间站停留车辆，无论停留的线路是否有坡道，均应连挂在一起，拧紧两端车辆的人力制动机，并以铁鞋（止轮器、防溜枕木等）牢靠固定。因装卸车对货位等情况，不能连挂在一起时，应分组做好防溜措施。一批调车作业中临时停留的车辆，须拧紧两端车辆的人力制动机或以铁鞋（止轮器）止轮。

经过中间站的列车以通过列车居多，通过列车速度高，列车通过时对停留的机车车辆产生的震动较大，且中间站线路数量少，停留车辆一旦溜逸很容易进入正线，与正线运行的列车发生冲突，因此中间站对车辆的防溜要求更为严格。

（3）编组站和区段站的到发线、调车线是否需要防溜以及作业量较大中间站执行上述规定有困难时，由铁路局规定。

（4）动车组无动力停留时，有停放制动装置的动车组，由司机负责将动车组处于停放制动状态；动车组无停放制动装置或在坡度为 20‰ 以上的区间无动力停留时，由司机通知随车机械师进行防溜，防溜时使用止轮器牢靠固定。动车段（所）内动车组防溜办法由铁路局规定。

二、手推调车

手推调车是调移车辆的辅助形式，一般只在缺乏动力的情况下短距离移动车辆时采用。为保证安全，手推调车应符合以下要求：

（1）手推调车，须得到调车领导人的同意。

（2）手推调车时，人力制动机作用必须良好，有胜任人员负责制动。手推调车的速度不得超过 3 km/h，以保证随时停车。

1-8-2 手推调车

（3）下列情况禁止手推调车：

① 在正线、到发线及超过 2.5‰坡度的线路上（确需手推调车时，须经铁路局批准）；

② 在停有动车组的线路上；

③ 遇暴风雨雪或夜间无照明时；

④ 接发列车时，与接发列车进路没有隔开设备或脱轨器的线路，向能进入接发列车进路的方向；

⑤ 装有爆炸品、气体类危险货物的车辆；

⑥ 电气化区段，接触网未停电的线路上，对棚车、敞车类的车辆。

手推调车，除按上述要求办理外，还应执行各局、站段制定的具体办法，如每批推车的辆数限制、组与组间的间隔距离等安全措施。

项目综合考核

一、理论知识考核

（一）填空题

1. 调车按其设备不同分为________调车和________调车两类。

2. 调车人员不足______人，不准进行调车作业。

3. 一批调车作业变更计划不超过_________时，可用口头方式布置（中间站利用本务机车调车除外），中间站利用本务机车调车时应使用____________________布置调车作业计划。

4. 调车作业应由___________单一指挥。

5. 调车作业中在接近被连挂的车辆时，速度不准超过__________。

6. 调车作业挂车时，没有连挂妥当，不得__________；调车作业摘车时，应先________再__________。

7. 机械冷藏车如因迂回线故障等原因，必须通过设有车辆减速器（顶）的驼峰时，以不超过________的速度推送过峰。

8. 跟踪出站调车，只准许在__________线路上办理。

9. 调车信号机显示一个___________信号，表示准许机车车辆越过该信号机调车

10. 列车及机车车辆必须停在__________内方。

11. 动车组以外的列车中相互连挂的车钩中心水平线高度差，不得超过________ mm。

12. 跟踪调车作业完毕，车站值班员确认______________收回后，通知邻站值班员，当___________，两站值班员方可办理区间开通手续。

（二）选择题

1. 调车作业在空线上牵引运行时，不准超过（　　）km/h。

A. 5　　B. 15　　C. 30　　D. 40

2. 调车作业中单机运行或牵引车辆运行时，前方进路的确认由（　　）负责。

A. 连结员　　B. 制动员　　C. 调车长　　D. 司机

3. 在调车作业中调动装载液化气体、超限货物的车辆时，速度不准超过（　　）。

A. 8 km/h　　B. 10 km/h　　C. 15 km/h　　D. 20 km/h

4. 昼间一右臂向上直伸，左臂下垂；夜间——白色灯光左右摇动后，从左下方向右上方高举（　　）股道号码信号。

A. 一道　　B. 二道　　C. 三道　　D. 四道

5. 在尽头线上调车时，距线路终端应有（　　）的安全距离。

A. 3.3 m　　B. 5.5 m　　C. 11 m　　D. 10 m

6. 在电气化区段接触网未停电的线路上，对（　　）类的车辆，禁止进行手推调车。

A. 罐车　　B. 平车　　C. 棚车、敞车　　D. 平车、罐车

7. 禁止使用铁鞋制动的车辆是（　　）。

A. 集装箱专用平车　　B. 棚车

C. 950 mm 及其以上的大轮车和外闸瓦车　　D. 敞车

8. 无线调车灯显制式的绿灯闪数次后熄火，表示（　　）信号。

A. 推进　　B. 停车　　C. 减速　　D. 起动

9.（　　）是衡量调车工作量的基本单位。

A. 列数　　B. 辆数　　C. 调车程　　D. 调车钩

10. 无线调车灯显信号显示黄灯闪后绿灯长亮为（　　）信号。

A. 减速　　B. 加速　　C. 溜放　　D. 解体

11. 机车向驼峰峰顶推送车，前端车组由于本身的重力作用，开始脱离车列的地点，称（　　）。

A. 峰顶　　B. 计算点　　C. 脱钩点　　D. 变坡点

12. 将到达的列车或车组按车辆的去向、车种或其他要求分解到调车场各固定线路内为（　　）。

A. 摘挂调车　　B. 编组调车　　C. 解体调车　　D. 取送调车

13. 进行手推调车时，必须要取得（　　）的同意。

A. 车站值班员　　B. 车站调度员　　C. 调车领导人　　D. 调车指挥人

14. 昼间一拢起的手信号旗，两臂于前下方交叉后，急向左右摇动数次为（　　）信号。

A. 溜放　　B. 取消　　C. 要求再度显示　　D. 告知显示错误

15. 参加调车作业的人员应做到（　　）。

A. 及时编组、解体列车，保证按列车运行图的规定时刻发车，不影响接车

B. 及时取送客货作业和检修的车辆

C. 充分运用调车机车及一切技术设备提高调车效率

D. 采用先进工作方法，用最少的时间完成调车任务

E. 认真执行作业标准，保证调车有关人员的人身安全及行车安全

16. 越出站界调车时，下列情况中需要发给司机出站调车通知书的是（　　）。

A. 双线自动闭塞区间正方向　　B. 单线区间

C. 双线自动闭塞区间反方向　　C. 双线自动站间闭塞反方向

17. 以下关于四道股道号码，手信号显示方式正确的是（　　）。

A. 昼间，左臂向左上方，右臂向右下方各斜伸 45 度角。

B. 昼间，右臂向右上方，左臂向左下方各斜伸 45 度角。

C. 夜间，白色灯光高举头上左右小动。

D. 夜间，白色灯光上下摇动。

E. 夜间，白色灯光左右摇动。

（三）判断题

1. 调车作业交班时，收回的铁鞋可以不归位，但必须确认质量良好。（　　）

2. 驼峰信号机显示一个月白色灯光，是指示机车车辆去禁溜线。（　　）

3. 当办理驼峰推送进路后，驼峰色灯辅助信号机灯显示与驼峰色灯信号机显示相同。（　　）

4. 牵出线调车的特点之一是被调动的车辆的动力完全来自机车动力。（　　）

5. 驼峰解散车辆变更股道时，必须通知司机。（　　）

6. 装有爆炸品、气体类危险货物的车辆，可以手推调车。（　　）

7. 驼峰及调车色灯复示信号机均采用方形背板，以区别于一般信号机。（　　）

8. 中间站利用本务机调车时，不论变更计划的多少，均应填写或重新填写附有示意图的调车作通知单。（　　）

9. 调车作业在空线推进运行时，速度不得超过 40 km/h。（　　）

10. 调动装载爆炸品、气体类危险货物、超限货物的车辆时，速度不得超过 10 km/h。（　　）

11. 停有装载爆炸品、气体类危险货物车辆的线路，禁止溜放调车。（　　）

12. 在超过 2.5‰坡度的线路上调车作业挂车时，挂好车钩后再撤除防溜措施。（　　）

13. 在正线、到发线的衔接线路上手推调车时，除得到调车领导人的同意外，还应得到车站值班员的准许。（　　）

14. 铁鞋制动时，辅助鞋是指事先安放在钢轨上的铁鞋。（　　）

15. 在一个车站划分调车区，主要是保证每台调车机在作业中互不干扰，及调车作业的安全。（　　）

16. 调车工作按作业范围分为越出站界调车和跟踪出站调车两大类。（　　）

17. 调车钩是指完成一次摘车或挂车作业的过程。 ( )

18. 参加调车作业人员应及时编组、解体列车，保证按列车运行图的规定时刻发车，不影响接发车。 ( )

19. 所有参加铁路调车作业人员，应根据车站的技术设备条件和作业性质，执行相应的调车作业标准。 ( )

20. 停有正在装卸作业车辆的线路上禁止溜放作业。 ( )

21. 调车工作要固定作业区域、线路使用、调车机车、人员、班次、交接班时间、吃饭地点、工具数量及其存放地点。 ( )

22. 没有看到调车指挥人的起动信号，不准动车。 ( )

23. 要道还道起人工联锁、互相检查的作用，其方法是要道由近而远，还道由远而近。 ( )

24. 安全线及避难线上，可以停留机车车辆。 ( )

25. 站台上堆放货物时，考虑调车人员、货运人员及叉车等机具的作业条件，距站台边缘不得小于 1.5 m。 ( )

26. 因装卸车对货位等情况，不能连挂在一起时，应分组做好防溜措施。 ( )

27. 调车作业中，车辆临时停在警冲标外方时，一批作业完了后，应立即送入警冲标内方。 ( )

28. 装载爆炸品、气体类危险货物的车辆及救援列车，必须停放在固定的线路上。( )

29. 在使用平面调车灯显设备进行作业时，制动员或连结员按下紧急制动按钮时，机车灯显设备显示一个红灯。 ( )

30. 推进车辆连挂时，司机按调车指挥人显示的十、五、三车距离信号，将速度分别降低为 17 km/h、12 km/h 及 7 km/h 以下。 ( )

31. 在尽头线上调车时，距线路终端应有 10 m 的安全距离；遇特殊情况，必须近于 10 m 时，要严格控制速度。 ( )

32. 推进车辆连挂时，要显示十、五、三车的距离信号，没有显示十、五、三车的距离信号，不准挂车，没有司机回示，应立即显示停车信号。 ( )

33. 调整钩位、处理钩销时，不得探身到两钩之间。 ( )

34.《铁路调车作业标准》中规定使用人力制动机制动时，抓牢站稳，按规定使用安全带，进行试闸。 ( )

35. 试拉是指为防止车辆在推进或牵引走行中脱钩，在机车车辆连挂后进行一次牵引试验，以便确认车辆的连挂状态。 ( )

36. 要求机车鸣笛信号昼间：用拢起的手信号旗（或单臂）竖起上下急剧小动。 ( )

37. 当调车车列加减速一次，溜出一组后，调车车列不进行回拉，继续进行不变更方向，这种连续溜放几个车组才向牵出线回拉一次的方法，称为多组溜放法。 ( )

38. 驼峰主要有推送部分、溜放部分和峰顶平台三部分组成。 ( )

（四）简答题

1. 什么是调车作业“九固定”？

2. 什么是“统一领导，单一指挥”？

3. 简述无线调车灯显示信号含义。

4. 牵出线调车作业的特点是什么？

5. 简述调车信号机的显示含义。

6. 人力制动机制动工作过程包括哪些？

7. 驼峰调车作业的特点是什么？

8. 哪些铁鞋禁止使用？哪些情况禁止使用铁鞋制动？

9. 简述驼峰色灯信号的显示含义。

10. 车辆通过驼峰有哪些限制？

11.《技规》中对调车速度有何限制？

12. 什么是越出站界调车？越出站界调车时需要办理哪些手续？

13. 什么是跟踪出站调车？跟踪出站调车有哪些限制条件？哪些情况下禁止进行跟踪出站调车？

14. 简述机车车辆的停留要求。

15. 什么是手推调车？什么情况下不准进行手推调车？

二、素质考核

根据出勤情况及课堂表现，获得素质考核成绩。

参考答案

一、理论知识考核

（一）填空题

1. 驼峰，牵出线

2. 2

3. 3，附有车站示意图的调车作业通知单

4. 调车长

5. 5 km/h

6. 撤除防溜装置，做好防溜措施，摘开车钩

7. 7 km/h

8. 单线区间及双线正方向的线路上

9. 月白色

10. 警冲标

11. 75

12. 跟踪出站调车作业通知书，前发列车到达邻站后

（二）选择题

1. D　2. D　3. C　4. B　5. D　6. C　7. C　8. D　9. D　10. A

11. C　12. C　13. C　14. B　15. ABCDE　16. BCD　17. BC

（三）判断题

1. ×	2. ×	3. √	4. √	5. ×	6. ×	7. √	8. √	9. ×
10. ×	11. √	12. √	13. ×	14. ×	15. √	16. ×	17. √	18. √
19. √	20. √	21. √	22. √	23. √	24. ×	25. ×	26. √	27. √
28. √	29. ×	30. √	31. √	32. √	33. √	34. √	35. √	36. √
37. √	38. √							

（四）简答题

略

项目二　接发列车作业

【项目介绍】

接发列车是车站根据行车闭塞方式及技术设备条件，按照规定的程序，办理列车到达、出发、通过作业的整个过程。接发列车是车站行车工作的基本内容，是列车安全正点运行的重要保证。

本项目主要介绍了车站接发列车设备、行车闭塞法、接发列车作业基本项目及不同场景下非正常接发列车和应急处置等内容。

通过学习本项目内容，让学生培养严谨认真的作风及团队协作的精神，树立安全责任意识。

【教学目标】

1. 知识目标

掌握接发列车线路使用、行车闭塞法、接发列车工作、非正常行车及应急处置组织等知识、规章。

2. 能力目标

具备接发列车有关设备操作、正常接发列车作业及部分场景非正常接发列车作业等技能。

3. 素质目标

培养严谨认真的作风及团队协作的精神，树立安全责任意识。

典型工作任务 1　接发列车作业的基本要求

2.1.1　工作任务

××年×月×日 18 时 52 分，×站值班员在办理由×机务段 DF481744 号机车牵引的××次超级超限货物列车（编组 39 辆，总重 797 t，换长 50.7）接车进路时，由于不清楚该列车为超级超限列车，误办理了非固定接车线 3 道的接车进路（应为固定线 I 道）。19 时 15 分，列车调度员通过调监发现该列车没有接入固定线路 I 道而错误排列接入 3 道后，立即指示值班员呼喊司机停车；19 时 16 分，列车越过进站信号机 100 m 停车。车站组织退行，19 时 26 分重新接入固定线 I 道停车，构成铁路交通一般 C 类事故。

思考：

（1）在接发列车中线路使用应考虑哪些因素？

（2）接发列车包括哪些内容？

2.1.2 任务目标

1. 知识目标

理解铁路接发列车工作的意义，了解铁路接发列车工作的特殊性，了解组织体系和人员分工，理解铁路接发列车工作基本原则。

2. 能力目标

能够阐述和理解铁路接发列车工作的意义，熟知铁路接发列车工作基本原则。

3. 素质目标

培养对人民生命、财产高度负责的精神。

2.1.3 相关配套知识

接发列车是车站行车工作的基本内容，不间断地接发列车，严格按列车运行图行车，是车站的基本任务之一，也是列车安全正点运行的重要保证。由于参加接发列车工作的人员多，环节复杂，在接发列车作业中的任何疏忽或差错都可能造成列车晚点甚至行车事故。接发列车作业必须认真执行《铁路接发列车作业》标准规定的程序和用语，贯彻集中领导、统一指挥、逐级负责的原则。

知识点一　主要任务

接发列车工作是铁路运输生产活动的一项重要内容，是列车运行过程中不可缺少的重要环节，所有列车都需经过发车和接车作业方能进入区间运行或接入站内进行各项技术作业。因此，严格按照列车运行图规定的时刻，安全、正点、不间断地接发列车，是车站接发列车工作的主要任务。

知识点二　组织体系和人员分工

1. 接发列车组织体系

从图 2-1 可以看出，车站值班员是一个车站行车工作的指挥者，在接发列车作业中，接受列车调度员的领导和指挥；当发生非正常情况时，还要与工务、电务等各设备单位进行联系；作业联系岗位一般有助理值班员（内勤）、助理值班员（外勤）、扳道员、客运及有关人员等。

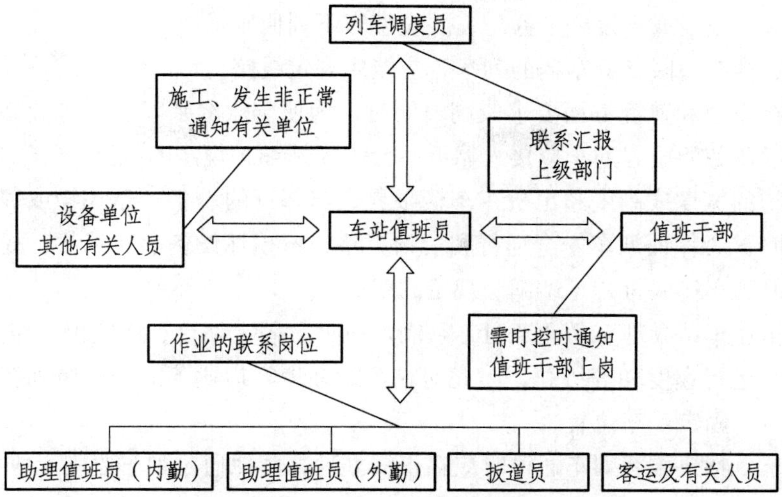

图 2-1　接发列车组织体系

2．车站接发列车人员分工

车站接发列车主要人员有车站值班员、助理值班员、扳道员。车站值班员是车站（线路所）接发列车工作的统一组织者和指挥者，接发列车有关人员必须服从车站值班员的统一指挥。

接发列车时，车站值班员应亲自办理闭塞、布置进路（包括听取进路准备妥当的报告）、开闭信号、交接凭证、接送列车、发车。由于设备或业务量关系，除布置进路（包括听取进路准备妥当的报告）外，其他各项工作可指派助理值班员或扳道员办理。

在调度集中（CTC）区段，调度集中控制车站有关行车工作由该区段列车调度员直接指挥；但转为车站控制时，由车站值班员指挥。

知识点三　基本原则

一、线路使用原则

车站值班员应保证有不间断接车的空闲线路。正线上不应停留车辆（尽头式车站除外）。到发线上停留车辆时，须经车站值班员准许，在中间站必须取得列车调度员的准许方可占用。

正线是列车通过车站的主要经路，如不保持经常空闲，就可能导致列车经到发线通过车站，降低通过速度，影响运输效率，因此，规定正线上不应停留车辆，但尽头式车站不办理列车通过，其正线可按到发线掌握使用。

到发线的使用直接关系到干线的畅通和列车的运行安全，因此，到发线的运用必须统一由车站值班员掌握和指挥。如占用到发线不经过车站值班员准许，就可能影响接发列车工作，也存在危及行车安全的隐患。中间站经常因调整列车运行而进行列车会让，所以停留车辆占用到发线时，除经车站值班员准许外，还要取得列车调度员的准许。

未装设轨道电路中间站的到发线停留车辆时，应将两端道岔扳向不能进入该线的位置并加锁。这是因为未装设轨道电路的到发线，如果停有车辆，当道岔开通该线时，还能开放进站信号，可能造成列车或其他机车、车辆进入该线，发生列车冲突事故。

接发列车应在正线或到发线上办理，并应遵守下列原则：

旅客列车、挂有超限货物车辆的列车，应接入规定线路。

旅客列车在安全和速度方面要求较高。同时，为便于旅客乘降、行包装卸及客车上水等工作，办理客运业务的旅客列车应接入靠近站台等《站细》规定的线路。

当超限货物的宽度或高度超出机车车辆限界，与邻近的设备、建筑物或邻线的机车车辆有剐撞的可能时，为保证列车安全运行和货物完整，不损坏设备和建筑物，规定必须将挂有超限货物车辆的列车接入符合《站细》规定的线路。

动车组列车在车站办理客运业务时，须固定股道、固定站台、固定停车位置。

动车组列车运行速度和等级高，因此对在车站办理客运业务的动车组列车均须明确固定股道、固定站台、固定停车位置。

动车组列车、特快旅客列车通过时应在正线办理，其他通过列车原则上应在正线办理。

正线道岔一般处于直向位置，线路条件好，允许通过的速度较高，可以保证司机有良线办理。好的瞭望条件直向通过道岔，能减少轮缘磨耗，保证列车的高速运行和安全。

原规定为通过的旅客列车由正线变更为到发线接车及动车组列车、特快旅客列车遇特殊情况必须变更基本进路时，须经列车调度员准许，并预告司机；如来不及预告时，应使列车在站外停车后，再开放信号机，接入站内。动车组列车遇特殊情况需变更办理客运业务的固定股道时，须经调度所值班主任（值班副主任）准许。

二、列车到、发及通过车站时刻确定原则

（1）列车到达：以列车进入车站，停于指定到达线警冲标内方时分为准；列车超过实际到达线有效长时，以第一次停车时分为准；列车在区间分部运行时，以全部车辆到达前方站的时分为准。如分部运行将车辆拉向两端站时，以拉向前方站的最后一部分车辆到达时分为准。

（2）列车出发：以列车机车向前进方向起动，列车在站界内（场界内）不再停车为准。列车发出站界后，因故退回发站再次出发时，则以第一次出发时分为准。

（3）列车通过：以列车机车通过车站值班员室的时分为准。

列车到达、出发或通过后，车站值班员应立即向邻站和列车调度员报点，并记入“行车日志”。

三、接发列车作业流程（以双线自动闭塞集中联锁为例）

（1）接车（含通过）作业程序如图 2-2 所示。

（2）发车作业程序如图 2-3 所示。

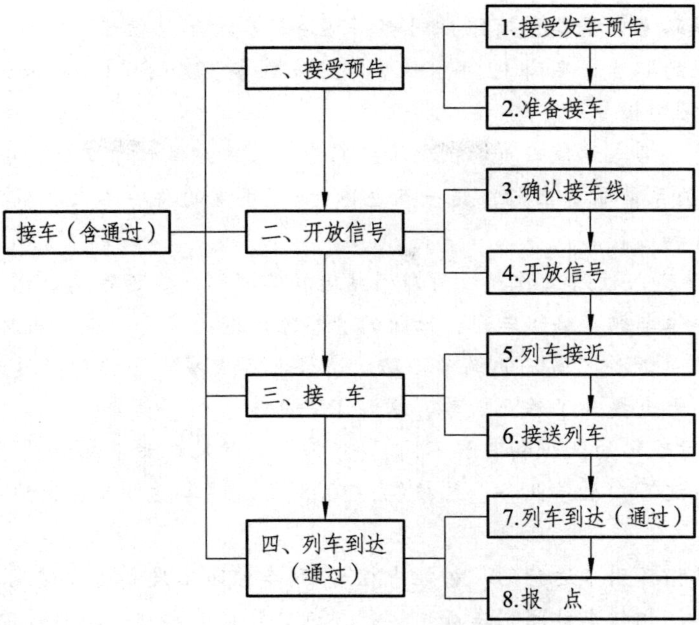

图 2-2　接车（含通过）作业程序图

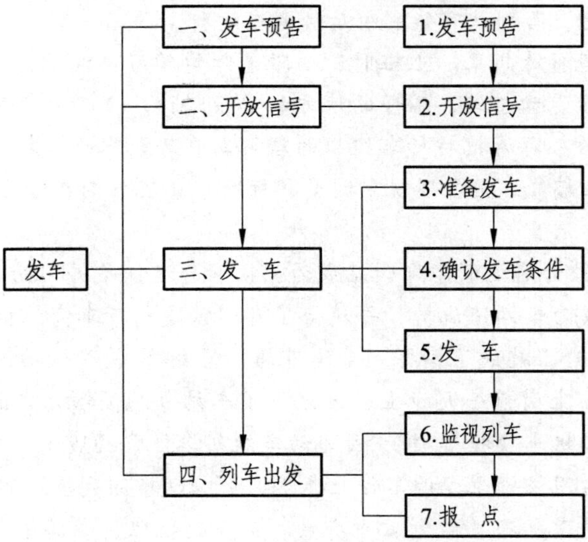

图 2-3　发车作业程序图

榜样力量：畅通中原写芳华——记郑州站运转车间车站值班员蒋涛

“D2774 次列车接近，2 道接车”“G1588 次列车，3 道出站进路好了”……

3 月 27 日 7 时许，旭日初升，郑州站信号楼内一派繁忙景象。一排排电脑屏幕不断闪烁着各种信息，电话铃声此起彼伏。蒋涛紧盯屏幕上的车次和股道信息，快速精准地发出一条条指令。10 分钟内，5 趟旅客列车出入郑州站，2 趟旅客列车在车站完成了机车换挂作业。

郑州站是全国重要的枢纽站，有 13 条股道、223 组道岔，承担着京广线、陇海线及联络线等 6 个方向的列车接发任务，高峰时段每 36 秒就办理一条列车进路。

蒋涛是中国铁路郑州局集团有限公司郑州站运转车间车站值班员，指挥“千军万马”有序进出郑州站是他的职责。在岗 12 年，他办理接发列车 37 万余列，从未错排过一次信号。

以标为纲 向阳生长

蒋涛的父亲是一名车站值班员。在蒋涛印象中，父亲经常忙于工作，追求标准近乎严苛。“我的每个指令都关系着旅客出行，错一点也不行。”年少的蒋涛不太理解父亲的话，但对行车工作充满了好奇和敬畏。

2000 年，蒋涛进入铁路工作，成为郑州站运转车间的一名连结员。偌大的站场里，蒋涛穿梭在股道间，解体车辆、编组车列，忙碌的身影像跳跃的音符。在一次邮政车摘挂作业时，蒋涛发现车站值班员调整了当日的调车径路。这样做不仅减少了作业折返时间，而且避开了邻线通过的列车，大大提升了作业效率，增强了安全性。

“不同值班员对现场的认识和理解不同，‘指挥’的效果也大不相同。”蒋涛对车站值班员岗位更向往了。他沉下心来学业务、练技能，2008 年通过车站信号员选拔考试，进入信号楼工作。

信号楼是车站指挥列车运行的“神经中枢”。列车何时出发到达、进站后停靠哪一股道、运行时间如何衔接、相邻车站间列车如何运行，都需要信号楼统一指挥。郑州站接发 6 个方向的列车，普速列车机车换挂作业繁多，股道运用紧张。蒋涛意识到，开放信号的时间非常紧凑，不能出任何差错，否则就可能影响后续列车运行。

实际工作难度远超蒋涛想象。上班时，他跟着师傅学习、演练，记下车站值班员安排的关键行车进路；下班后复盘总结，不懂的地方和父亲讨论。父亲告诉他，要干好行车组织工作，按标作业是基本功。蒋涛把对行车组织的理解写在笔记本上，把规章的重点和非正常应急处置办法示意图贴在墙上，把各项规章制度和标准作业流程刻在心上。8 本厚厚的笔记，是他努力的见证！

2010 年，郑西高铁开通运营。郑州站成为高铁和普速铁路并用的车站，行车组织难度更大了。这一年，蒋涛成为车站值班员，并获得了郑州铁路局行车岗位练功比武竞赛季军。

“当上了值班员，自己就成了指挥‘千军万马’的指挥员。”至今，蒋涛还清楚记得初当车站值班员时的情景。上岗前一天晚上，他记下了车站每趟高铁列车的时刻，梳理出每趟高铁列车可能影响的普速机车换挂车次。“因为动车组列车停靠的股道一般是固定的，普速旅客列车换挂机车时不能占用该股道，调车作业也不能影响动车组列车进路。”蒋涛介绍，只能提前预想特殊情况下的进路排布，做到心中有数。第一天值班，蒋涛全神贯注，精准发出每一条指令、盯控每一道流程，尽可能减少机车出入库、调车作业给接发列车造成的干扰。第一个班，蒋涛接发了 200 多趟列车。那时正值深秋，蒋涛因为紧张衣服都被汗水浸湿了。“当时脑子就一个念头——不能出任何差错。”蒋涛说。

“要不出差错也很简单，就是按标作业！”蒋涛介绍，郑州站每天接发列车 350 余列，平均每 4 分钟就有一趟客车进站停靠。尽管列车开行密度越来越大，但只要对站场股道、线路设备状况了如指掌，严格按标准流程“发号施令”，就能确保旅客列车安全正点有序进出郑州站。

有一种生长，你听不到禾苗拔节的声音，却能从饱满的稻穗中感受到生命的蓬勃！

“蒋涛在岗，大家放心。”郑州站运转车间党总支书记杨涛说。

行车千计 安全第一

“道路千万条，安全第一条。”蒋涛很喜欢电影《流浪地球》中的这句台词，他觉得铁路行车组织工作也是如此。每次上班前，蒋涛做的第一件事就是关注安全生产天数。这是他多年来养成的习惯。“数字提醒着我，安全永远是第一位的。”蒋涛说。

郑州站车流量大、股道运用紧张，保安全畅通不易，遭遇突发情况更是家常便饭。作为车站值班员，蒋涛总能忙而不乱、沉着应对。2013 年的一天，蒋涛发现担当 K175 次列车牵引任务的电力机车在通过郑州站一处道岔时，屏幕显示出现异常。蒋涛判断，可能是现场设备出了问题。“K175 次客车司机，不要动车！信号取消！”没有丝毫犹豫，蒋涛立刻联控司机。

随后，蒋涛多方联系确认情况。因线路故障，机车停滞在车站北岔区，且占用了陇海下行正线。他向调度部门汇报后，调度部门改变行车组织办法，将郑州站至郑州西站间上行线路改用电话闭塞，按单线行车。那一夜，蒋涛沉着冷静地发出近千条行车指令，既确保京广方向列车的正常接发，又妥善组织现场施工，同时有序疏导陇海线上积压的列车，减少突发故障对运输秩序的影响。事后，蒋涛得到了郑州铁路局的通报嘉奖。

心有所信，方能行远。这件事情让蒋涛更加深刻地认识到，如果处理不好突发情况，堵塞的可能不仅仅是一个站、几条线。工作之余，他收集全路非正常接发列车的典型事例，深入思考各种突发情况下的科学处置方法，主动学习机务、工务、电务、供电等系统的安全规章和应急处置流程，总结优化了不同设备故障时行车指挥注意项点，持续提升应急处置能力。

近 10 年，正是中原铁路快速发展的时期。郑州站持续升级改造设备，提升站场接发列车能力、设备安全性能和列车运行平稳舒适度。蒋涛以临危不乱的心理素质和沉稳睿智的应变能力，在一次次非正常情况“大考”中交出高分答卷。

2017 年 10 月，郑州站连续 33 天每天都有 3 至 5 小时的施工时间，集中更换 73 组木枕道岔。这是当时全国铁路历史上一次性更换道岔最多、周期最长、施工难度最大、有计划影响列车最多的一次施工。当时，车站值班员既要协调工务、电务、供电各参战单位，确保每天施工安全有序进行，又要尽可能在施工区域邻线组织旅客列车，在施工前后赶点组织相应列车，责任重大。蒋涛带领班组成员讨论优化每场施工方案，研判风险点和行车组织要点，推演施工组织流程，细化重点车次接发方案。施工期间，蒋涛带领大家组织非正常行车作业 26 次、调整高铁列车股道 34 次，发送行车指令 2 万余条，实现了“零差错”，有力保障了施工效率和行车安全。

大灾大险方显本色担当。2021 年 7 月 20 日，郑州遭受特大暴雨灾害，郑州站股道、岔区被积水淹没，信号、联锁和闭塞设备全部失效，与邻站及列车调度员通信全部中断。面对前所未有的紧急情况，蒋涛临危不乱，手抄计划、手写站线板，认真做好行车凭证核对、调度命令收转发及执行等工作，确保了非正常情况下行车安全。7 月 21 日，在站区电务设备全部停用的情况下，郑州站首次向水害断道区间开出救援车，运送抢险指挥人员前往受灾一线。蒋涛主动请缨到车站北岔区，在一群复式交分道岔和交叉渡线道岔中找出列车开行径路，并和相关设备单位人员一起进行道岔加锁。首趟救援车顺利从郑州站开出，为西陇海线抢险救灾争取了宝贵时间。

有一种沉着，你无法预知明天会发生些什么，却能从千万次“零差错”的指令中，感受到肩上的责任！

“每次遇到突发情况，蒋涛都要对我们叮嘱、叮嘱、再叮嘱。”郑州站助理值班员齐宁说。

灯亮一盏 照亮一片

做好行车组织工作，需要“指挥员”具备优秀的专业素养，更需要团队的默契和凝聚力。

蒋涛带的班组共有5名职工。班组虽小，管理并不容易。“行车组织工作强度高、安全压力大，需要时刻保持情绪稳定、精神振奋。”蒋涛说。

在大家眼中，蒋涛就像一盏暖光灯，柔和、温暖，给人以安全感。蒋涛熟悉班组中每个人的性格特点，平时注意观察大家的精神状态，及时发现出现思想波动的职工，并有针对性地化解矛盾、消除心结。工作中，蒋涛还毫无保留地将自己的行车组织经验和工作方法传授给大家。

“蒋涛很少发脾气，处理大事小情有条不紊，我们打心底里佩服他。”邢靓说。邢靓曾是蒋涛的助理值班员。有段时间，她注意力不集中，复诵蒋涛的接车指令时会出错。蒋涛当即纠正，班后严肃地告诉她：“复诵是对指令的确认，是为了保证指令的准确性。随口说错，就有可能点错信号、酿成大错，后果不堪设想。”他记下邢靓每个班操作不当的地方，认真分析原因，手把手地教，一遍遍地提示，帮她改掉作业中的不良习惯。2022年底，邢靓成长为车站值班员，是郑州站目前唯一的女性车站值班员。

蒋涛的工作台位上放着一个小本子，上面密密麻麻地记着各种重点提示。“平时多想、多记、多背，把标准化作业变成习惯，干起活来才能心中不慌。”蒋涛经常这样告诫大家。在长期实践中，他形成了“预想、分享、互控”工作法：及时传达布置当班工作重点，做好安全预想；班后组织分享会，分享工作经验，提升班组整体业务水平；互相盯控，提升安全互控力。每天上岗前，蒋涛都要和大伙儿共同研究当天的行车组织计划和命令，做好关键工作预想，制订突发情况下接发车进路安排和调车方案。每次调图前，他带着大家记列车运行图、研判变化点、做好风险提示，确保调图过渡期平稳度过。

一枝独秀不是春，百花齐放春满园。在蒋涛的带动下，2021年，4名班组成员在郑州站“星级职工”年度评定中获评“三星级职工”，2名青年职工走上车站值班员、列车调度员岗位。如今，班组成员个个技能过硬，大家配合默契、干劲十足。

有一种生机，你看不到花儿绽放的过程，却能从绚丽的色彩中，体会到春天的力量！

“从蒋涛身上，我们不仅学到了真本领，而且认识到团队合作的重要性。”邢靓说。

12年来，无数旅客在蒋涛的行车指挥下安全前往目的地。

“在平凡的岗位做好平凡的事，我感到踏实而快乐。”蒋涛说。

蒋 涛

中共党员，中国铁路郑州局集团有限公司郑州站运转车间车站值班员，先后获得全国五一劳动奖章、河南省五一劳动奖章等荣誉。

采访手记

做好平凡事就是不平凡

一座信号楼，三尺控制台，十二个春秋，指挥“千军万马”，蒋涛坚定而从容。采访中，他低调谦和，说自己“只是在平凡的岗位上做了平凡的事”。蒋涛用行动证明，把平凡的事情天天做好，就是不平凡！

追梦路上，唯有实干与奋斗。蒋涛通过坚持不懈地勤学苦练，努力让自己的专业能力与铁路发展需要相匹配。他日复一日默默耕耘，在关键时刻挺身而出，当好服务枢纽畅通的“指挥者”。我们应像蒋涛那样，干一行、爱一行、专一行、精一行，意志坚定，笃行实干，在奋力拼搏中实现人生的价值。

铁路发展日新月异，每个岗位都有自己的精彩。新征程上，聚焦勇当服务和支撑中国式现代化建设的“火车头”，需要我们同向发力、笃行实干、奋勇作为，做好平凡事，成就不平凡。

资料来源：中国国家铁路集团有限公司官网．http://www.china-railway.com.cn/tlwh/tlby/202304/t20230402_126974.html

典型工作任务2　行车闭塞

2.2.1　工作任务

A、B、C 三站均为单线半自动闭塞区段的中间站。××年×月×日，列车调度员布置运行计划，3164 次列车与 1433 次列车计划在 C 站交会。

3164 次列车由 A 站发车后，B 站车站值班员和助理值班员开放进、出站信号机后均打盹睡觉，3164 次列车通过 B 站时两人均未发现，列车调度员询问 3164 次列车的运行情况时，两人答复 3164 次列车未到达 B 站。于是列车调度员临时变更运行计划，要求 3164 次列车在 B 站等待与 1433 次列车交会，但实际 3164 次列车已在 B—C 区间运行。在此情况下，B 站车站值班员误认为 B—C 区间发车表示灯亮红灯为设备故障，请求使用故障按钮开通 B—C 区间。列车调度员未确认区间空闲就盲目同意使用故障按钮。此后，B 站、C 站为 1433 次列车办理闭塞，C 站为 1433 次列车开放了通过信号。1433 次列车由 C 站进入 C—B 区间，与 3164 次列车发生迎面冲突。两列车司机发现前方有车后立即采取紧急制动措施，停车时两列车相距仅 312.5 m，构成了向占用区间发车的险性事故。

思考：

（1）如果司机采取措施不及时，后果会怎样?

（2）导致这起事故的直接原因是什么?

2.2.2　任务目标

1．知识目标

掌握区间及闭塞分区划分的相关规定，掌握行车闭塞法的分类及其含义。

2．能力目标

能够绘制区间及闭塞分区示意图，能够划分基本闭塞法的运行间隔。

3．素质目标

端正学习态度，培养严谨踏实的作风；培养学生分析问题、解决问题的能力。

2.2.3　相关配套知识

知识点一　基本要求

铁路列车运行一般采用空间间隔法。将铁路正线分别用车站、线路所和自动闭塞区间的通过信号机，划分为站间区间、所间区间和闭塞分区，作为列车运行的空间间隔。

车站均须装设基本闭塞设备，基本闭塞设备是控制一个区间（或闭塞分区）同一时间内，只准许一个列车占用的设备。为保证列车运行安全和提高运输效率，在组织列车运行时，通过人工或设备控制，确保一个区间（或闭塞分区）在同一时间内，只有一个列车占用的方法，称为行车闭塞法。

知识点二　区间及闭塞分区的划分

1. 站间区间

站间区间是两相邻车站与车站间的线路。

（1）在单线上，车站与车站间以进站信号机柱的中心线为车站与区间的分界线，如图 2-4 所示。

图 2-4　单线站间区间

（2）在双线或多线上，车站与车站间分别以各该线的进站信号机柱或站界标的中心线为车站与区间的分界线，如图 2-5 所示。

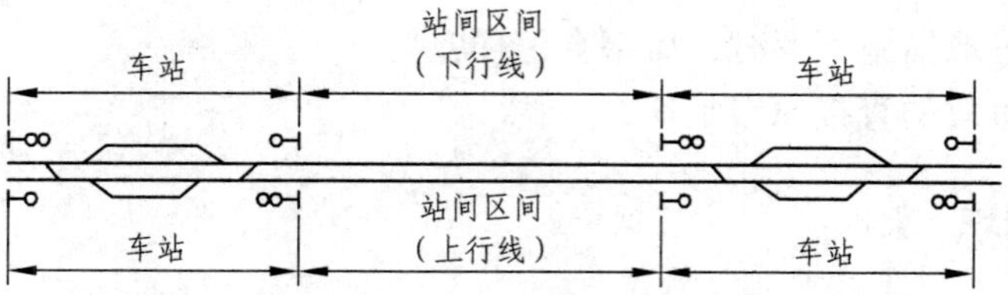

图 2-5　双线站间区间

2. 所间区间

两线路所间或线路所与车站间，以该线上的通过信号机柱的中心线为所间区间的分界线。设有进站信号机的线路所，所间区间的分界方法与站间区间相同，如图 2-6 ~ 图 2-10 所示。

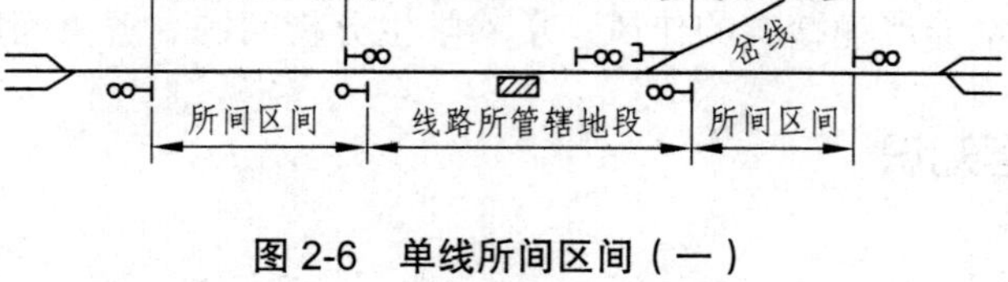

图 2-6　单线所间区间（一）

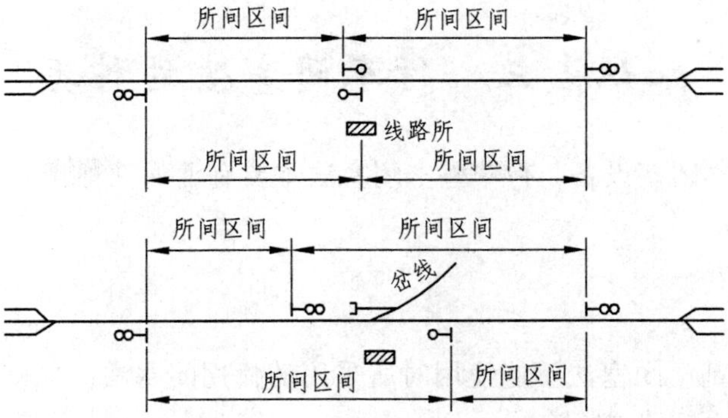

图 2-7　单线所间区间（二）

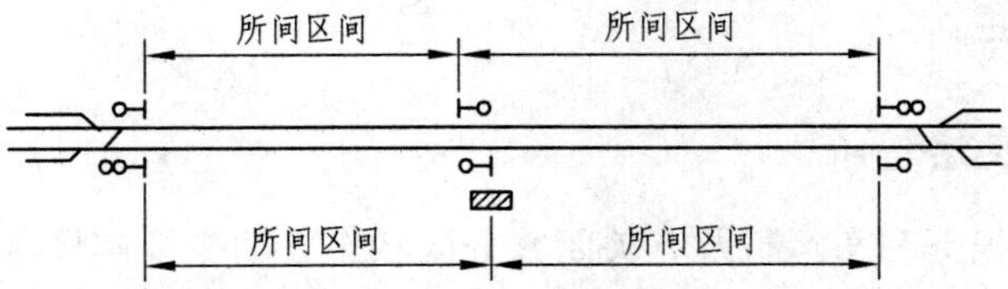

图 2-8　双线所间区间（一）

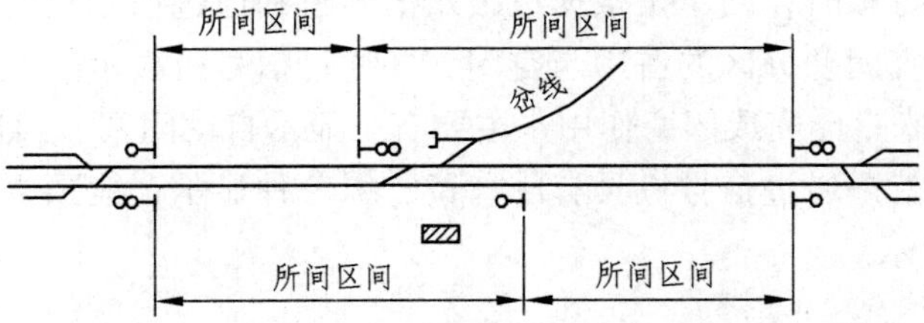

图 2-9　双线所间区间（二）

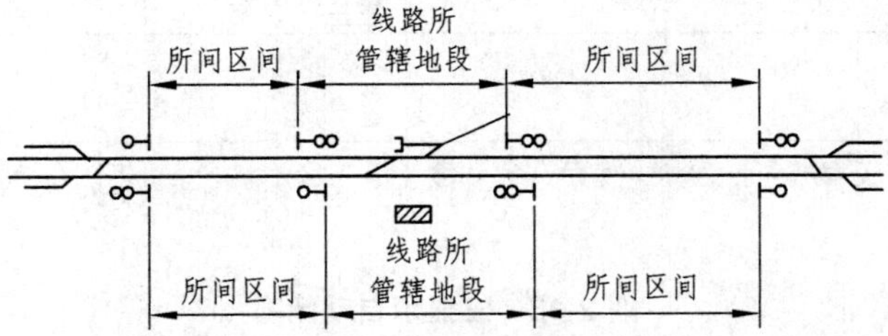

图 2-10　双线所间区间（三）

3. 闭塞分区

自动闭塞区间同方向相邻的两架色灯信号机间，以该线上的通过信号机柱的中心线为闭塞分区的分界线，如图 2-11 和图 2-12 所示。

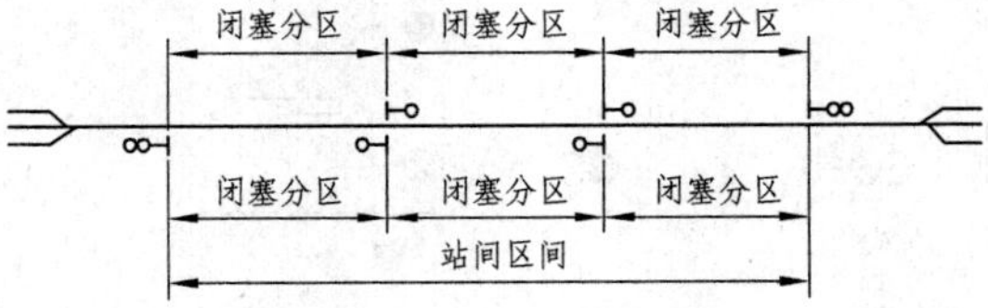

图 2-11　单线闭塞分区

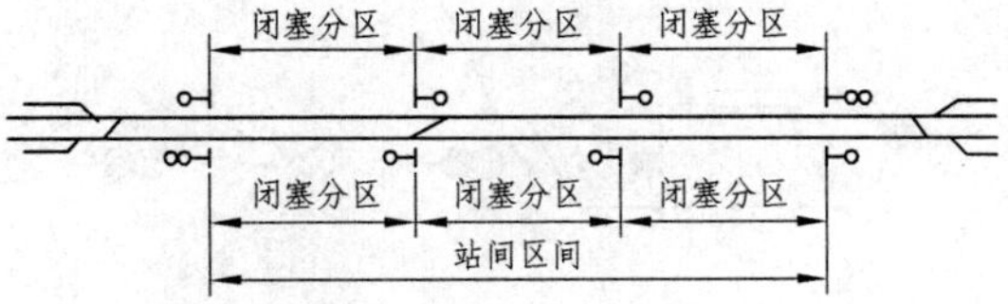

图 2-12　双线闭塞分区

知识点三　行车闭塞法的种类

车站均须装设基本闭塞设备。行车基本闭塞法主要有下列三种：

（1）自动闭塞；

（2）自动站间闭塞；

（3）半自动闭塞。

电话闭塞法是当基本闭塞法不能使用时所采用的代用闭塞法。原则上不使用隔时续行办法，如必须使用时，由铁路局规定。

一、自动闭塞法

（一）自动闭塞法简介

自动闭塞法就是根据列车运行及有关闭塞分区状态自动变换信号显示，列车可凭信号显示追踪运行的闭塞方法。

使用自动闭塞法行车时，列车是根据进出站信号机和通过信号机的显示运行，在运行过程中通过轨道电路检查闭塞分区的占用与空闲，并通过信号机显示的不同颜色的灯光指示后续列车的运行，由此来自动完成闭塞作用，主要有三显示自动闭塞、四显示自动闭塞。

三显示自动闭塞就是通过信号机具有红、黄、绿三种显示，能预告列车前方两个闭塞分区状态，如图 2-13 所示。

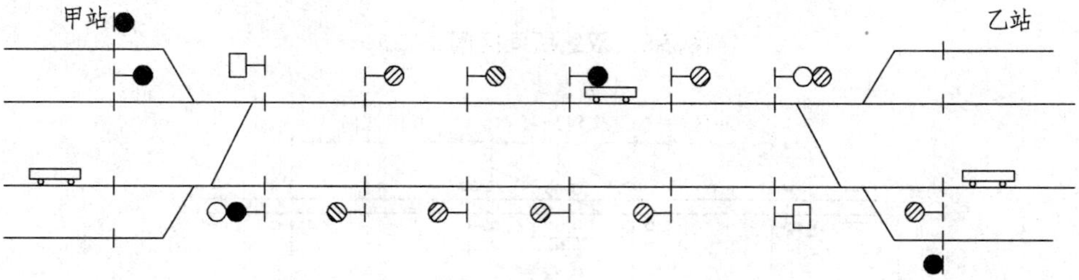

图 2-13　三显示自动闭塞

四显示自动闭塞就是通过信号机具有红、黄、绿黄、绿四种显示，能预告列车前方三个闭塞分区状态，如图 2-14 所示。

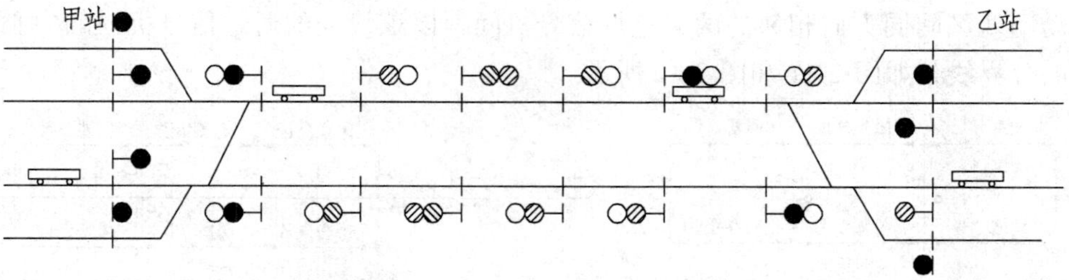

图 2-14　四显示自动闭塞

（二）列车进入闭塞分区的行车凭证

1. 正常情况

用自动闭塞法行车时，列车进入闭塞分区的行车凭证为出站或通过信号机显示的允许运行的信号。

自动闭塞区段的车站，办理发车前应向接车站预告；单线自动闭塞区段的车站，还须得到列车调度员的同意（列车调度员已下达列车运行调整计划时除外）。

2. 特殊情况

自动闭塞区段遇下列情况发车的行车凭证，见表 2-1。

表 2-1　自动闭塞区段特殊情况行车凭证表

<table>
<tr><th>列车出发情况</th><th>行车凭证</th><th>发给行车凭证的依据</th><th>附带条件</th></tr>
<tr><td>1. 出站信号机故障时发出列车</td><td rowspan="5">绿色许可证</td><td rowspan="3">1. 监督器表示第一个闭塞分区空闲，不表示时为接到前次列车到达邻站的通知或前次列车发出后不少于 10 min 的时间
2. 确认道岔位置正确及进路空闲
3. 单线须取得对方站确认区间内无迎面列车的电话记录号码</td><td rowspan="3">从监督器上不能确认第一个闭塞分区空闲时，车站应发给司机书面通知，司机以在瞭望距离内能随时停车的速度、最高不超过 20 km/h 运行到第一架通过信号机，按其显示的要求执行</td></tr>
<tr><td>2. 由未设出站信号机的线路上发出列车</td></tr>
<tr><td>3. 超长列车头部越过出站信号机发出列车</td></tr>
<tr><td>4 发车进路信号机发生故障时发出列车</td><td rowspan="2">确认道岔位置正确及进路空闲</td><td rowspan="2">列车到达次一信号机按其显示的要求执行</td></tr>
<tr><td>5. 超长列车头部越过发车进路信号机发出列车</td></tr>
<tr><td>6. 自动闭塞作用良好，监督器故障时发出列车</td><td rowspan="2">出站信号机显示的允许运行的信号</td><td></td><td>与邻站车站值班员及本站助理值班员（内勤）联系</td></tr>
<tr><td>7. 双线双向闭塞设备的车站，反方向发出列车</td><td>1. 区间占用表示灯表示区间空闲
2. 双线反方向行车的调度命令</td><td>反方向发车进路表示器显示正确（进路表示器故障时通知司机）</td></tr>
</table>

二、自动站间闭塞法

（一）自动站间闭塞法简介

自动站间闭塞是在半自动闭塞基础上发展起来的闭塞设备。自动站间闭塞法是利用区间两端站的出站信号机（线路所通过信号机）和轨道检查装置构成控制关系，自动检查区间空闲，列车以站间（所间）区间为间隔运行，通过办理发车进路和检查列车出清区间的方式、自动实现区间闭塞和区间开通的行车闭塞法。

自动检查区间主要通过计轴设备或区间长轨道电路来实现。

（二）列车进入区间的行车凭证

使用自动站间闭塞法发出列车时，由于列车按站间间隔运行，列车进入区间的行车凭证为出站信号机或线路所通过信号机显示的允许运行的信号。

三、半自动闭塞法

（一）半自动闭塞法简介

半自动闭塞法是指通过两个相邻车站（线路所）的闭塞机、出站信号机（线路所通过信号机）和轨道电路构成的控制关系，确保一个区间在同一时间内，只有一个列车占用的行车闭塞法。

（二）列车进入区间的行车凭证

1. 正常情况

列车凭出站或线路所通过信号机显示的允许运行的信号进入区间。

2. 特殊情况

超长列车头部越过出站信号机，而未压上出站方面轨道电路时，因能使用半自动闭塞法，所以列车占用区间的行车凭证仍然为出站信号机显示的允许运行的信号，但应发给司机准许列车头部越过出站信号机发车的调度命令。

如果列车头部压上出站方面轨道电路，因无法办理闭塞，所以必须停止基本闭塞法，改用电话闭塞法行车，列车占用区间的行车凭证为路票。

因跨局运行的机车交路较为普遍，为方便司机确认发车进路信号机故障时、超长列车头部越过发车进路信号机时的行车凭证，所以对列车越过发车进路信号机的行车凭证进行了统一，统一规定为半自动闭塞发车进路通知书。

四、电话闭塞法

（一）电话闭塞法简介

电话闭塞法是当基本闭塞设备停用条件下，主要靠人工检查确认和联系制度来保证实现列车运行空间间隔的代用闭塞方法。使用电话闭塞行车须有列车调度员的命令，并严格按有关电话闭塞接发列车规定的程序、制度办理行车作业。

（二）列车进入闭塞分区的行车凭证

（1）使用电话闭塞法行车时，列车占用区间的行车凭证为路票。当挂有由区间返回的后部补机时，另发给补机司机路票副页。

（2）单线或双线反方向发车（正方向首列发车）时，根据“行车日志”查明区间已空闲，并取得接车站承认的电话记录号码，在发车进路准备妥当后，方可填发路票。双线正方向发车（首列除外）时，根据收到的前次发出的列车到达的电话记录号码，在发车进路准备妥当后，即可填发路票。

（3）对于填写的路票，车站值班员应根据“行车日志”的记录，进行认真核对，确认无误，并加盖站名印后，方可送交司机。双线反方向行车使用路票时，应在路票上加盖“反方向行车”章；两线、多线区间使用路票时，应在路票上加盖“××线行车”章。

（三）停止基本闭塞法改用电话闭塞法行车的情况

遇下列情况，应停止使用基本闭塞法，改用电话闭塞法行车：

（1）基本闭塞设备发生故障导致基本闭塞法不能使用、自动闭塞区间内两架及以上通过信号机故障或灯光熄灭时。

（2）无双向闭塞设备的双线区间反方向发车或改按单线行车时。

（3）发出由区间返回的列车，或发出挂有由区间返回后部补机的列车时。

（4）自动站间闭塞、半自动闭塞区间，由未设出站信号机的线路上发车，或超长列车头部越过出站信号机并压上出站方面轨道电路发车时。

（5）在夜间或遇降雾、暴风雨雪，为消除线路故障或执行特殊任务，开行轻型车辆时。

五、一切电话中断

（1）车站行车室内一切电话中断是指车站行车室内的行车闭塞电话、调度电话、自动电话全部中断，使车站值班员无法使用电话办理行车联系事项。

（2）列车进入闭塞分区的行车凭证。

车站行车室内一切电话中断，单线行车按书面联络法，双线行车按时间间隔法，列车进入区间的行车凭证均为红色许可证。

在双线自动闭塞区间，如闭塞设备作用良好时，列车运行仍按自动闭塞法行车，但车站与列车司机应以列车无线调度通信设备直接联系（说明车次及注意事项等）。如列车无线调度通信设备故障时，列车必须在车站停车联系。

（3）单线书面联络法行车。由于单线区间是双向行车制，两相邻站都可以向同一区间发车，因此必须通过书面联络来确定列车的开行。

（4）双线时间间隔法行车。双线区间是上、下行分别按正方向行车，由于一切电话中断，列车调度员不能发布调度命令，不能办理列车反方向运行，所以可按时间间隔法行车。

（5）一切电话中断后，连续发出同一方向的列车时，两列车的间隔时间，应按区间规定的运行时间另加 3 min，但不得少于 13 min。

（6）一切电话中断时，行车组织指挥和站间联系困难，行车安全缺乏有效保证，只能开行一些必要的列车。所以禁止向一切电话中断车站相邻的区间发出可能引起不安全因素的列车，如下：

① 在区间内停车工作的列车（救援列车除外）。

② 开往区间岔线的列车。
③ 须由区间内返回的列车。
④ 挂有须由区间内返回后部补机的列车。
⑤ 列车无线调度通信设备故障的列车。

典型工作任务 3　接发列车作业基本项目

2.3.1　工作任务

××年×月×日 16:39 B 站值班员与 A 站值班员办理客车 K6514 次预告时，A 站值班员错将 B 站复诵 C 站："客车 K6562 次 37 分通过"认为是办理客车 K6562 次预告，《行车日志》错写为 K6562 次预告。在通知信号员客车 K6562 次预告并和 M 办理预告后，布置开放 2 道通过进路。16:41 计划值班员发现办理错误，此时韶关直通场报客车 K6514 次通过点，车站值班员意识错误后呼叫客车 K6514 次司机机外停车，16:43 K6514 次机外停稳，车站值班员通知 K6514 次取消信号，16:47 取消信号后重新开放 K6514 次 1 道接车信号，16:54 K6514 次 1 道停稳。

（1）以上案例中，车站值班员有哪些违章操作？
（2）接发列车作业包括哪些项目？

2.3.2　任务目标

1. 知识目标

掌握接发列车作业的主要项目及有关规定。

2. 能力目标

能够正确办理接发列车程序；能够正确显示列车手信号。

3. 素质目标

严格遵守和执行接发列车的有关规定；树立团队合作意识，增强大局观念。

2.3.3　相关配套知识

知识点一　办理闭塞（预告）

根据列车运行计划，向接车站办理闭塞（预告）。除采用自动闭塞法行车外，车站值班员在办理闭塞（预告）时，均须确认区间空闲。例如采用半自动闭塞设备，因区间无轨道电路，一旦列车在区间丢车，设备也反映不出来，如不认真确认列车是否整列到达，待列车压过接车轨道电路，就可以办理区间开通，再向区间发出列车，这是非常危险的。至于电话闭塞，因无设备控制，一旦疏忽，就更有可能向占用区间发车。车站值班员在接发列车工作中，首先要把好办理闭塞时确认区间空闲这一关。

确认区间空闲的方法主要是通过闭塞设备、“行车日志”、各种表示牌，以及有关人员的情况报告等，确认前次列车是否全部到达，补机是否返回，出站（跟踪）调车是否完毕，以及有无区间封锁和轻型车辆占用等。

知识点二 布置进路

1. 列车进路

（1）接车进路（图 2-15）是指由进站信号机起至接车线末端计算该线有效长的警冲标或出站信号机止的一段线路。延续进路为接车进路的一部分。

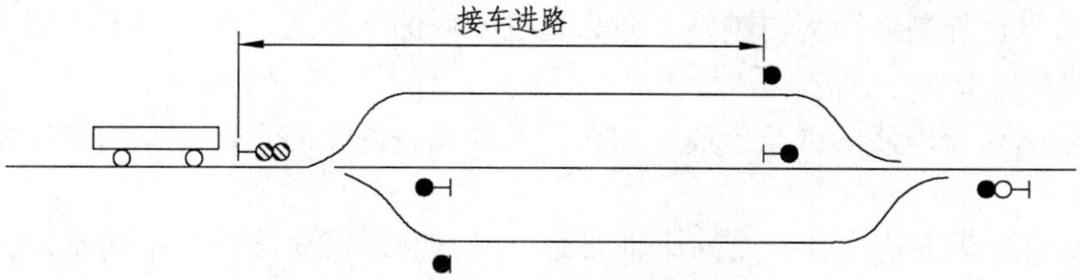

图 2-15 接车进路示意图

（2）发车进路（图 2-16）是指由列车前端起至相对进站信号机或站界标止的一段线路。

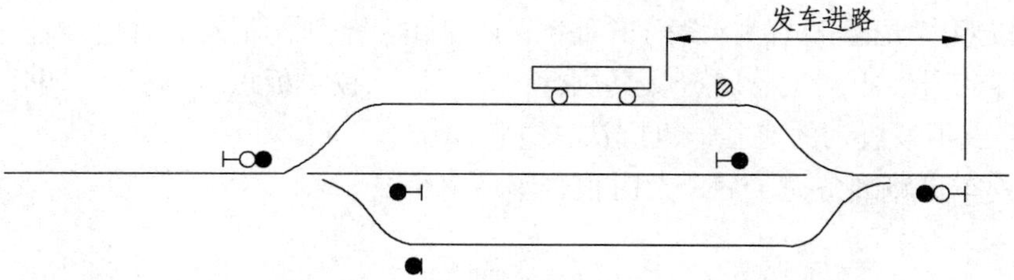

图 2-16 发车进路示意图

（3）通过进路（图 2-17）为该列车通过线路两端进站信号机或站界标间的一段线路。

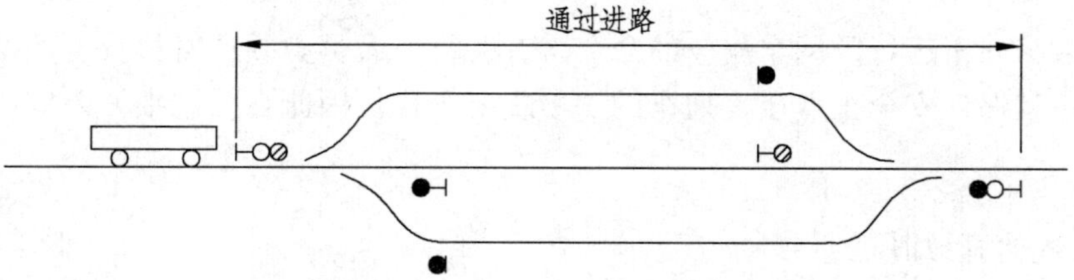

图 2-17 通过进路示意图

2. 进路准备工作

（1）接车前，车站值班员必须亲自或通过有关人员确认接车线路空闲、影响进路的调车作业已经停止后，方可准备进路、开放进站信号机，准备接车；发车前，车站值班员必须亲自或通过有关人员确认影响进路的调车作业已经停止后，方可准备进路、开放出站信号机，交付行车凭证，在旅客上下、行包装卸和列检作业等完了后发车。

（2）确认接车线路空闲。接车线路空闲是指接车线未封锁，无机车、车辆、自轮运转特种设备、轻型车辆、小车和其他能造成脱轨的障碍物。设有轨道电路的车站，在控制台上通过股道占用光带或表示灯确认，但对轻型车辆、小车和其他能造成脱轨的障碍物应进行现场确认。未设轨道电路的车站或轨道电路分路不良、发生故障时，须人工确认接车线路是否空闲，或通过其他手段辅助确认接车线路空闲。

（3）确认影响进路的调车作业已停止。

调车作业影响接发列车进路主要考虑以下几种情况：

① 调车进路与接发列车进路重叠。

② 调车进路与接发列车进路交叉。

③ 调车进路违反接发旅客列车特定的限制条件。

④ 接发超限列车或邻线调动超限车辆而线间距不满足规定距离。

⑤ 进站信号机外制动距离内进站方向为超过 6‰ 的下坡道，在接车线末端无隔开设备的延续进路上调车作业。

⑥ 其他影响列车进路的调车作业（如在无隔开设备的线路上向接发列车进路方向手推调车等）。

（4）车站值班员下达准备接发列车进路命令时，必须简明清楚、正确及时，讲清车次和占用线路（一端有两个及其以上列车运行方向或双线反方向行车时，应讲清方向、线别），并要受令人复诵，核对无误。

（5）助理值班员（内勤）、扳道员在值班时应做到：

① 严格按照车站值班员的接发列车命令、调车作业计划，正确及时地准备进路。

② 在操纵信号、扳动道岔时，认真执行“一看、二按（扳）、三确认、四呼唤（显示）”制度；对进路上不该扳动的道岔，也应认真进行确认。

③ 接发列车进路准备完了后，及时报告车站值班员。

知识点三　开闭信号

1. 信号的作用

信号是指示列车运行及调车作业的命令，有关行车人员必须严格执行。严格按规定时机开闭信号机，是保证安全正点接发列车的一项重要工作。因此在《站细》内应明确规定信号开闭时机。

2. 信号机的开放时机

根据列车等级、列车运行速度、区间运行时分、办理所需要的作业等，确定接发列车时开放信号的时机。具体开放时机应按《站细》规定执行。

3. 信号机的关闭时机

集中联锁车站的进站、进路、出站信号机，通过信号机，当机车或车辆第一轮对越过该信号机后自动关闭。

引导信号应在列车头部越过信号机后及时关闭。

非集中联锁车站的进站信号机及线路所通过信号机，在列车进入接车线轨道区段后自动关闭，出站信号机应在列车进入出站方面轨道区段后自动关闭。

知识点四　交接凭证

行车凭证是列车占用区间或闭塞分区的许可。所说的凭证不仅是出站信号机（线路所通过信号机、发车进路信号机）等信号机显示的允许运行信号，还包括书面凭证，如绿色许可证、路票、红色许可证及列车进入封锁区间的“调度命令”等。交接书面凭证前要认真检查、核对无误，注意人身安全。

一、行车凭证的作用

（1）占用区间的许可。在保证列车运行间隔的前提下，准许列车进入区间或闭塞分区的许可证。

（2）指示列车运行条件。如自动闭塞区段列车运行可反映前方闭塞分区空闲情况及本列车到达接车站等。

（3）提示注意事项。如前次列车是否到达前方站，其后列车运行方式、本次列车运行中需要注意的问题等。

（4）无论采用哪种行车凭证，都必须保证同一区间或闭塞分区在同一时间内只有一列列车运行，以保证行车安全。

二、行车凭证的种类

采用基本闭塞法行车时的行车凭证：自动闭塞为出站信号机或通过信号机显示的允许运行的信号。自动站间、半自动闭塞为出站信号机或线路所通过信号机显示的允许运行的信号。

当使用电话闭塞法或其他特殊情况行车时，使用的书面行车凭证有：

1. 路　票

路　　票

电话记录 第　　　号

车　　次________

延安 ➡ 延安北

延安站（站名印）　　　　　　　编号 123456

注：（1）路票为预先印好区间（即站名）和编号的硬卡片；　（规格 75 mm × 88 mm）

（2）加盖副字戳记者，为路票副页。

图 2-18　路票示意图

2. 绿色许可证

许 可 证

第______号

在出站（进路）信号机故障、未设出站信号机、列车头部越过出站（进路）信号机的情况下，准许第______次列车由______线上发车。

站（站名印）车站值班员（签名）

年　　月　　日填发

注：（1）绿色纸，复写一式两份，司机一份，存根一份；　（规格 90 mm × 130 mm）
（2）不用的字句抹消。

图 2-19　绿色许可证示意图

3. 红色许可证

许 可 证

第______号

现在一切电话中断，准许第______次列车自______站至______站，本列车前于______时______分发出的第______次列车，邻站到达通知　收到。

已
未

通 知 书

1. 第______次列车到达你站后，准接你站发出的列车。

2. 于______时______分发出第______次列车，并于______时______分再发出第______次列车。

站（站名印）车站值班员（签名）

年　　月　　日填发

注：（1）红色纸，复写一式两份，司机一份，存根一份；　（规格 90 mm × 130 mm）
（2）不用的字句抹消。

图 2-20　红色许可证示意图

4. 调度命令

调 度 命 令

........年.....月.....日.....时.....分　第.......号

受令处所		调度员姓名	
内　容			

（规格 110 mm × 160 mm）　　　受令车站........ 车站值班员........

图 2-21　调度命令示意图

5. 出站/跟踪调车通知书

出站/跟踪 调车通知书

对方站承认的号码第..号，

准许 自/至 时 分 起/止 ....机车由车站向............区间 出站/跟踪 调车。

站（站名印）车站值班（扳道）员（签名）

年　　月　　日填发

注：不用的字句抹消。　　　（规格 90 mm × 130 mm）

图 2-22　出站/跟踪调车通知书

6. 半自动闭塞发车进路通知书

> **半自动闭塞发车进路通知书**
>
> 第 ________ 号
>
> 1. 在列车头部越过发车进路信号机的情况下，准许第____次列车由___线发车。
>
> 2. 在___发车进路信号机故障的情况下，准许第____次列车越过该发车进路信号机。
>
> 站（站名印）车站值班员（签名）
>
> 年　　月　　日填发

注：（1）白色纸，复写一式两份，司机一份，存根一份；　（规格 90 mm × 130 mm）
（2）不用的字句抹消。

图 2-23　半自动闭塞发车进路通知书示意图

7. 书面通知

> **书　面　通　知**
>
> 第____次司机：
>
> 监督器上不能确认第一个闭塞分区空闲，以在瞭望距离内能随时停车的速度，最高不超过 20 km/h，运行至第一架通过信号机，按其显示的要求执行。
>
> 站（站名印）车站值班员（签名）
>
> 年　　月　　日填发

注：白色纸，复写一式两份，司机一份，存根一份。　（规格 90 mm × 130 mm）

图 2-24　书面通知示意图

知识点五　接送列车

接发列车时，接送车人员应携带列车无线调度通信设备、持手信号旗（灯），站在规定地点接送列车，注意列车运行和货物装载状态，发现问题时及时处置和报告。列车接近车站、进站和出站时，接送车人员应及时向车站值班员报告列车进出站的情况（能从设备上确认的除外）。

对动车组列车，可不接送列车，自轮运转特种设备及不挂车的单机可取消室外接送列车作业。

知识点六　发　车

一、动车组列车

动车组列车由列车长确认旅客上下完毕后，通知司机关闭车门；按钮不在司机操作台上的，由列车长通知随车机械师关闭车门。如自动开关门装置故障或特殊情况需单独开关车门时，由司机通知列车工作人员手动开关车门。

动车组列车从车站出发，动车组列车司机在确认行车凭证和开车时间且车门关闭后，即可起动列车。

二、动车组以外的列车

（1）发车进路准备妥当，行车凭证已交付，出站（进路）信号机已开放，发车条件完备后，车站值班员（助理值班员）方可显示发车信号。

（2）司机必须确认行车凭证及发车信号显示正确后，方可起动列车。

（3）语音记录装置良好的车站，准许使用列车无线调度通信设备发车。

知识点七　其他作业项目

一、车机联控

1. 车机联控　train/ground　call and response

车务、机务等行车有关人员使用列车无线调度通信设备，按规定联络，提示行车安全信息，确认行车要求的互控方式。

2. 呼叫人　calling party

在车机联控作业中首先进行呼叫的一方

3. 被呼叫人　called party

在车机联控作业中被呼叫后进行应答的一方。

4. 复诵人　repeater

在车机联控作业中被呼叫后进行应答的一方。

5. 设　备

（1）车机联控的使用设备包括：纳入列车无线调度通信设备系统的调度所列车调度通信

设备、车站列车调度通信设备、车载列车调度通信设备（机车、动车组、自轮运转特种设备）、无线对讲设备、GSM-R 手持终端、语言记录装置等。

（2）上线运行的机车、动车组、自轮运转特种设备等应装设车载无线通信设备。机车（动车组、自轮运转特种设备）司机，车辆乘务员及参加车机联控的有关人员应配备列车无线调度通信（便携）设备。

6. 基本要求

（1）执行机联控时遇数字“0”“1”“2”“7”可读“dong（洞）”“yao（幺）”“liang（两）”“guai（拐）”，但车次首位为“0”或车次首位及第二位均为“0”时，应发“零”音。旅客列车车次中的“G”“C”“D”“Z”“T”“K”“L”“Y”“F”分别读“高”“城”“动”“直”“特”“快”“临”“游”“返”，动车组列车以外的旅客列车在车次前冠以“客车”“DJ”“X”分别读“动检”“行（读 xing）”。其他车次用语由企业规定。

（2）因劳动组织和作业方法不同，由车站值班员执行的联控用语可按岗位职责规定由有关岗位人员执行。

（3）本标准联控用语中（ ）内的字可省略，[ ] 内的字与加粗字根据实际情况选择。

（4）执行车机联控时，应使用普通话，做到用语准确、吐字清晰。

7. 作业要求

作业要求应符合以下规定

（1）接车。

① 正常接车：正常接车的呼叫时机和联控用语应符合表 2-2 的规定。

表 2-2　正常接车的呼叫时机和联控用语

呼叫时机	联控用语		
	作业人	列车司机	车站值班员
自动闭塞区段，列车接近第一接近通过信号机或规定的呼叫点；半自动闭塞区段（自动站间闭塞、双线反方向行车时），列车在规定的呼叫点	呼叫人	××（站）××（次）接近	—
	被呼叫人	—	××（次）××（站）×道通过[停车]
	复诵人	××（次）×道通过[停车]，司机明白	
一端有两个及以上运行方向的车站（车场、线路所），列车通过时应在联控用语中增加“去××方向”。能够接收列车进路预告信息时不联控			

② 通过列车变为停车：通过列车变为停车的呼叫时机和联控用语应符合表 2-3 的规定。

表 2-3　通过列车变为停车的呼叫时机和联控用语表

呼叫时机	联控用语		
	作业人	车站值班员	列车司机
列车接近前	呼叫人	××（次）××（站）×道停车	—
	被呼叫人	—	××（次）×道停车，司机明白

③ 原规定为通过的旅客列车由正线变更为到发线接车：原规定为通过的旅客列车由正线变更为到发线接车的呼叫时机和联控用语应符合表 2-4 的规定。

表 2-4　原规定为通过的旅客列车由正线变更为到发线接车的呼叫时机和联控用语表

呼叫时机	联控用语		
	作业人	车站值班员	列车司机
列车接近前	呼叫人	××（次）××（站）变更 ×道通过[停车]	—
	被呼叫人	—	××（次）××（站）变更×道通过[停车]
一端有两个及以上运行方向的车站（车场、线路所），列车通过时应在联控用语后增加“去××方向”			

④ 列车直进侧出（固定径路除外）：列车直进侧出的呼叫时机和联控用语应符合表 2-5 的规定。

表 2-5　列车直进侧出的呼叫时机和联控用语表

呼叫时机	联控用语		
	作业人	车站值班员	列车司机
列车接近前	呼叫人	××（次）××（站）×道通过，直进侧出	—
	被呼叫人	—	××（次）×道通过，直进侧出，司机明白
一端有两个及以上运行方向的车站（车场、线路所），应在联控用语后增加“去××方向”。 未应用列车运行监控装置的区段，应在联控用语后增加“限速××公里”（“限速××公里”的取值，不超过列车出站进路上辙叉号数最小的道岔侧向运行允许速度值，具体数值由企业明确。）			

⑤ 列车通过，出站反方向行车：列车通过，出站反方向行车的呼叫时机和联控用语应符合表 2-6 的规定。

表 2-6　列车通过，出站反方向行车的呼叫时机和联控用语表

<table>
<tr><td rowspan="2">呼叫时机</td><td colspan="3">联控用语</td></tr>
<tr><td>作业人</td><td>车站值班员</td><td>列车司机</td></tr>
<tr><td rowspan="2">列车接近前</td><td>呼叫人</td><td>××（次）××（站）×道通过，反方向运行</td><td>—</td></tr>
<tr><td>被呼叫人</td><td>—</td><td>××（次）×道通过，反方向运行，司机明白</td></tr>
<tr><td colspan="4">侧向出站时，应在联控用语后增加“侧向出站，限速××公里”（“限速××公里”的取值，不超过列车出站进路上辙叉号数最小的道岔侧向运行允许速度值，具体数值由企业明确。）
一端有两个及以上运行方向的车站（车场、线路所），应在联控用语后增加“去××方向”</td></tr>
</table>

⑥ 列车临时机外停车：列车临时机外停车的呼叫时机和联控用语应符合表 2-7 的规定。

表 2-7　列车临时机外停车的呼叫时机和联控用语表

<table>
<tr><td rowspan="2">呼叫时机</td><td colspan="3">联控用语</td></tr>
<tr><td>作业人</td><td>车站值班员</td><td>列车司机</td></tr>
<tr><td rowspan="2">列车接近前</td><td>呼叫人</td><td>××（次）××（站）机外停车</td><td>—</td></tr>
<tr><td>被呼叫人</td><td>—</td><td>××（次）××（站）机外停车，司机明白</td></tr>
</table>

⑦ 呼叫机外停车后接车：呼叫机外停车后接车的呼叫时机和联控用语应符合表 2-8 的规定。

表 2-8　呼叫机外停车后接车的呼叫时机和联控用语表

<table>
<tr><td rowspan="2">呼叫时机</td><td colspan="3">联控用语</td></tr>
<tr><td>作业人</td><td>车站值班员</td><td>列车司机</td></tr>
<tr><td rowspan="2">已呼叫司机机外停车，信号开放后</td><td>呼叫人</td><td>××(次)进站[接车进路]信号好（了）×道通过[停车]</td><td>—</td></tr>
<tr><td>被呼叫人</td><td>—</td><td>××（次）进站[接车进路]信号好（了）×道通过[停车]，司机明白</td></tr>
<tr><td colspan="4">一端有两个及以上运行方向的车站（车场、线路所），列车通过时应在联控用语后增加“去××方向”</td></tr>
</table>

⑧ 车站引导接车：车站引导接车的呼叫时机和联控用语应符合表 2-9 的规定。

表 2-9　车站引导接车的呼叫时机和联控用语表

呼叫时机	联控用语		
	作业人	车站值班员	列车司机
列车接近前	呼叫人	××（次）××（站）引导接车，×道停车[通过]，注意引导信号	—
	被呼叫人	—	××（次）××（站）引导接车，×道停车[通过]，司机明白
一端有两个及以上运行方向的车站（车场、线路所），列车通过时应在联控用语后增加“去××方向”。若用手信号引导列车进站，“注意引导信号”应为“注意引导手信号”			

（2）发车。

① 发车进路一次排通时发车：发车进路一次排通时发车的呼叫时机和联控用语应符合表 2-10 的规定。

表 2-10　发车进路一次排通时发车的呼叫时机和联控用语表

呼叫时机	联控用语		
	作业人	车站值班员	列车司机
出站信号开放后，或发车进路及出站信号均开放后	呼叫人	××（次）×道出站[发车进路]信号好（了）	—
	被呼叫人	—	××（次）×道出站[发车进路]信号好（了），司机明白
一端有两个及以上运行方向的车站（车场、线路所），应在联控用语后增加“去××方向”			

② 分段排列发车进路时发车：分段排列发车进路时发车的呼叫时机和联控用语应符合表 2-11 的规定。

表 2-11　分段排列发车进路时发车的呼叫时机和联控用语表

呼叫时机	联控用语		
	作业人	车站值班员	列车司机
发车进路信号开放后，前方进路或出站信号关闭	呼叫人	××（次）×道发车进路信号好（了），前方出站[×进路]信号机关闭	—
	被呼叫人	—	××（次）×道发车进路信号好（了），前方出站[×进路]信号机关闭，司机明白
一端有两个及以上运行方向的车站（车场、线路所），应在区分运行方向的信号机开放后，在“××（次）×道发车进路信号好（了）”联控用语后增加“去××方向”			

③ 分段排列发车进路时，发车后，后续进路办理好：段排列发车进路时，发车后，后续进路办理好的呼叫时机和联控用语应符合表 2-12 的规定。

表 2-12　分段排列发车进路时，发车后，后续进路办理好的呼叫时机和联控分用语表

呼叫时机	联控用语		
	作业人	车站值班员	列车司机
当出站信号开放后	呼叫人	××（次）出站信号好（了）	—
	被呼叫人	—	××（次）出站信号好（了），司机明白
当前进路信号开放，前方出站（进路）信号关闭	呼叫人	××（次）×进路信号好（了），前方出站[×进路]信号机关闭	—
	被呼叫人	—	××（次）×进路信号好（了），前方出站[×进路]信号机关闭，司机明白
当前进路信号及后续进路、出站信号均开放后	呼叫人	××（次）×进路信号好（了），前方出站信号机已开放	—
	被呼叫人	—	××（次）×进路信号好（了），前方出站信号机已开放，司机明白
一端有两个及以上运行方向的车站（车场、线路所），应在区分运行方向的信号机开放后，在“××（次）出站信号好（了）”或“××（次）进路信号好（了）”联控用语后增加“去××方向”			

（3）列车经过限速地段。

① 已纳入运行揭示的临时限速：已纳入运行揭示的临时限速的呼叫时机和联控用语应符合表 2-13 的规定。

表 2-13　已纳入运行揭示的临时限速的呼叫时机和联控用语表

呼叫时机	联控用语		
	作业人	车站值班员	列车司机
列车接近前	呼叫人	××（次）××站×道通过[停车]，站内限速××公里[区间××公里××米限速××公里]	—
	被呼叫人	—	××（次）×站×道通过[停车]，站内限速××公里[区间××公里××米限速××公里]，司机明白
“区间××公里××米”是指列车运行方向限速起始点。区间有多处限速时，分别联控 站内、区间均有限速（不含站内跨区间），联控用语为“站内限速××公里，区间××公里××米限速××公里”。如站内同时有多处不同速度值限速地段时，按低值联控 遇有站内跨区间连续限速时，按照限速区段起止里程联控：“××公里××米至××公里××米限速××公里”。站内跨区间包括区间跨站内、区间跨站内再跨区间、站内跨区间再跨站内 发车作业时比照执行			

② 未纳入运行揭示的临时限速：未纳入运行揭示的临时限速的呼叫时机和联控用语应符合表 2-14 的规定。

表 2-14　未纳入运行揭示的临时限速的呼叫时机和联控用语

<table>
<tr><td rowspan="2">呼叫时机</td><td colspan="3">联控用语</td></tr>
<tr><td>作业人</td><td>车站值班员</td><td>列车司机</td></tr>
<tr><td rowspan="2">列车接近前</td><td>呼叫人</td><td>××（次）××号命令，××公里××米至××公里××米限速××公里</td><td>—</td></tr>
<tr><td>被呼叫人</td><td>—</td><td>××号命令，××公里××米至××公里××米限速××公里，××（次）司机明白</td></tr>
<tr><td colspan="4">列车进入限速地点前的关系站在列车通过（开车）前，应与司机核对限速内容时，在“××号命令”“××（站）核对”用语</td></tr>
</table>

（4）列车被迫停车。

① 列车被迫停车，列车司机呼叫车站：列车被迫停车，列车司机呼叫车站的呼叫时机和联控用语应符合表 2-15 的规定。

表 2-15　列车被迫停车，列车司机呼叫车站的呼叫时机和联控用语

<table>
<tr><td rowspan="2">呼叫时机</td><td colspan="3">联控用语</td></tr>
<tr><td>作业人</td><td>车站值班员</td><td>列车司机</td></tr>
<tr><td rowspan="2">列车在区间被迫停车</td><td>呼叫人</td><td>××站××（次）在××公里（处）被迫停车</td><td>—</td></tr>
<tr><td>被呼叫人</td><td>—</td><td>××（次）在××公里（处）被迫停车，司机明白</td></tr>
<tr><td colspan="4">在××公里后应说明被迫停车的原因
列车被迫停车后可能妨碍邻线时应在被迫停车后增加“可能侵入邻线”</td></tr>
</table>

② 列车被迫停车，车站立即呼叫追踪列车：列车被迫停车，车站立即呼叫追踪列车的呼叫时机和联控用语应符合表 2-16 的规定。

表 2-16　列车被迫停车，车站立即呼叫追踪列车的呼叫时机和联控用语

<table>
<tr><td rowspan="2">呼叫时机</td><td colspan="3">联控用语</td></tr>
<tr><td>作业人</td><td>车站值班员</td><td>列车司机</td></tr>
<tr><td rowspan="2">车站接到列车在区间被迫停车的通知</td><td>呼叫人</td><td>××（次）在××公里（处）被迫停车，××（次）注意运行</td><td>—</td></tr>
<tr><td>被呼叫人</td><td>—</td><td>××（次）在××公里（处）被迫停车，注意运行，××（次）司机明白</td></tr>
</table>

③ 列车可能妨碍邻线，车站立即呼叫邻线列车：列车可能妨碍邻线，车站立即呼叫邻线列车的呼叫时机和联控用语应符合表 2-17 的规定。

表 2-17　列车可能妨碍邻线，车站立即呼叫邻线列车的呼叫时机和联控用语

呼叫时机	联控用语		
	作业人	车站值班员	列车司机
车站接到列车可能妨碍邻线的通知	呼叫人	××（次）立即停车，××（次）在××公里（处）侵限	—
	被呼叫人	—	××（次）立即停车，司机明白

（5）道口发生险情。

道口发生险情的呼叫时机和联控用语应符合表 2-18 的规定。

表 2-18　道口发生险情的呼叫时机和联控用语

呼叫时机	联控用语		
	作业人	车站值班员	列车司机
道口发生险情	呼叫人	××道口发生险情，××（次）立即停车	—
	被呼叫人	—	××（次）立即停车，司机明白
在多线区间，应在“××道口”前增加“××线”；在枢纽地区，应在“××道口”前增加“××（站）至××（站）间”。 如不知道车次时呼叫“××道口发生险情，上[下]行接近列车立即停车”，若道口上下行都发生险情，上[下]应为“上、下”			

（6）线路发生险情。

线路发生险情的呼叫时机和联控用语应符合表 2-19 的规定。

表 2-19　线路发生险情的呼叫时机和联控用语

呼叫时机	联控用语		
	作业人	车站值班员	列车司机
道口发生险情	呼叫人	××线××公里（处）线路发生险情，上[下]行接近列车立即停车	—
	被呼叫人	—	立即停车，××（次）司机明白
如知道车次呼叫××（次），若道口上下行都发生险情，上[下]应为“上、下”			

（7）列车通过晃车地段，司机呼叫车站。

列车通过晃车地段，司机呼叫车站的呼叫时机和联控用语应符合表 2-20 的规定。

表 2-20　列车通过晃车地段，司机呼叫车站的呼叫时机和联控用语

呼叫时机	联控用语		
	作业人	车站值班员	列车司机
列车通过晃车地段	呼叫人	××（站）××（次）××公里××米晃车	—
	被呼叫人	—	××公里××米晃车，××（次）明白

二、相对方向同时接车及同方向同时发接列车

1．基本概念

相对方向同时接车是指车站两端进站方向同时开放进站信号机，接入两个相对方向开行的列车；同方向同时发接列车是指车站两端向同一方向同时开放出站、进站信号机，发接同一方向开行的列车。

在车站接发车工作中，经常遇到相对方向同时接车（图 2-25）或同方向同时发接列车（图 2-26）的情况。

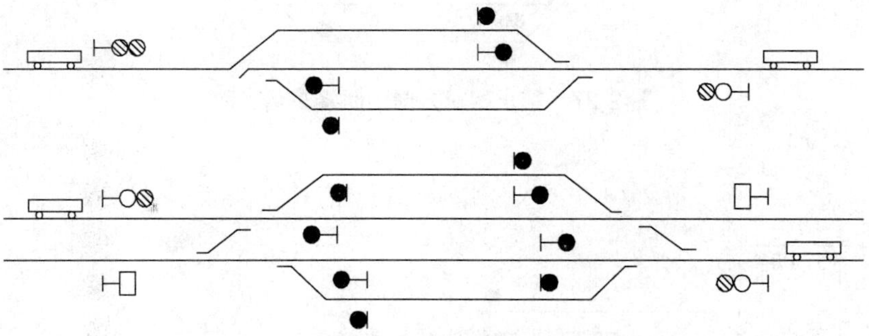

图 2-25　相对方向同时接车

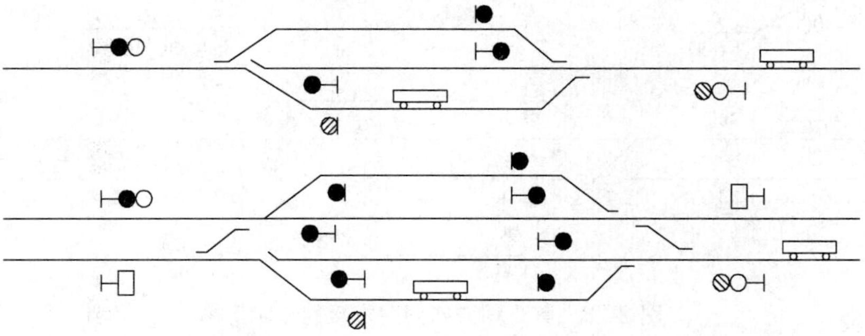

图 2-26　同方向同时发接列车

在相对方向列车同时接车，接车线末端没有隔开设备时，如果接入列车越过警冲标或冒进出站信号，就可能与另一列车发生冲突；在同方向同时发接列车，接车线末端没有隔开设

备时，如果接入列车越过警冲标或冒进出发信号，也可能与发出的列车发生冲突。

2．同时办理时的处理

为保证车站接发列车作业的安全，须根据进站方向的坡度、接车线末端有无隔开设备及列车的性质，确定车站能否办理相对方向同时接车或同方向同时发接列车。

下列情况，禁止办理相对方向同时接车和同方向同时发接列车：

（1）进站信号机外制动距离内，进站方向为超过 6‰的下坡道，而接车线末端无隔开设备，禁止办理相对方向同时接车（图 2-27）和同方向同时发接列车（图 2-28）情况。

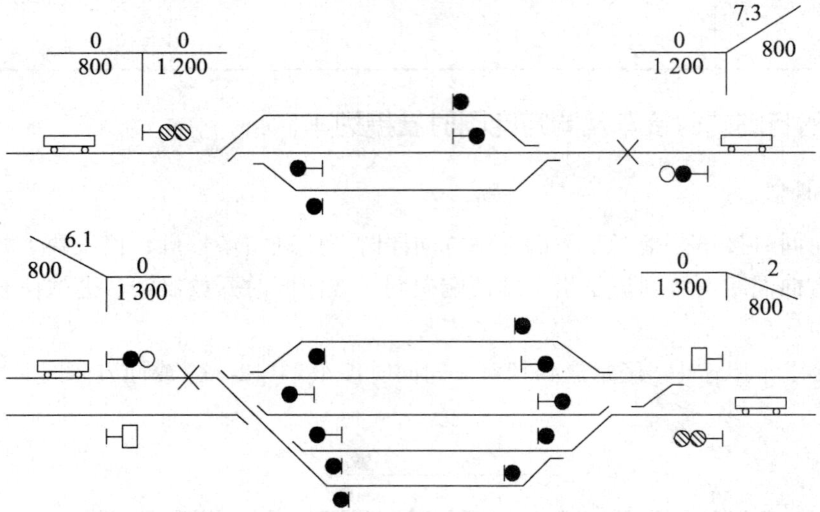

图 2-27　禁止相对方向同时接车示意图

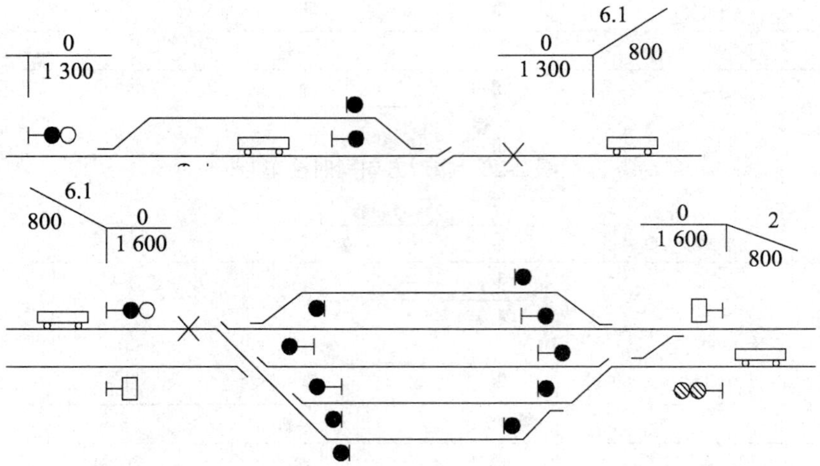

图 2-28　禁止同方向同时发接列车示意图

隔开设备系指安全线、避难线及平行进路和能起隔开作用的有联锁的防护道岔。列车在超过 6‰的下坡道上运行时，列车制动的难度加大，如司机不能正确施行制动，一旦越过接车线末端警冲标或冒进出发信号，而该线末端未设隔开设备，就可能与另一端进、出站的列车发生冲突。因此规定进站信号机外制动距离内有超过 6‰的换算下坡道，接车线末端又无隔开设备，禁止办理相对方向同时接车和同方向同时发接列车。

（2）在接、发旅客列车的同时，接入列车运行监控装置或轨道车运行控制设备发生故障的列车、制动力部分切除的动车组列车而接车线末端无隔开设备。

针对全路牵引列车的机车均已安装列车运行监控装置以及轨道车均已安装轨道车运行控制设备的情况，列车运行的安全控制装备有了很大的改善，列车可以严格按照信号机的显示运行，但列车运行监控装置或轨道车运行控制设备故障时，列车完全由司机人工控制列车运行，列车运行安全系数降低，同时，制动力部分切除的动车组列车制动能力降低，也存在一定的安全风险。因此，为保证旅客列车运行安全，规定在接、发旅客列车的同时，接车线末端无隔开设备的线路上，禁止接入列车运行监控装置或轨道车运行控制设备故障的列车和制动力部分切除的动车组列车。

3. 不能同时办理时的处理

车站相对方向不能同时接车而两列车同时接近车站时，应先将一个方向的列车接入站内停于警冲标内方后，再开放另一端进站信号机，接入另一列车。在确定先后顺序时，应先接不适于在站外停车的列车、停车后起动困难的列车或后面有续行列车的列车。其他情况应报告列车调度员按其指示执行，遵照先客后货、先快后慢的原则。一般可考虑：旅客列车与非旅客列车交会时，应先接旅客列车；非超长列车与超长列车交会时，应先接非超长列车；进站方向为下坡道的列车与进站方向为平道或上坡道的列车交会时，应先接进站方向为平道或上坡道的列车。

遇两列车不能同时接发时，原则上应先接后发，亦可根据列车调度员的指示办理。车站应将不能办理相对方向同时接车和同方向同时发接列车的情况纳入《站细》。

三、故障按钮的使用

故障按钮是半自动闭塞设备不能办理正常复原时，采取的特殊复原方法。由于故障按钮不加任何联锁条件，使用时不论区间是否有车，都能使闭塞机复原，是行车安全的薄弱环节。

1. 需使用故障按钮的情况

在半自动闭塞区间，遇接车站轨道电路发生故障，闭塞设备停电后恢复供电，列车因故退回原发车站等情况时，车站值班员确认列车整列到达后，根据列车调度员命令，使用故障按钮，办理人工复原，并在“行车设备检查登记簿”内登记。

2. 使用故障按钮的方法

（1）使用故障按钮办理复原时，区间两端站应相互联系，共同做到“三确认”，即确认列车没有出发；确认区间空闲；确认列车整列到达。

（2）必须取得列车调度员下达的准许使用故障按钮的调度命令。

① 使用故障按钮的车站值班员向列车调度员报告使用故障按钮的原因和区间空闲情况。列车调度员接到使用故障按钮的请求后，查明区间空闲，向关系区间两端站发布准许使用故障按钮的调度命令。

② 车站值班员抄写调度命令后破封使用，并在“行车设备检查登记簿”内登记使用时间、原因、调度命令号、使用人姓名及使用后的计数器号码。

四、总辅助按钮的使用

设有双向闭塞设备的自动闭塞区间，遇轨道电路发生故障等情况，信号操作终端出现“双接”（如图 2-29 所示，信号操作终端上的发车表示变为接车表示，致使区间两端车站同时出现接车表示这种现象称为“双接”）或虽区间空闲但因设备故障造成“监督区间”表示灯亮红灯，不能按正常方式操作改变闭塞方向时，则需附加使用“总辅助”“辅助（接辅或发辅）”按钮办理。使用“总辅助”按钮前，车站值班员应互相联系，必须共同确认该区间空闲，然后再向列车调度员报告。列车调度员接到使用“总辅助”按钮的请求后，向该区间两端车站发布调度命令。车站值班员接到调度命令后，使用“总辅助”按钮，并在“行车设备检查记簿”内登记。

办理辅助改方流程如下：双方操作人员确认区间空闲，经协商后先按规定手续登记；双方车站点击“总辅助”按钮，输入口令并点击确认按钮，使其变为按下状态；此后拟改为发车站的车站点击“发辅”按钮，输入口令并点击确认按钮；拟改为接车站的车站点击“接辅”按钮，输入口令并点击确认按钮；辅助改方在拟改为接车站的“接辅”和拟改为发车站的“发辅”按钮均处于按下状态时，若条件具备则完成双方运行方向的改变；此后，双方站应适时点击已按的“总辅助”按钮，输入口令并点击确认按钮，弹出“总辅助”按钮，完成本次辅助改方作业。

五、变更接车进路及股道

原规定为通过的旅客列车由正线变更为到发线接车及动车组列车、特快旅客列车遇特殊情况必须变更基本进路时，须经列车调度员准许，并预告司机；如来不及预告时，应使列车在站外停车后，再开放信号机，接入站内。动车组列车遇特殊情况需变更办理客运业务的固定股道时，须经调度所值班主任（值班副主任）准许。

六、取消发车

车站值班员应严格按《站细》规定时机开闭信号机。如取消发车进路时，应先通知发车人员；如已开放信号或发车人员已通知司机发车，而列车尚未起动时，还应通知司机，收回行车凭证后，再取消发车进路。

遇特殊情况需取消发车进路时，车站值班员必须通知发车人员。严禁车站值班员在没有通知发车人员的情况下，关闭已开放的出站信号机。如已开放信号或发车人员已通知司机发车，而列车尚未起动时，还应通知司机，待司机明了，对司机持有行车凭证的，应收回行车凭证后，方可取消发车进路。当出发列车已经起动时，禁止取消发车进路。

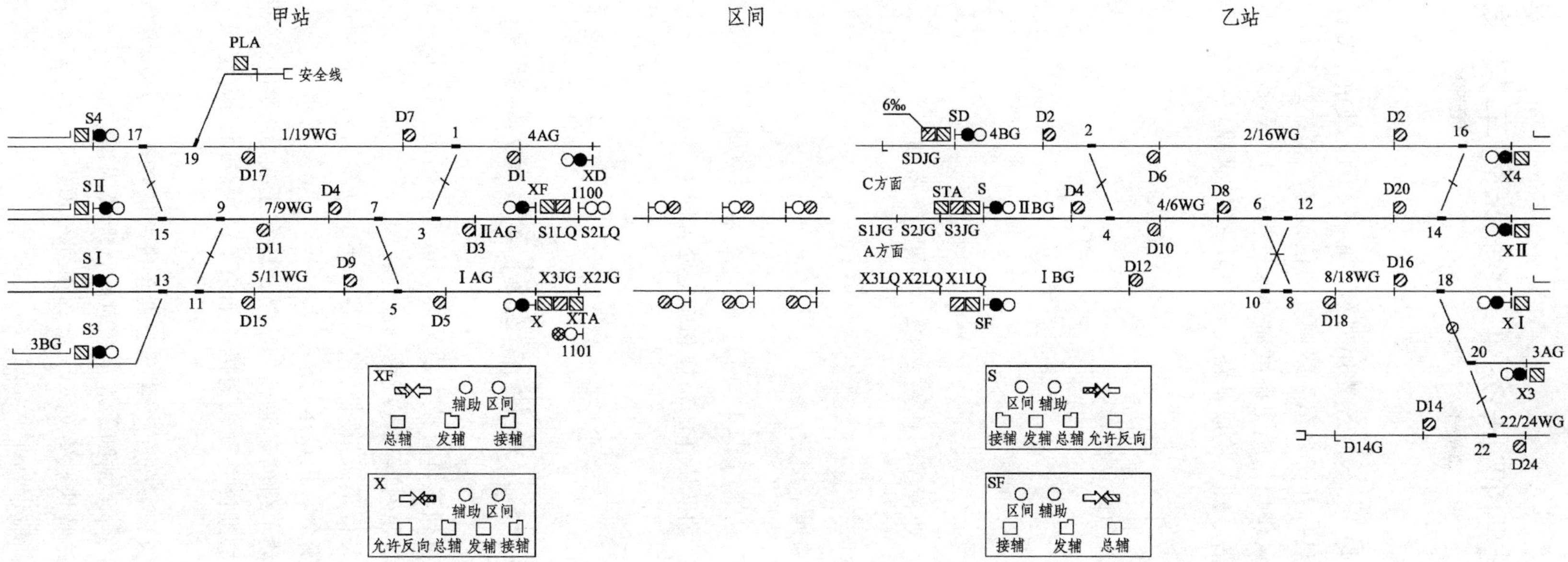
甲站
区间
乙站
PLA
安全线
S4
SII
SI
S3
3BG
1/19WG
7/9WG
5/11WG
4AG
IIAG
IAG
XF
XD
X
XTA
1100
1101
S1LQ S2LQ
X3JG X2JG
SD
4BG
SDJG
C方面
STA
S
IIBG
S1JG S2JG S3JG
A方面
X3LQ X2LQ X1LQ
IBG
SF
2/16WG
4/6WG
8/18WG
22/24WG
D14G
X4
XII
XI
X3
3AG
6‰
辅助 区间
总辅 发辅 接辅
允许反向 总辅 发辅 接辅
区间 辅助
接辅 发辅 总辅 允许反向
接辅 发辅 总辅

图 2-29 “双接”

典型工作任务4　特殊列车接发

2.4.1　工作任务

××年×月×日3时40分，××次路用列车（编组4辆，载重120 t，换长4.4）施工时，司机违章作业，运行途中只打开了列车无线调度通信设备，监控装置和机车信号均未开机，安全装置没起到控制和记录作用，施工调度命令未进行核对，导致未按信号显示要求采取停车措施，冒进关闭的进站信号机，构成铁路交通一般 C类事故。

思考：

（1）什么是路用列车？

（2）路用列车的开行有哪些具体规定？

2.4.2　任务目标

1. 知识目标

掌握特殊列车接发的作业程序、作业要求，特别注意事项。

2. 能力目标

能够正确组织办理特殊列车接发。

3. 素质目标

培养爱岗敬业的品质，团队协作的精神和应急处置能力。

2.4.3　相关配套知识

知识点一　特快旅客列车、动车组列车

特快旅客列车、动车组列车具有技术质量高、运行速度快、行车条件严格、安全措施严密等显著特点。接发特快旅客列车时，应特别注意：

（1）车站值班员及有关行车人员对特快旅客列车、动车组列车必须重点掌握，严格按列车运行图行车，确保列车安全、正点运行。

（2）特快旅客列车、动车组列车通过车站时，应在正线上办理。遇特殊情况必须变更基本进路时，须经列车调度员准许并预告司机；如来不及预告时，应使列车在站外停车后，再开放信号机，接入站内。

（3）车站停止影响特快旅客列车、动车组列车进路的调车作业和准备列车进路、开放进出站信号的时机，应严格执行《站细》规定的时间，严禁调车“抢钩”作业。

车站值班员接到前方站特快旅客列车、动车组列车预告后，应按《站细》规定时间，通知有关作业人员到岗接车，监护列车安全运行。

（4）旅客列车不准编挂货车，编入的客车车辆其构造速度等级，必须符合特快旅客列车规定的速度要求。

（5）旅客列车不准编挂关门车，在运行途中，遇自动制动机临时故障，在停车时间内不能修复时，准许关闭一辆，但列车最后一辆不得为关门车，120 km/h 速度等级及编组小于 8 辆的 140 km/h、160 km/h 速度等级列车应按《技规》规定计算闸瓦压力。

（6）特快旅客列车，在运行途中，发生空气弹簧故障时，应切断空气弹簧风源。此时，列车运行速度不得超过 120 km/h。

（7）区间线间距离在 4 m 及其以下时，不准办理特快旅客列车与挂有中部超限货物车辆的列车在区间交会。

（8）扰动道床不能预先轧道的线路、道岔施工，开通后第一趟列车不准为旅客列车，具备下列条件之一时可视为轧道：① 大型养路机械施工经过稳定车作业；② 开通后经过重型轨道车牵引的施工列车；③ 开通后经过单机。

速度 160 km/h 以上区段，线路、接触网封锁施工开通后，第一趟列车不准为载客动车组列车。

（9）特快旅客列车、动车组列车通过时，有关作业人员须提前停止在列车通过线路上和相邻线路通过列车一侧的作业。特快旅客列车、动车组列车到达施工地点前 10 min，所有作业人员、设备等撤至距钢轨头部外侧 2 m 以外，施工机械、物料堆码必须放置牢固。

（10）当列车调度员接到特快旅客列车在运行途中机车信号或列车运行监控装置出现故障的报告时，应及时指示列车运行至前方车站停车，更换机车。

知识点二　军用列车

1. 接车前的工作

在列车到达前，应了解有关情况，如运输内容，列车编组顺序，运行时刻和注意事项，做好接车前的准备工作。

（1）根据列车的性质，确定接车线路及停车位置。军用人员列车应接入有旅客站台的线路，便于乘降。挂有装载超限军用物资车辆的列车，应接入规定线路。

（2）如果军用列车在车站分列、合并、甩挂车、补减轴时，应拟定好作业计划，并检查补轴是否符合规定。

（3）会同公安、军代表做好安全警卫工作。

（4）了解接运机车的准备和车站供给、补充备品情况。

（5）对有迎送任务和抢救伤病员的列车，应通知有关单位做好接车准备。

2. 接车时的工作

（1）等列车进站停稳后，同列车梯队长或领导取得联系，由部队发出统一号令，组织人员有序下车。

（2）向列车梯队长介绍车站开车时间和前方主要站列车的到开时刻，厕所、洗脸间、茶水房的位置，安全注意事项和列车补减轴、调车作业安排等。

（3）列车在车站进行调车作业时，通知部队做好准备，拆除或调整电话，收回梯子，停止人员上下。

（4）检查装载状态，发现问题，及时处理。

（5）对不能随行的伤病员，协助部队送就近医院治疗。

（6）列车中的车辆发生故障时，组织迅速抢修或换装、合并人员。

（7）组织正点发车，如开车时间有变化，及时通知部队做好准备。

（8）发车前 10 min 通知军代表或部队，督促部队清点人数，装备发车进路，组织按时发车。

3．发车后的工作

检查有无漏乘人员和现场有无失泄密现象，进行必要的善后处理，同时向上级报告接发列车情况。

知识点三　超长列车接发

列车长度超过列车运行图规定该区段的换算长度及尾数波动时，称为超长列车。非超长列车，但在某个车站接车线不能容纳所接列车全长时，亦应按超长列车办理。

1．接车办法

（1）超长列车应接入《站细》规定的线路。

（2）列车交会时，应组织非超长列车先到，使超长列车在站内通过。如因站外起动困难或其他原因，超长列车必须先接入站内时，当其进站停妥后，尾部无论是否进入进站信号机内方，均应将进站信号机关闭（自动闭塞除外）。如其尾部停在进站信号机外方，禁止办理区间开通。

与非超长列车相论，超长列车进站停车时，其尾部的作业安全，则更需引起重视。可以说，这也是超长列车开行的一个薄弱环节，稍不注意则极易发生事故。

（3）超长列车尾部停在警冲标外方时，接入相对方向列车的接车办法：

① 在进站信号机外制动距离内进站方向为超过 6‰ 下坡道，而接车线末端无隔开设备，须使列车在站外停车后，再接入站内。

② 如在邻线上未设调车信号机，又无隔开设备，相对方向需要进行调车作业时，必须派人以停车手信号对列车进行防护。

（4）超长列车头部需越过出站信号机或警冲标时，待进站列车停妥后，接车人员通知司机按调车方法，指示列车越过出站信号机或接车线末端警冲标。

（5）超长列车因妨碍邻线需要转线时，由本务机车担当一钩转线作业，车辆技术检查可在转线后进行。

2．发车办法

（1）开行超长列车必须有调度命令。始发站车站值班员应向列车转交调度命令。

（2）车站值班员在办理闭塞或预告发车时，应将超长列车有关事项通知接车站，以便接车站做好接车准备。

（3）超长列车头部准许越过出站信号机或警冲标发车的几种情况：

① 超长与非超长列车交会时，因先发非超长列车，超长列车向前移动。

② 超长列车分解在两条线路上，开车前连挂在一起。

③ 中间站加挂车辆于列车前部。

知识点四　超限列车接发

超限列车系指编挂装载超限货物车辆的列车。接发超限货物列车时的有关规定：

（1）超限列车应在《站细》规定的线路上办理。

（2）车站值班员在接车前应通知接车有关人员注意超限宽度。

（3）按《站细》规定停止邻线上的调车作业。

（4）当列车经过车站时，与相邻线路上车辆之间的最小距离不得少于 350 mm。

（5）超限货物的任何超限部位与接近建筑物或设备间距，为 70 ~ 100 mm 时，速度不得超过 15 km/h；100 ~ 150 mm 时，速度不得超过 25 km/h；不足 70 mm 时，由铁路局集团公司根据实际情况规定运行办法。

遇不得已情况需要变更接车线路时，须得到列车调度员的准许。在这种情况下，车站值员应根据《站细》及各线限界情况，报告列车调度员，确定变更线路。

（6）在向接车站请求闭塞或发车预告时，应提前通知接车站，以便做好准备。

（7）接发车人员要注意超限货物状态，发现装载加固不牢，货物移位等异状时，应立即报列车调度员，听其指示。

（8）编组站、区段站或途中指定检查站应按“超限货物运输记录”进行检查，确认无异状后方可挂运编入列车。

（9）发站、中转站在挂运超限车以前，由车站调度员或车站值班员将批准命令号码、车种车号、到站、超限等级等报告铁路局集团公司调度，以便纳入日班计划。超限车的挂运必须要有调度命令。“调度命令”是超限车挂运的首要条件之一，所有参与超限运输作业的人员均应严格遵守，千万不可忽视。否则，难以保证超限车的运行安全。

知识点五　救援列车的开行

救援列车的基本任务是为了及时抢险救灾，排除线路故障，迅速恢复正常运输秩序。为此目的开行的列车、机车或轨道车等，都是救援列车。

车站值班员接到司机或工务、电务等部门人员的救援请求后，应立即报告列车调度员。根据列车调度员的命令封锁区间及发出救援列车。

1．向封锁区间开行救援列车

（1）开行办法。向封锁区间发出救援列车时，不办理闭塞手续，以列车调度员的命令，作为进入封锁区间的凭证。列车调度电话不通时，应由接到救援请求的车站值班员根据救援请求办理，救援列车以车站值班员的命令，作为进入封锁区间的凭证。

（2）救援列车的出发或返回，应报告列车调度员并通知对方站。为使列车调度员正确掌握救援进度，当救援列车开往事故现场或由事故现场返回车站时，均应由车站值班员将到发时刻及由区间拉回车数、事故救援工作进度及时报告列车调度员。为使对方站掌握救援进度和区间占用情况，亦应将上述内容通知对方站。

事故现场设有临时线路所时，车站值班员应于发车前征得临时线路所值班员同意。联系办法如下：

① 车站向线路所开行救援列车时，必须事先取得线路所值班员同意，以便及时做好接车准备和防护工作。

② 线路所向两端站发出救援列车时，必须取得列车调度员和接车站车站值班员的同意。

③ 线路所值班员接发车前，应通知防护和引导人员，以便做好一切准备工作。

（3）在事故调查处理委员会人员到达前，站长或胜任人员应随事故救援列车（分部运行时挂取遗留车辆的机车除外）到事故现场，负责指挥有关行车工作。

2. 区间开通手续

（1）车站值班员接到事故现场负责人请求，可以开通区间，恢复列车运行时，立即报告列车调度员，请求发布命令开通区间。

（2）列车调度电话不通时，接到请求的车站值班员，可通告邻站按电话记录办理区间开通，但必须查明区间确已空闲。

3. 注意事项

（1）救援列车进入非封锁区间，仍按原闭塞法行车。

（2）进入封锁区间的调度命令应分别交给司机及救援列车负责人。

（3）封锁区间两端站要掌握好到发线的运用，为救援列车的机车转线、调车、停放车辆做好安排。

（4）封锁区间两端站，接发救援列车时，进路的准备都要按规定要求办理。

（5）如无空闲线路接车时，每次接车办法要在调度命令中说明，使司机心中有数。

进入事故地段的救援列车（包括单机、重型轨道车等），均须在防护信号处一度停车，撤除防护并通知救援有关事项后，再以调车方式领入事故地点。这一救援作业中的行车办法，是事故救援现场防止忙中出乱、急中出错的一项安全有效措施。在事故救援案例中，曾发生过多起事故救援出事故的现实教训，必须引以为戒。

知识点六　路用列车的开行

1. 路用列车的基本条件

路用列车是指为铁路内部自用而开行的列车。路用列车按用途主要有以下几种：

（1）以非运用车编成的专列，如回送入厂的列车、试验列车、除雪车、救援列车等。

（2）回送封存车的列车。

（3）进、出封锁区间为运送施工作业人员及各种路用器材而开行的列车。

（4）为施工而开行的按列车办理的线路作业机械。

（5）为由区间内收集路用器材而开行的列车。

2. 路用列车的行车凭证

（1）向非封锁区间开行路用列车时，列车仍以该区间原使用的行车凭证进入区间。

（2）向封锁区间开行路用列车时，列车进入封锁区间的行车凭证为调度命令。

向非封锁区间开行路用列车时，列车仍以该区间规定的基本闭塞法或电话闭塞法办理的行车凭证进入区间。而不能模糊地错误认为：开行路用列车就以“调度命令”为凭证将列车往区间放行。

（3）当调度电话中断时，遇有急需封锁区间抢修线路、桥涵或隧道等处的紧迫施工，路用列车进入封锁区间的行车凭证为发车站值班员的命令。

3. 向封锁区间开行路用列车

（1）向施工封锁区间开行路用列车时，原则上该区间两端车站每端只准开进一列。一端站开行两列及其以上路用列车时，第一列路用列车到达指定地点停车并按规定设置防护后，施工领导人方可通知驻站专职联络人员转告车站值班员开行同方向次一路用列车进入封锁区间，作业完毕后，施工领导人（或专职联络人员）应取得车站值班员的同意后，列车方可返回车站（包括两站所开行的路用列车回一个车站）。前行路用列车到站后，由车站值班员通知专职联络人员准许次一路用列车返回车站。

（2）路用列车应由施工单位指派胜任人员携带列车无线调度通信设备值乘，并在区间协助司机作业。

（3）向封锁区间开行路用列车时，除救援或抢险的应急情况外，发车站须根据铁路局集团公司批准并下达的月度施工方案，以及施工负责人现场办理的书面请求，并取得列车调度员的调度命令准许后，方可办理。

（4）为确保路用列车发车进路安全无误，车站值班员须先准备好发车进路后，再递交行车凭证。

（5）在封锁区间施工中，单机、重型轨道车以及工务部门使用的捣固、清筛线路配有动力装置自行移动式的大型施工机械，其进、出封锁区间的行车方式，均按路用列车办理。

（6）路用列车的发车，仍按列车方式发车。

典型工作任务 5　非正常行车组织

2.5.1　工作任务

××年×月×日 14:12，22048 次在××线 A 站机故因尾部压岔未通过标，而站内已接了下行二列车造成站内无空闲线路。当班调度员安排 A 站前方下行方向一列货车临时停运，放单机到 A 站救援，错误发布该单机凭引导手信号进 A 站的调度命令。22048 次 15:05 机车修复，15:10 拉过标。

思考：

（1）站内无空闲线路时能接入哪些列车？

（2）站内无空闲线路时接入单机的程序是怎样的？

2.5.2 任务目标

1. 知识目标

能够正确组织办理非正常行车。

2. 能力目标

掌握各种特殊情况下列车接发的作业程序、作业要求，特别注意事项。

3. 素质目标

培养爱岗敬业的品质、团队协作的精神和应急处置能力。

2.5.3 相关配套知识

知识点一 引导接车

一、车站使用引导信号或派引导人员接车时的几种情况

（1）进站、接车进路信号机发生故障或因联锁失效不能开放使用时。

（2）向进站、接车进路信号机联锁范围以外的线路上接车时。

（3）双线区段接入反方向开来的列车而无进站信号机时。

二、引导接车办法

在使用引导信号或派引导人员接车时，为保证列车进站安全，列车应以不超过 20 km/h 的速度进站，并做好随时停车的准备，以备进路准备错误或进路上有障碍物时，可以在短距离内立即停车。

进站、接车进路信号机不能使用，设有引导信号时应开放引导信号接车；当引导信号不能开放或无进站信号机时，应派引导人员接车，由引导人员接车时，为了便于司机确认，引导人员应站在引导员接车地点标处（未设的，应站在进站信号机、进路信号机或站界标外方），正确显示引导手信号。当列车头部越过引导信号或引导手信号后，即可关闭引导信号或收回引导手信号。引导手信号如图 2-30 所示。

（a）昼间——展开的黄色信号旗高举头上左右摇动

（b）夜间——黄色灯光高举头上左右摇动

图 2-30　引导手信号

知识点二　分部运行

1．分部运行的办理

列车在区间内发生断钩、制动主管破裂、脱轨、坡停等被迫停车，必须分部运行时，应按下列要求办理：

（1）司机应立即将被迫停车的原因及需要分部运行的要求报告前方站或列车调度员。

（2）组织和指挥有关人员做好遗留车辆的防溜工作，并按规定做好防护。

（3）遗留车辆派人看守。

（4）记明遗留车辆辆数和停留位置。

（5）牵引前部车辆开往前方站。在自动闭塞区间，在运行中仍应按信号机的显示运行在半自动闭塞区间或按电话闭塞法行车时，分部运行的前部车列运行至接车站进站信号机前、即使该信号机已开放，也必须在机外停车（司机已报告前方站或列车调度员为分部运行时可直接进站）。这是因为半自动闭塞区间机车车辆只要驶过接车轨道电路，闭塞机即可解锁，区间即具有开通条件，电话闭塞法行车是通过人工检查确认和联系制度来保证实现列车运行空间间隔，列车到达发出电话记录号码即可办理区间开通；如车站值班员未得到列车为分部运行的通知，又未认真确认列车是否整列到达时，即开通区间并与邻站办理闭塞手续，就可能向占用区间开行列车，存在与区间遗留车列发生冲突的安全风险。

（6）机车牵引的前部车辆整列进入车站后，车站值班员将情况报告列车调度员，列车调度员发布调度命令封锁区间。

（7）救援列车到达或返回车站，车站值班员确认遗留车辆全部取回、区间空闲后，向列车调度员报告。列车调度员发布调度命令开通区间。

2．不准分部运行的情况

列车在区间发生断钩、制动主管破裂、脱轨及坡停等情况，可采用分部运行办法。但以下情况不准分部运行：

（1）经采取措施可整列运行时：如发生坡停后，派救援机车以双机牵引或后部补推的方式运行至车站，或在区间因车辆故障停车后，可由车辆乘务人员对车辆进行临修后继续运行等。

（2）遗留车辆未采取防护、防溜措施时，可能造成停留车辆溜逸等，酿成事故。

（3）遗留车辆无人看守时，由于路外闲杂人员的破坏，可能撤除遗留车辆的防护、防溜措施，或损坏车辆、货物。

（4）司机与两端站及列车调度员均无法取得联系时，不能分部运行。此时，联系方式不仅限于列车无线调度通信设备。

（5）遗留车辆停留在超过 6‰坡度的线路上时，即使采取防溜措施，也存在车辆溜逸的风险，因此也不能分部运行。该处超过 6‰坡度是指遗留车辆所在线路的实际坡度。

知识点三　列车退行

1. 列车退行的要求

列车在区间在不得已情况下必须退行时，应执行下列要求：

（1）退行时，车辆乘务员或随车机械师（无车辆乘务员或随车机械师时为指派的胜任人员）应在列车尾部，注视运行前方（不显示信号），发现危及行车或人身安全情况时，应立即使用紧急制动阀（紧急制动装置），或使用列车无线调度通信设备通知司机，使列车停车。

（2）列车退行速度不得超过 15 km/h，以便发现危及行车或人身安全的情况能随时停车。

（3）退行列车未得到后方站（线路所）车站值班员的准许，不得越过后方车站（线路所）最外方预告标或预告信号机（双线区间为邻线预告标或特设的预告标），以防止与越出站界或跟踪出站调车的机车车辆发生冲突。列车退行到该处停车后，应立即向车站值班员报告，得到后方站（线路所）车站值班员准许后方可凭进站信号机的显示的允许运行的信号进站。如事先已取得列车调度员或后方站车站值班员准许，可不在预告信号机外停车，凭进站信号机的进行显示或引导信号直接进站。

（4）车站值班员接到退行报告后，除立即向列车调度员报告外，还应根据车站线路占用情况、准备进路，开放进站信号机或用引导办法，将列车接入站内。

2. 不准退行的情况

以下情况不准退行：

（1）自动闭塞区段，列车是以出站和通过色灯信号机显示的允许运行的信号作为进入闭塞分区的行车凭证，在区间实行追踪运行。在这种情况下，列车退行有与后方开来的追踪列车发生冲突的危险，因此不准退行。列车只有在列车调度员或后方站车站值班员确认至后方站间无追踪列车，并准许后方可退行。

（2）在降雾、暴风雨雪及其他不良条件下，司机难以辨认信号，直接危及行车安全，所以不准退行。

（3）一切电话中断后发出除持有红色许可证通知书之 1 项以外的列车。由于车站将发出续行列车，而续行列车是按时间间隔发出的，如果列车退行，就有可能与后面的续行列车发生冲突，所以不准退行。

（4）挂有后部补机的列车，补机在区间内返回时，由于补机途中可能停车，如列车退行时，有与补机发生冲突的危险，所以，对挂有后部补机的列车，除以上三种情况外是否准许退行，由铁路局集团公司规定。

3. **动车组列车退行**

动车组列车在区间被迫停车后须返回后方站时，车站值班员确认动车组列车至后方站间已空闲后，经列车调度员同意，通知司机返回。司机根据车站值班员的通知，在动车组列车运行方向（折返）前端操作，运行速度不得超过 40 km/h，按进站信号机显示进站。

知识点四　列车在站内临时停车

列车在站内临时停车，待停车原因消除且继续运行时，应按下列规定办理：

（1）司机主动停车时，自行起动列车。

司机主动停车时，自行起动列车是指司机发现危及行车或人身安全的情况等原因主动停车时，等停车原因消除后，由司机自行起动列车，车站不再发车。

（2）其他列车乘务人员使用紧急制动阀（紧急制动装置）停车时，由车辆乘务员（随车机械师）通知司机开车。

司机以外的列车乘务人员使用紧急制动阀（紧急制动装置）使列车停车，由车辆乘务员（随车机械师）查明情况消除隐患后，通知司机开车，车站不再发车。

（3）车站接发车人员使列车在站内临时停车时，由车站按规定发车（动车组列车由车站通知司机开车）。

车站接发列车人员因发现货物装载问题、车辆抱闸等原因通知列车在站内临时停车的，等停车原因消除后，由车站按规定程序发车；动车组列车不需要车站发车，因此由车站通知动车组列车司机开车。

（4）因其他原因临时停车，由车站值班员组织司机、车辆乘务员（随车机械师）共同查明原因，恢复运行条件后，由车站按规定发车；动车组列车不需要车站发车，因此由车站通知动车组列车司机开车。

知识点五　向封锁区间开行救援列车

救援列车是指为事故救援、抢修抢救而开行的列车，包括专用救援列车、单机、重型轨道车等。

（1）当区间发生冲突、脱轨、颠覆等行车事故，机车车辆等发生故障不能继续运行，以及遇自然灾害危及行车安全时，为了尽快恢复正常行车，必须迅速救援。因此，车站值班员接到司机或工务、电务、供电等部门人员救援请求后，应立即报告列车调度员。列车调度员根据实际需要封锁区间，派出救援列车。

（2）向封锁区间发出救援列车时，因为区间已发生事故、行车设备故障或危及行车安全的灾害，不能按正常闭塞手续办理行车，以列车调度员的命令，作为进入封锁区间的行车凭证。调度命令应指明救援列车进入封锁区间往返的运行车次、被救援列车停车地点或抢修抢救停车地点、任务及注意事项等。

（3）当列车调度电话不通，准许由接到救援请求的车站值班员，通知邻站封锁区间，向救援列车发布书面命令（命令内容与上述调度命令内容相同）。救援列车可凭车站值班员的命令进入封锁区间。

（4）司机接到救援命令后，应认真确认命令内容，明确救援任务，不能因救援时间紧迫而匆忙动车。对停车地点要做到心中有数，进入封锁区间后，要随时注意运行公里数，在接近被救援列车或车列 2 km 时，严格控制速度，同时使用列车无线调度通信设备与请求救援列车司机进行联系，或以在瞭望距离内能随时停车的速度运行，最高不超过 20 km/h，在防护人员处停车或在压上响墩后停车，按要求进行作业。

（5）为使列车调度员正确掌握救援进度，安排救援人力和材料，及时做好区间开通后的列车运行计划，封锁区间的两端站，每当救援列车开往现场或由现场返回车站时，均应将到发时刻以及现场的救援工作进度，及时向列车调度员报告。为使封锁区间对方站掌握救援进度和区间占用情况，亦应将上述内容通知对方站。

如果区间内事故现场设有临时线路所，该线路所车站值班员即为与该区间两端站办理行车的指挥人。车站向线路所开行救援列车时，必须取得线路所车站值班员同意，以便线路所及时做好接车前的准备和防护工作。

（6）在事故调查组人员到达前，联系区间发车站的站长或临时指派的胜任人员，应随乘发往事故地点的第一列救援列车到事故现场。必要时，由列车调度员指定该区间一端车站的站长或临时指派的胜任人员尽快赶赴现场。上述人员到达事故现场后，应立即了解事故实际情况，随时与列车调度员联系，汇报事故情况，并就地指挥列车有关工作。

列车分部运行时，机车开往区间挂取遗留的车辆，由于处理比较简单，车站站长或胜任人员不必前往，由司机进行处理。

知识点六　车站无空闲线路接车

车站无空闲线路是指车站正线、到发线及符合接车条件的线路，均有车占用（包括因故障封锁的线路）。在站内无空闲线路的特殊情况下，只准许接入为排除故障、事故救援、疏解车辆等所需要的救援列车、不挂车的单机及重型轨道车。

在接车办法上，所接上述列车应在站外停车，由接车人员将接车线路、接车线内停留车位置、本列车预定停车地点及其他有关注意事项通知司机，待司机明了后登乘机车（推进时为前部车辆），以调车手信号旗（灯），即昼间展开的绿色信号旗或夜间的绿色灯光将列车领入站内。此外，接车前，车站值班员应派人通知接车线内机车、重型轨道车司机，禁止移动其位置，防止与接入列车发生冲突。

知识点七　双线自动闭塞区段无反方向闭塞设备接发车

一、接　车

双线自动闭塞区段无反方向闭塞设备时，改电话闭塞法行车，使用引导手信号接入反方向列车。

1. 故障现象（接车条件）

无反方向闭塞设备时，反方向接车改电话闭塞法，使用引导手信号接入列车，如图 2-31 所示。

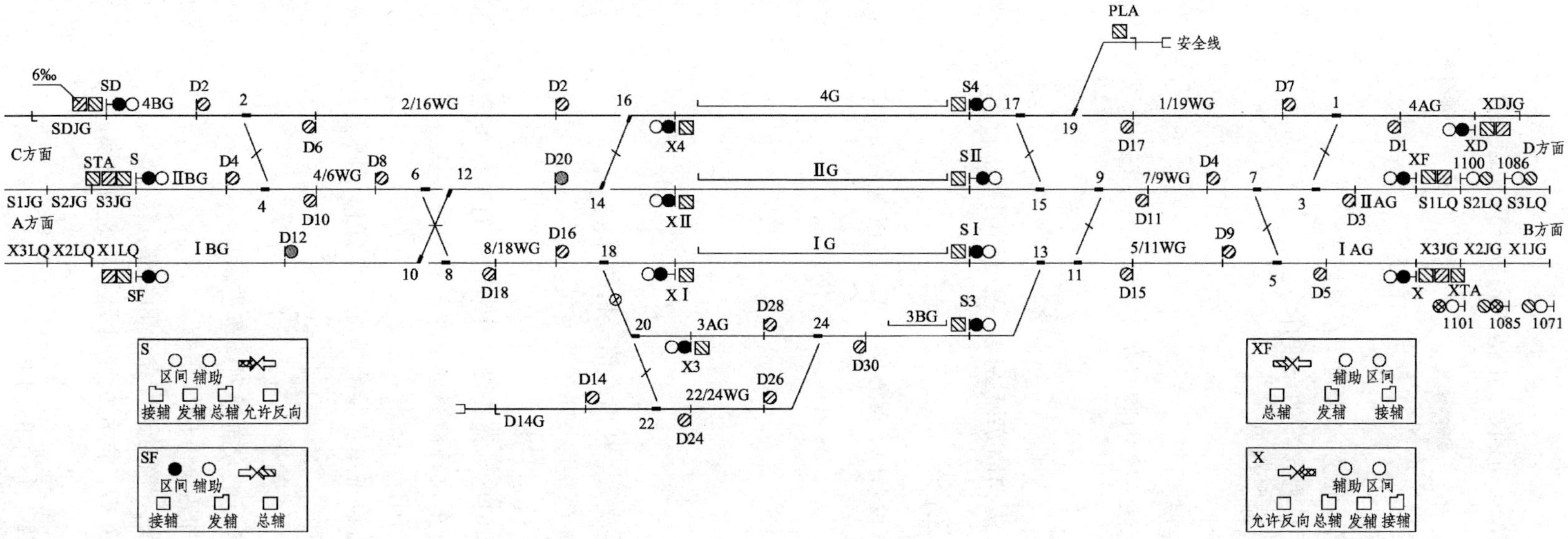

图 2-31　无反方向闭塞设备接车现象

2. 处理程序

（1）根据列车调度员指示，接收停止基本闭塞法改按电话闭塞法反方向使用引导手信号接车的调度命令并核对。

（2）通知站长（盯控人员）上岗。

（3）办理电话闭塞手续。

（4）正确准备接车进路（正方向排列调车进路）。

（5）向司机转达引导手信号接车的调度命令。

（6）通知引导员显示引导手信号。

（7）车机联控。

（8）确认列车到达后报点。

（9）接收恢复基本闭塞法行车的调度命令。

二、发　车

双线自动闭塞区段无反方向闭塞设备时，改电话闭塞法行车，使用路票发出反方向列车。

1. 故障现象（发车条件）

本情况是无反方向闭塞设备时，反方向行车，改按电话闭塞法反方向发出列车，如图 2-32 所示。

2. 行车凭证

行车凭证为路票。

3. 处理程序

（1）上行线第二离去红光带，S 出站信号机故障。

（2）将故障现象、影响范围报告列车调度员。

（3）通知站长（盯控人员）上岗。

（4）通知工务、电务部门现场检查设备并登记“行车设备检查登记簿”。

（5）确认设备部门“行车设备检查登记簿”登记并签认。

（6）确认反方向区间空闲。

（7）向列车调度员报告设备单位检查情况，得到列车调度员停止基本闭塞法改按电话闭塞法反方向行车的调度命令。

（8）与邻站办理闭塞。

（9）正确准备发车进路（正方向排列调车进路）。

（10）正确填写路票并加盖反方向行车章。

（11）助理值班员（外勤）核对调度命令和路票。

（12）确认具备发车条件后，向司机交付调度命令和路票。

（13）车站按规定发车。

（14）接收恢复基本闭塞法行车的调度命令。

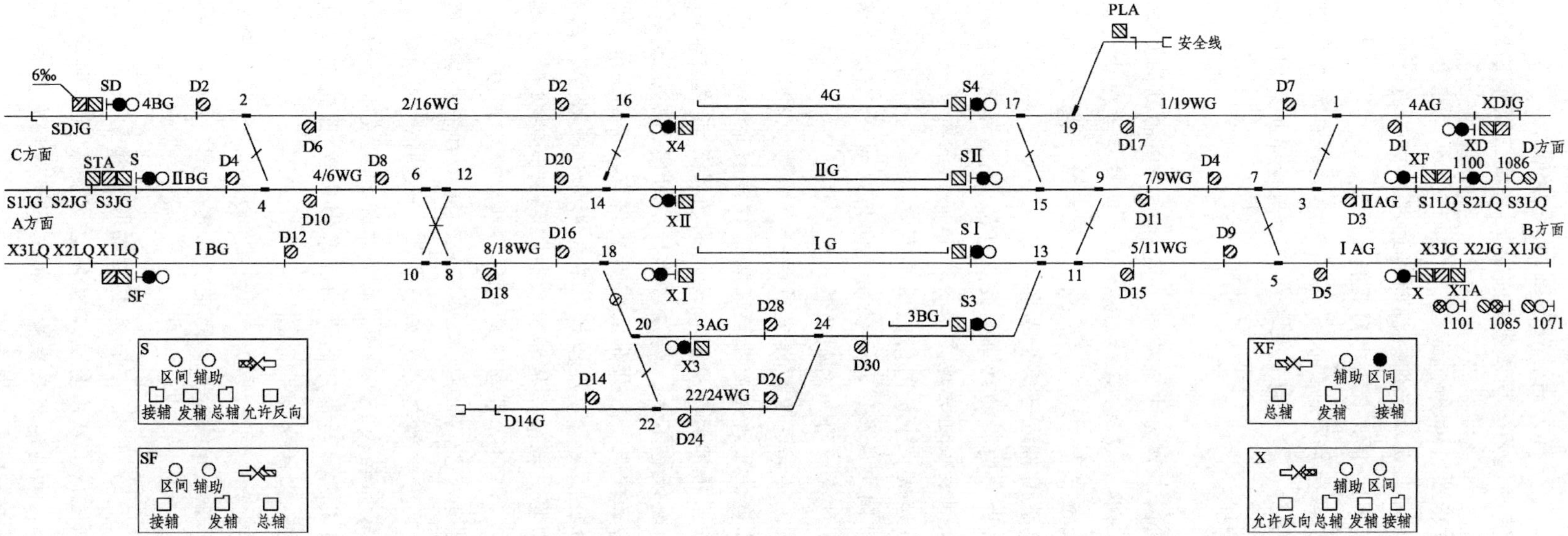

图 2-32　无反方向闭塞设备发车现象

榜样力量：守护国门 志坚如铁
——记哈尔滨局集团公司满洲里站运转车间二班值班站长马如

马如铁在进行调度指挥作业

夏夜凌晨，边陲小城满洲里夜幕沉沉。满洲里站指挥中心内灯火通明，马如铁坐镇调度台，忙着接听电话，井然有序地组织中欧班列开行。

马如铁是中国铁路哈尔滨局集团有限公司满洲里站运转车间二班值班站长。在满洲里站工作18年来，他因热爱而坚持，因使命而扎根，用心用情守护着国际物流通道畅通，彰显了国门之下铁路人的使命担当。

初心如铁意志坚

一眼望俄蒙，鸡鸣闻三国。作为中俄蒙经济走廊桥头堡的满洲里口岸，被称为“东亚之窗”。近年来，随着“一带一路”建设不断推进，满洲里口岸逐步由传统意义上的“尽头站”转变为中欧班列东部通道上的“节点站”。每年，大量木材、煤炭、化肥、汽车配件、设备器械等货物通过这里编解运往全国各地乃至世界各国。

自幼，马如铁听着长辈投身边疆的故事长大：1962年，作为北京师范大学毕业生，马如铁的祖父母放弃留校机会，到最偏远的地方去，扎根满洲里奉献一生。多年来，马如铁的父母坚守口岸，教育年少的马如铁“守护国门，匹夫有责”。

在“知铁”“爱铁”的熏陶中成长，马如铁的志向悄然萌芽。2004年，马如铁如愿来到满洲里站，成为运转车间东吊作业场的一名制动员。

马如铁的成长经历可以说是满洲里口岸发展的一个缩影。2004年以来，满洲里口岸多次进行扩能改造，新建了集装箱、原油等专业换装场，口岸接运、换装能力大幅提高。

口岸大接大换，东吊作业场忙忙碌碌。白天，头顶烈日与堆积如山的矿粉、煤炭为伴；夜晚，接取送车连轴作业。晚饭吃不上，喝口水都得挤时间，高强度的作业让他几度犹豫。

2005年的一个冬夜，马如铁跟着师傅张海鹏开展列车排风作业。“排风是制动员保障安全的关键一环。如果排风不彻底，或未按规排风，不仅影响作业效率，而且存在安全隐患。”马如铁走在前，不停地弯腰作业，拉紧车辆排风拉杆，摘开两头风管。师傅紧随其后，一边叮嘱，一边复检。“停！车辆没缓解！”跟在身后的张海鹏发现了问题。

当时，室外气温已降至-40 °C。张海鹏双膝跪地，摘掉右手外层毛线手套，迅速将其套在风管口，紧接着，低头对着风管口做起“人工呼吸”。一分钟、两分钟、三分钟……直到确认制动状态转为缓解，他才缓缓抬起头。顷刻间，他嘴角边的皮被冰冷的风管生生粘掉一层。“这里是口岸，运转作业出现的丁点问题都可能影响国家形象！”张海鹏不顾疼痛，厉声训斥。马如铁羞愧难当，愣在原地说不出话来。

“一时一事，连着国家荣辱。一举一动，连着党的形象。一言一行，连着铁路信誉。”这堂思想政治教育课深深烙印在马如铁心里。他暗暗立志——当主人翁、尽主人责，扛起国门之下的“铁”担当。

从此，马如铁的身边总有“两件宝”，一本翻烂的作业指导书、一本笔记本，他学到哪儿，记到哪儿。一年冬运会战，他与工友准备去二机场挂车。当检查到第十节车辆时，发现人力制动机被冰雪凝滞无法破除。他迅速找来铁鞋，从车下闸链到车上脚踏扣，一点点地磕、敲、撬，保证了取车作业顺利进行和列车正点开行。

追求卓越擎使命

2006 年，中国“俄罗斯年”活动带动中俄贸易快速增长，俄罗斯进口货物激增，远超满洲里站换装能力。“站场股道就像人的血管一样，一分钟都堵不得。我们始终在想办法让它保持顺畅。”马如铁说。平时一有空，他就拉着技术骨干陪他去换装场区，把作业流程、调车作业取送时间记录下来，然后仔细琢磨调车作业组织方案。为提升满洲里站换装能力，他提出了“在班列换装场区，宽准轨各由两个组负责”的方案，既保证了安全，又大大缩短了换装时间。

从制动员、连结员到调车长，再到值班站长，马如铁与口岸共同成长，见证了中欧班列的风笛在“一带一路”上无数次鸣响。

2013 年，满洲里站迎来首趟中欧班列。“那年冬天，暴雪、大风接踵而至，把道岔、钢轨整个‘雪藏’，口岸接车及调车面临极大挑战。”调车长段忠言回忆道。身为共产党员的马如铁挺身而出，带领除雪队伍火线赶往岔区清除积雪，连续三天三夜未合眼，确保了口岸运输风雪无阻。

2016 年 12 月，马如铁走上运转车间二班值班站长岗位。上任之初，正值国家“一带一路”建设向纵深推进，满洲里口岸运量急剧攀升，中欧班列集中到达，但准轨出口货物却时常积压，影响运输秩序。

编组难、解体难、发车难、接车难、捣调难，马如铁带领业务骨干成立“特日调车组”，蹲在现场揣摩作业环节，反复调研推演。他们通过动态掌握中欧班列开行信息、合理调配机车运用等方式，有效提高了各环节调车效率。他还创新性地提出压缩交接班及每批取送车作业时间、增加备用换装线等建议，制定了中欧班列优先解体、优先配送、优先挂运、优先编组、优先开行“五优先措施”，在提升现场作业效率的同时疏通了堵塞环节，有力保证了中欧班列运输畅通。

“国门之下无小事，我们的一言一行、一钩一调，都要拿得起活，要体现出中国标准、中国效率。”马如铁说。

运转车间二班有 97 名职工，宽准轨 11 个调车组，12 小时一个班次，最多接发列车 30 多列。为提高效率，马如铁加班加点搞培训，专门编制作业手册。这本册子从正常操作规程，一直到大风、雨、雪、雾天气时的作业注意事项及故障应急方案一应俱全。他每天从早到晚泡在调度台和职场，反复琢磨不同车型、箱量和天气情况下桥吊运行的最佳轨迹。他还建立严格的学习制度，把运转车间二班打造成学习型团队。在马如铁的督促下，行规、技规、站细、作业指导书这些规章制度，运转车间二班的伙计们如今早已烂熟于心。11 个调车组，他一周就能走上一轮，全过程跟踪监控，一组一组发现问题，遇到安全薄弱人、安全薄弱点就重点对待，找到根源，一击见效。

自马如铁担任值班站长以来，他所带领的运转车间二班在全站安全周期最长、疏通口岸最好、攻坚能力最强。2021 年，这个班组创下了连续十二个月“两违”信息最少的全站纪录。

言传身教做示范

“我将矢志不渝地把热血献给口岸畅通！”42 岁的马如铁两鬓渐白，誓言铮铮。

新冠疫情发生以来，满洲里站中欧班列运量不降反增，运行线路增加到 19 条，口岸日均办理车数达到 1200 辆。今年初，满洲里站实现进出境中欧班列累计开行 1.5 万列的新突破。如今，经满洲里口岸进出境的中欧班列已占全国开行总量近三成。

料峭春寒中，疫情再袭满洲里，口岸疫情形势复杂。按照防疫要求，满洲里站对运转车间作业人员实行“30+14+7”的闭环管理工作模式。马如铁带领班组 92 名职工第一批进驻到封控作业区，一干就是两个大循环，前后将近 90 天连续工作在单位。

考验突袭而来，困难远超预期。最新防疫要求“管理人员不能前往作业现场指挥生产”，马如铁提前制订各项工作计划，用两部手机和对讲机与现场联络。大到运输组织、小到职工需求，马如铁每天接打电话上百通。今年的春节、元宵节和“五一”小长假，马如铁都是在岗位上度过的。他和同事 24 小时交接作战不停歇，最大限度缩短中欧班列在满洲里口岸的停留时间。“再难也要完成任务，我是值班站长，是第一责任人，我在阵地在！”马如铁说，“能保障口岸正常运转，能让中欧班列跑得顺畅，我们心里觉得值！”

前不久，满洲里站专门邀请职工家属到车站座谈交流，现场感受口岸铁路人的工作节奏。长期以来都对马如铁工作鼎力支持的妻子张洁，在座谈会现场竟泣不成声。她说自己从不后悔嫁给铁路口岸人，也理解支持丈夫的执着与坚守，她只是心疼女儿，从小到大缺少父亲的陪伴。当别的孩子在作文中滔滔不绝地讲述爸爸与自己玩耍的故事时，马如铁的女儿只能这样写：“我的爸爸总是很忙很忙，我没醒来的时候，爸爸上班去了。爸爸回家的时候，我又睡着了。”马如铁无数次心有歉疚地拉着妻子的手说：“闺女上大学之前，你管；上大学之后，我管！”

这些家事，马如铁悄悄藏在心底。中欧班列的调度指挥，他精益求精；二班的运转作业，他事无巨细；繁杂的疫情防控，他事必躬亲。在马如铁眼中，最要紧的事是带好队伍、培养新一代口岸接班人。他说：“每个职工都是一粒宝贵的种子。全心浇灌，就会开出美丽的花朵。”

无论多忙，每周他都会抽时间梳理总结自己在技术设备、安全生产等方面的经验教训，同时结合事故案例，为班组成员深入浅出地分析原因、厘清危害、教授方法。“安全说白了就是作业标准化、规范化，严格执行行规、技规、站细、作业指导书这些规章制度。”“违章再小也是大事，如果在你这儿卡住，国外会笑话你，人家会觉得不是我们开不进去，而是你们接不进来。我们口岸人说啥不能掉链子，来多少就得接多少！”这是马如铁常说的两句话。

在马如铁的倾囊相授下，班组比学赶超氛围越来越浓。如今，班组里 20 来名年轻人茁壮成长，迅速挑起口岸上量的担子。2019 年，制动员刘福强还代表满洲里站参加了哈尔滨局集团公司第十五届职工技能竞赛，同时担任车间团支部书记，上升势头很足。

截至 2022 年 4 月 30 日，满洲里口岸进出境中欧班列累计开行 15751 列、发送货物 149 万标准箱。新时代、新丝路、新驼队，风展红旗依旧，如画口岸更美！

马如铁

中共党员，中国铁路哈尔滨局集团有限公司满洲里站运转车间二班值班站长，曾获得火车头奖章、哈尔滨局集团公司优秀共产党员和先进生产者等荣誉。

采访手记

重任在肩 使命必达

马如铁的家中摆放着两块奖牌——一块金闪闪的，是他的火车头奖章；一块银闪闪的，是 1984 年父亲获得的哈尔滨铁路局先进工作者奖牌。相同的火车头形象，雕刻时光，跨越时代，相映生辉，无声地诉说着两代人始终如一的付出与坚守。

重任在肩，使命必达。在马如铁心里，这份赓续传承的荣誉是责任、是使命、是信仰，不仅关乎小家的安稳与幸福，而且关乎国家的尊严与得失。赤子情怀承载时代重托，他将人生价值融入铁路发展，十八载砥砺奋进，足音铿锵。

是繁荣的中国，让华夏大地的每个人都走得更快；是希望的中国，让我们脚下的每一步，都是通往胜利的新里程。坚定不移推动共建“一带一路”高质量发展，把“一带一路”建设成为和平之路、繁荣之路、开放之路、绿色之路、创新之路、文明之路，就像马如铁那样，每一位国门之下的铁路人都重任在肩！

资料来源：中国国家铁路集团有限公司官网. http://www.china-railway.com.cn/tlwh/tlby/202206/t20220613_122062.html

典型工作任务6　常见设备故障接发列车

2.6.1　工作任务

××年×月×日19时05分，A站在站内Ⅱ道凭绿色许可证发出X218次，因站内下行线1号道岔更换基本轨引轨施工（1/3号道岔为联动道岔），3号道岔无表示，上行线北京方向人工准备进路，在发车进路未准备好，进路上应为定位直股的11号道岔实际处于曲股反位的情况下，列车途经该道岔时将道岔挤坏。构成一般C8类铁路交通事故。

思考：

（1）以上案例中，车站值班员没有把控好哪些关键环节？

（2）预想道岔失去接车流程。

2.6.2　任务目标

1. 知识目标

掌握常见设备故障接发列车的作业程序及相关规定。

2. 能力目标

能够进行常见设备故障接发列车。

3. 素质目标

培养临危不乱的心理素质，扎实过硬的基本功，有条不紊的工作节奏。

2.6.3　相关配套知识

知识点一　轨道电路分路不良时办理行车有关规定

凡确认轨道电路分路不良后，应及时在“行车设备检查登记簿”内准确登记该区段，如股道、道岔直向/侧向（定位/反位）名称及其范围；仍能使用其联锁条件办理行车时，须注明“不影响正常排列进路、开放信号”。

集中联锁的车站，由车站、电务人员共同确认（须有记录）轨道电路分路不良的区段（股道、道岔）仍能满足锁闭进路、开放信号条件并保证行车安全时，可使用车站信号控制台开放信号办理接发列车或调车作业。但必须遵守下列规定：

（1）每次办理列车或调车进路前，必须人工确认进路空闲；

（2）调度集中（CTC）区段，列车调度员办理列车或调车进路前，必须指定现场作业人员人工确认进路空闲；

（3）接入列车时，须人工确认进站列车整列到达，列车尾部停于警冲标内方；

（4）排列进路、开放信号并确认无误后，将进路上分路不良区段的有关道岔单独锁闭，且严禁排列或预排其相关进路；

（5）在人工确认列车或机车车辆全部出清分路不良的轨道区段前，严禁操纵该进路上的有关道岔及与其设有联锁关系的其他道岔。

长时间停留的机车车辆轮对生锈或粘有异物，可能造成轨道电路分路不良时，所属（管辖）单位有关负责人应向车站值班员报告，并及时填记"行车设备检查登记簿"。

在办理接发列车或调车作业时，应向有关作业人员传达清楚。排列进路、开放信号经确认无误，并将进路上所有道岔单独锁闭后，方可继续作业。在列车或机车车辆全部出清进路前，严禁操纵该进路上的有关道岔及与其设有联锁关系的其他道岔。

在轨道电路分路不良的区段（股道、道岔）上有车占用，但联锁设备不能保证进路处于占用锁闭状态，即联锁设备不能保证接发列车、调车作业安全，有关行车作业须按上述方法办理。

知识点二　无联锁或联锁设备失效线路上接发列车

在无联锁或联锁设备失效的线路上接发列车时，车站值班员除严格按接发列车手续办理外，并应将进路上无联锁或联锁设备失效的有关对向道岔及邻线上防护道岔加锁。

道岔按占用顺序分顺向、对向。列车经辙叉心向尖轨运行时，该道岔为进路上的顺向道岔，列车由尖轨向辙叉运行时，该道岔为进路上的对向道岔。当进路上顺向道岔开通位置错误时，可能造成挤岔；当对向道岔开通位置错误时，则可能使列车进入不该进入的线路，与线路内的机车、车辆发生冲突，其后果严重。

在无联锁的线路上接发列车时，由于无设备保证进路正确及不能锁闭敌对进路，容易发生意外。为了保证列车出入站的安全，进路上无联锁的对向道岔及邻线上能够进入该进路的无联锁的防护道岔应加锁，进路上有联锁的道岔及邻线上有联锁的防护道岔应在控制台上单独锁闭，以防意外扳动造成列车进入异线、脱轨或其他机车车辆闯入接车进路发生冲突事故。

对接发列车进路上的分动外锁闭道岔，由于结构不同于普通道岔，活动部分多，锁闭工具、加锁位置也与普通道岔不同，要求在进路上无论对向和顺向，都必须对密贴尖轨、斥离尖轨和可动心轨加锁。

知识点三　双线自动闭塞区段道岔区段轨道电路非机车车辆占用红光带接发车

一、接　车

1. 故障现象（接车条件）

本情况是指接车进路上部分道岔区段轨道电路非机车车辆占用而信号操作终端显示红光带，不改变红光带区段道岔位置（该位置有表示）的情况下，使用引导信号接入列车，如图2-33所示。

2. 处理程序

（1）发现接车进路上道岔区段红光带。
（2）通知司机进站信号机外停车。
（3）将故障现象、影响范围报告列车调度员。
（4）通知站长（盯控人员）上岗。
（5）通知胜任人员检查红光带区段空闲。
（6）通知工务、电务部门现场检查设备，并登记“行车设备检查登记簿”。
（7）确认设备部门“行车设备检查登记簿”登记并签认。
（8）向列车调度员报告设备单位检查情况，得到准许使用引导信号接车的指示。
（9）正确准备接车进路。
（10）启封使用引导信号按钮，开放引导信号。
（11）确认引导信号好后，与司机进行车机联控。
（12）确认列车到达，解锁接车进路。

二、发　车

1. 故障现象（发车条件）

本情况是指发车进路上部分道岔区段轨道电路非机车车辆占用而信号操作终端显示红光带的条件下办理发车，如图2-34所示。

2. 行车凭证

行车凭证为绿色许可证。

3. 处理程序

（1）发现发车进路上部分道岔区段红光带。
（2）通知司机暂不发车。
（3）将故障现象、影响范围报告列车调度员。
（4）通知站长（盯控人员）上岗。

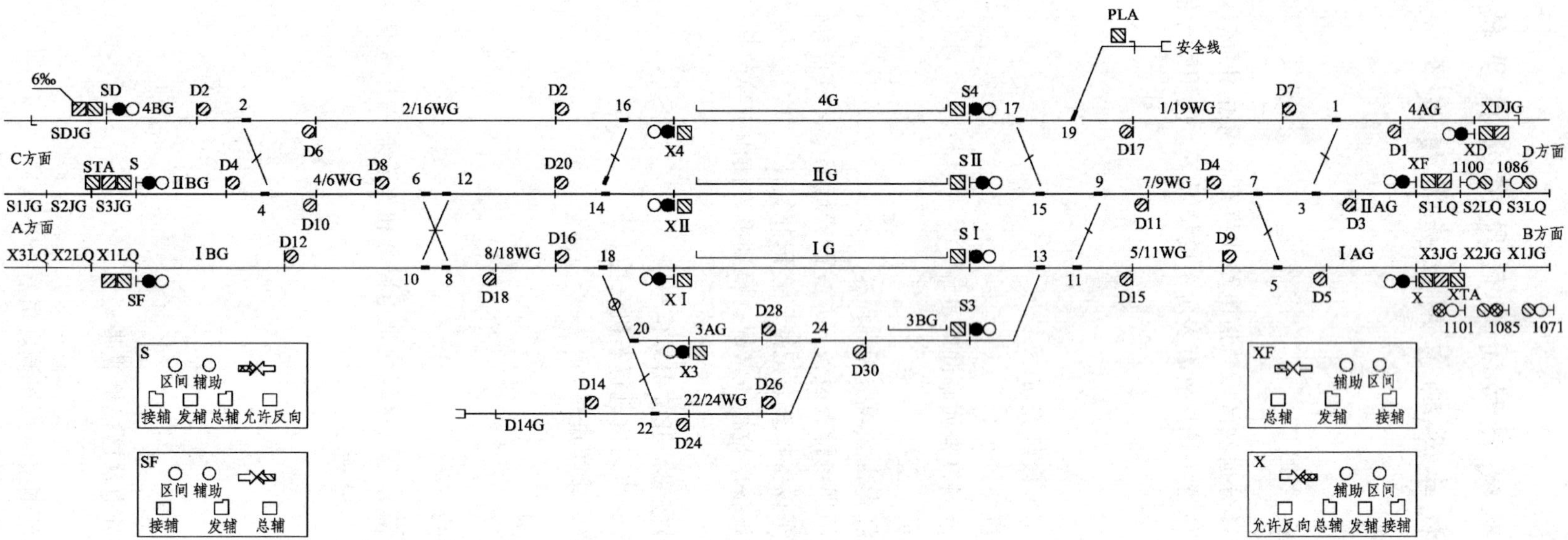

图 2-33　道岔区段轨道电路非机车车辆占用红光带接车故障现象

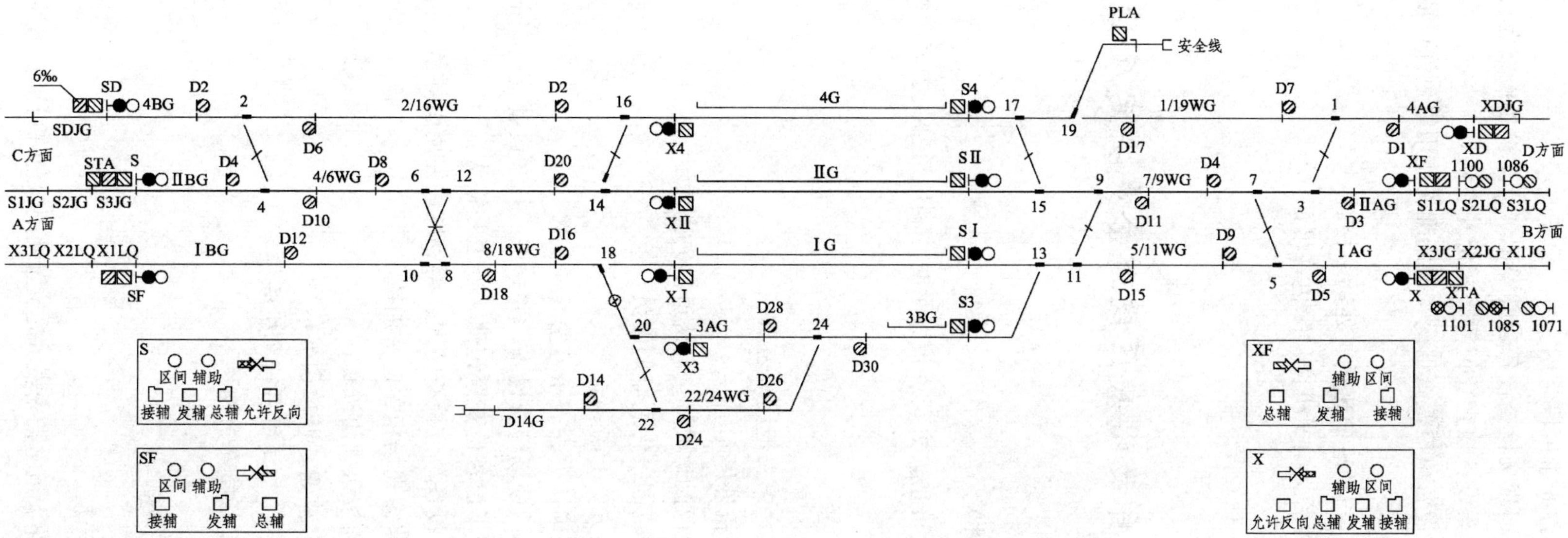

图 2-34　道岔区段轨道电路非机车车辆占用红光带发车故障现象

（5）通知胜任人员检查红光带区段空闲。
（6）通知工务、电务部门现场检查设备，并登记“行车设备检查登记簿”。
（7）确认设备部门“行车设备检查登记簿”登记并签认。
（8）向列车调度员报告设备单位检查情况，得到准许使用绿色许可证发车的指示。
（9）正确准备发车进路。
（10）填写绿色许可证，与助理值班员（外勤）核对。
（11）确认具备发车条件后，向司机交付绿色许可证。
（12）车站按规定发车。
（13）解锁进路。

知识点四　双线自动闭塞区段道岔失去定反位表示接发车

一、接　车

1. 故障现象（接车条件）

本情况是指接车进路上道岔失去定反位表示时，利用道岔失去表示的位置使用引导信号接车，如图 2-35 所示。

2. 处理程序

（1）发现接车进路上道岔失去定反位表示。
（2）通知司机进站信号机外停车。
（3）对失去表示道岔进行扳动试验，确认道岔失去表示。
（4）将故障现象、影响范围报告列车调度员。
（5）通知站长（盯控人员）上岗。
（6）通知胜任人员现场确认失去表示道岔开通位置。
（7）通知工务、电务部门现场检查设备，并登记“行车设备检查登记簿”。
（8）确认设备部门“行车设备检查登记簿”登记并签认。
（9）向列车调度员报告设备单位检查情况，得到准许使用引导信号接车的指示。
（10）正确准备接车进路（现场相关道岔加锁）。
（11）启封使用引导总锁按钮锁闭进路。
（12）启封使用引导信号按钮，开放引导信号。
（13）确认引导信号好后，与司机进行车机联控。
（14）确认列车到达，解锁接车进路。

二、发　车

1. 故障现象（发车条件）

本情况是指利用发车进路上道岔失去表示的位置使用绿色许可证发出列车，如图 2-36 所示。

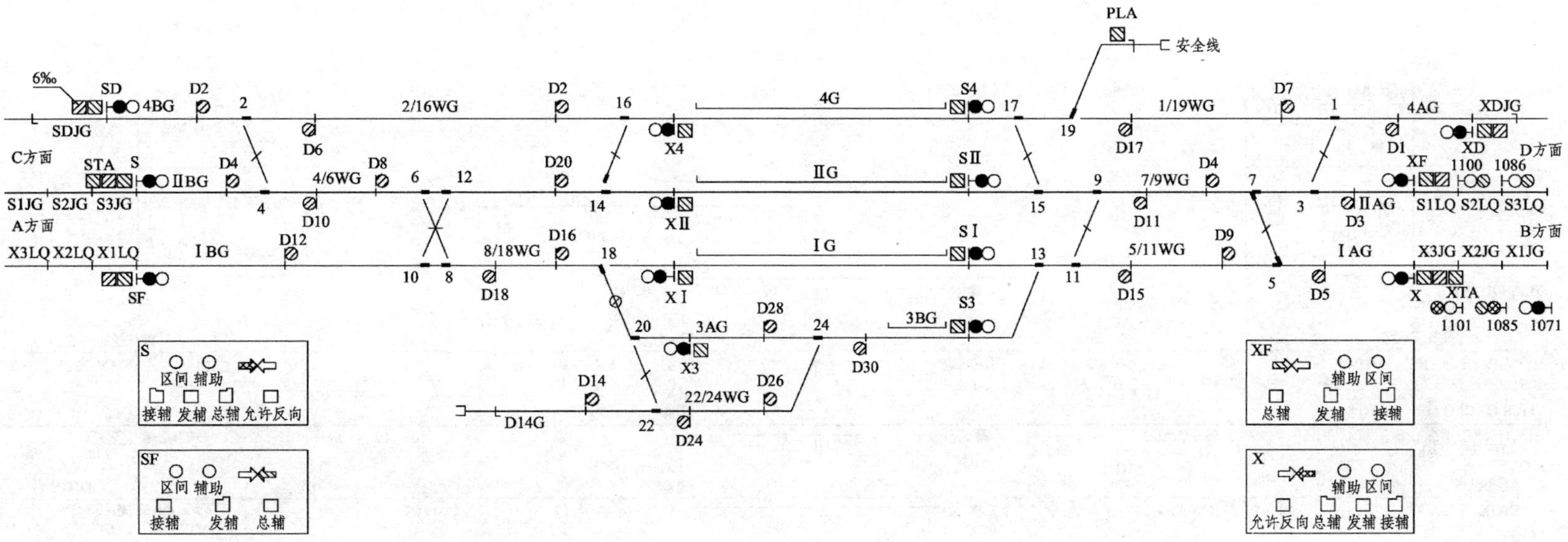

图 2-35　道岔失去定反位表示接车故障现象

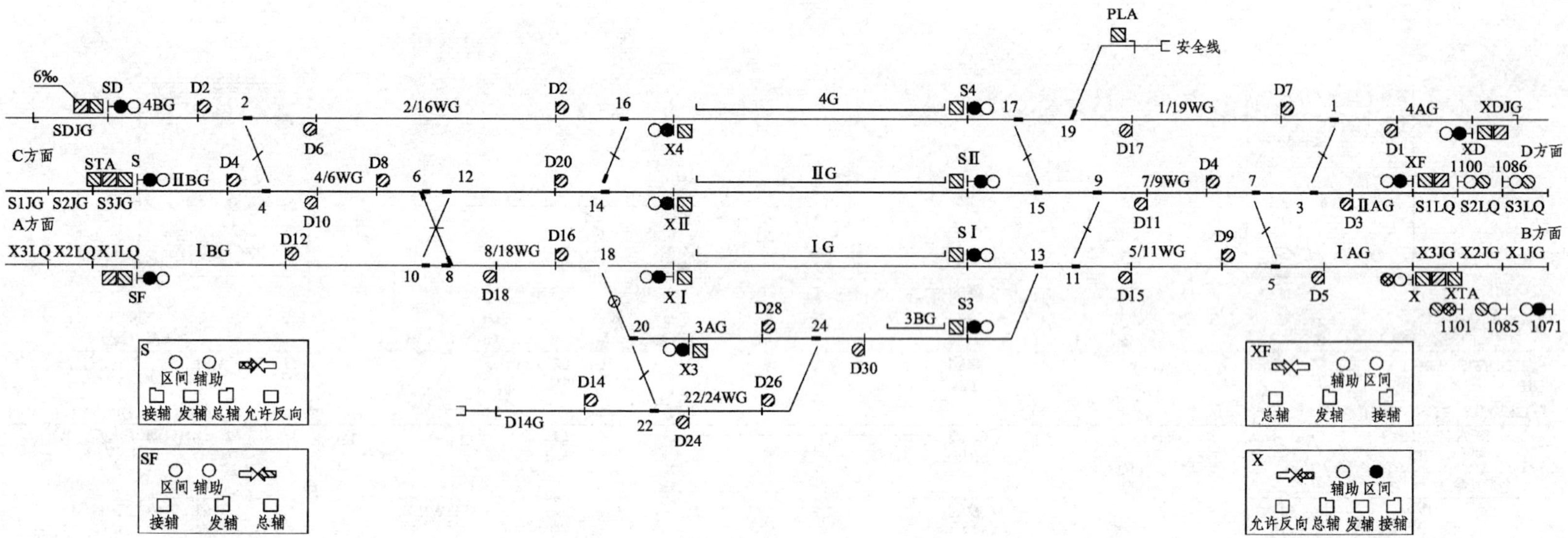

图 2-36 道岔失去定反位表示发车故障现象

2. 行车凭证

行车凭证为绿色许可证。

3. 处理程序

（1）发现发车进路上道岔失去表示。

（2）通知相关列车站内停车。

（3）对失去表示道岔进行扳动试验，确认道岔失去表示。

（4）将故障现象、影响范围报告列车调度员。

（5）通知站长（盯控人员）上岗。

（6）通知胜任人员现场确认失去表示道岔开通位置。

（7）通知工务、电务部门现场检查设备，并登记“行车设备检查登记簿”。

（8）确认设备部门“行车设备检查登记簿”登记并签认。

（9）向列车调度员报告设备单位检查情况，得到准许使用绿色许可证发车的指示。

（10）正确准备发车进路（现场相关道岔加锁）。

（11）填写绿色许可证，与助理值班员（外勤）核对。

（12）确认具备发车条件后，向司机交付绿色许可证。

（13）车站按规定发车。

（14）解锁进路。

知识点五　双线自动闭塞区段信号机故障接发车

一、双线自动闭塞区段进站（接车进路）信号机故障接车

1. 故障现象（接车条件）

本情况是指进站（接车进路）信号机故障，能开放引导信号时的条件下接入列车，如图2-37所示。

2. 处理程序

（1）发现进站（接车进路）信号机故障。

（2）通知司机进站信号机外停车。

（3）将故障现象、影响范围报告列车调度员。

（4）通知站长（盯控人员）上岗。

（5）通知电务部门并登记“行车设备检查登记簿”。

（6）确认设备部门“行车设备检查登记簿”登记并签认。

（7）向列车调度员报告设备单位检查情况，得到准许使用引导信号接车的指示。

（8）正确准备接车进路。

（9）启封使用引导按钮，开放引导信号。

（10）确认引导信号好后，与司机进行车机联控。

（11）确认列车到达，解锁接车进路。

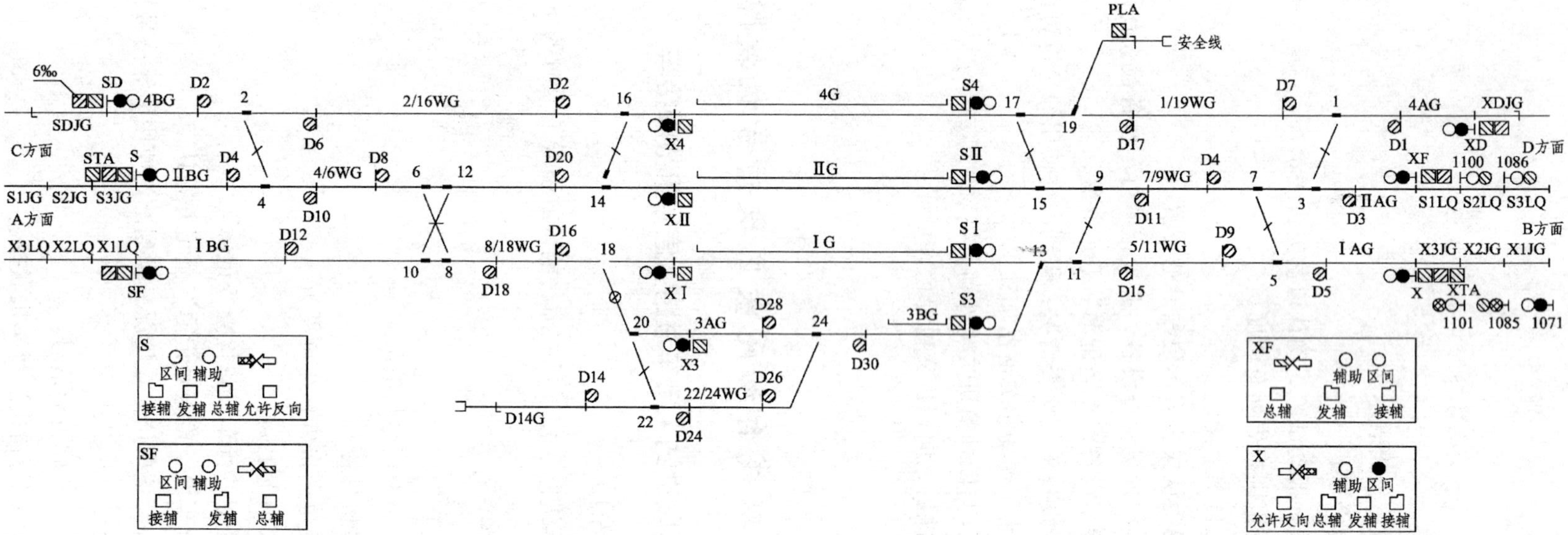

图 2-37　进站（接车进路）信号机故障时接车故障现象

二、双线自动闭塞区段出站信号机故障发车

1. 故障现象（发车条件）

本情况是指待发列车股道或列车通过股道的出站信号机故障或灯光熄灭而车站内其他信号、联锁设备正常，且第一闭塞分区空闲的条件下办理发车，如图 2-38 所示。

2. 行车凭证

行车凭证为绿色许可证。

3. 处理程序

（1）发现出站信号机不能开放

（2）通知相关列车站内停车。

（3）将故障现象、影响范围报告列车调度员。

（4）通知站长（盯控人员）上岗。

（5）通知电务部门现场检查设备，并登记“行车设备检查登记簿”。

（6）确认设备部门“行车设备检查登记簿”登记并签认。

（7）向列车调度员报告设备单位检查情况，得到准许使用绿色许可证发车的指示。

（8）正确准备发车进路。

（9）填写绿色许可证，与助理值班员（外勤）核对。

（10）确认具备发车条件后，向司机交付绿色许可证。

（11）车站按规定发车。

（12）解锁进路。

三、双线自动闭塞区段区间内两架及其以上通过信号机故障或灯光熄灭时发车

1. 故障现象（发车条件）

本情况是指区间内两架及其以上通过信号机故障或灯光熄灭而车站站内信号、联锁设备正常的条件下办理发车，如图 2-39 所示。

2. 行车凭证

行车凭证为路票。

3. 处理程序

（1）发现第二、第三离去红光带。

（2）通知相关列车站内停车，取消出站信号，取消预告。

（3）将故障现象、影响范围报告列车调度员。

（4）通知站长（盯控人员）上岗。

（5）通知工务、电务部门现场检查设备，并登记“行车设备检查登记簿”。

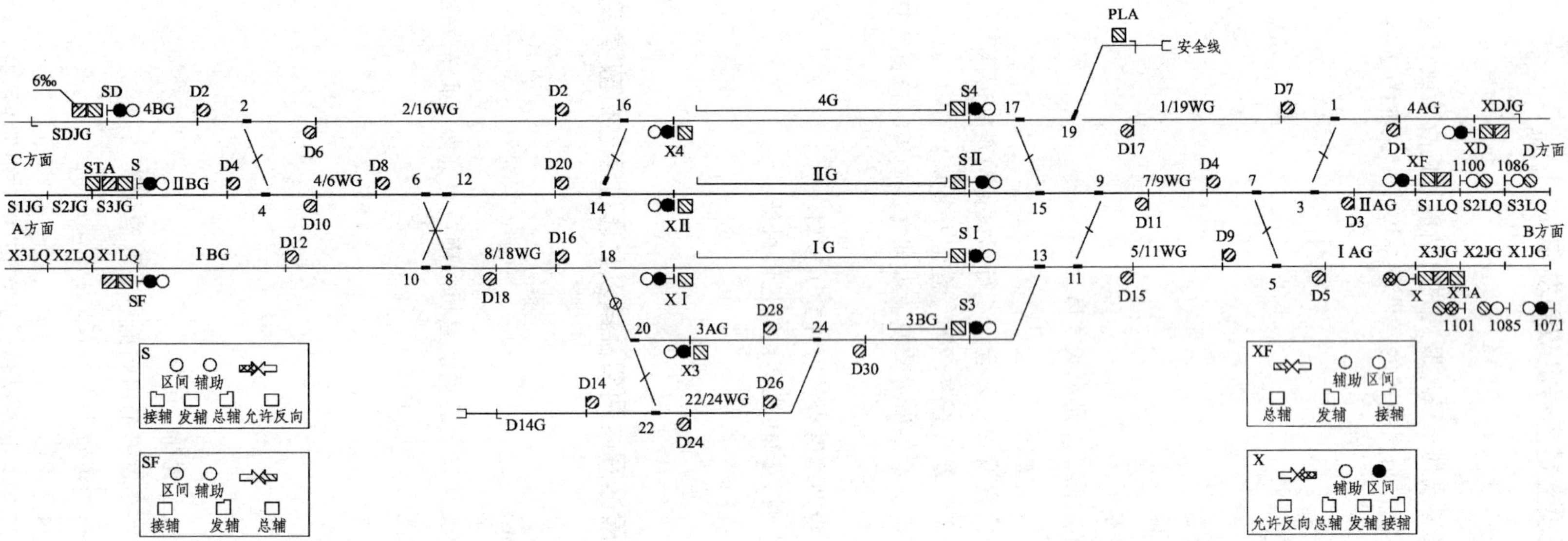

图 2-38　出站信号机故障时发车故障现象

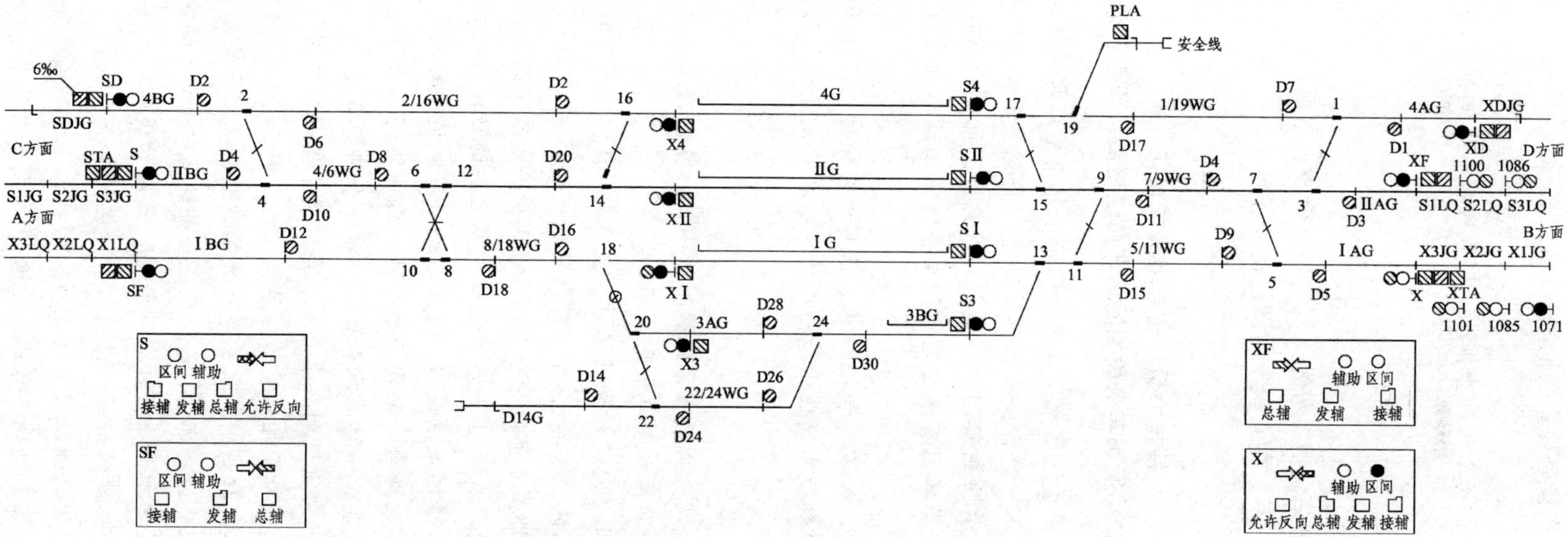

图 2-39　区间内两架及其以上通过信号机故障时发车故障现象

（6）确认设备部门“行车设备检查登记簿”登记并签认。

（7）确认区间空闲。

（8）向列车调度员报告设备单位检查情况，接收停止基本闭塞法改按电话闭塞法行车的调度命令。

（9）与邻站办理闭塞。

（10）正确准备发车进路。

（11）填写路票，与助理值班员（外勤）核对调度命令、路票。

（12）确认具备发车条件后，向司机交付调度命令和路票。

（13）车站按规定发车。

榜样力量：奋斗浇灌成功花

——记广州局集团公司衡阳车务段衡阳站车站值班员、职教科兼职教员王军

一时为兵，一生为兵。尽管早已脱下军装，但他依然有着深厚的军人情结，常说：“一个人要想有所成就，就要像军人一样，要有集体荣誉感，要有责任心，要奋斗不止。”

一经承诺，使命必达。穿上铁路制服，戴上鲜红党徽，他是中国铁道线上一名英勇无畏的战士。他是中国铁路广州局集团有限公司衡阳车务段衡阳站车站值班员、职教科兼职教员王军。

从基层建设模范连退役，入路工作12年来，王军始终保持一名战士的本色，以战士的姿态冲锋陷阵，逐渐成长为铁路行车岗位的榜样人物。他在平凡岗位上挥洒青春热血，书写新时代铁路人的先行风采。

恪守标准的哨兵

站如松，坐如钟，行如风；执行规章纪律不折不扣，贯彻作业标准一丝不苟，落实工作要求不讲条件，工作中的王军军人气质十足。

“一个人的精神状态和工作态度对做好工作至关重要。我们守在运输安全一线，责任重大，必须做恪守标准、认真敏感的‘哨兵’，牢牢守住运输安全。”王军说。

王军2009年被分配到郴州车务段的一个四等小站——白石渡站工作。他每天在信号楼重复着枯燥的作业程序，下晚班后倒3趟车才能回到家里。这让他感到有些迷茫。看到王军的状态，同是退役军人的站长唐郴找他谈心，谈军人的作风，谈铁路人的职责。一番交谈后，王军认识到，铁路是个广阔的舞台，只要努力奋斗，就能实现自身价值。于是，他一边努力工作，一边勤学苦练业务技能，一切从零开始，一步一个脚印奋进。

2012年3月，王军主动申请调到要求更高、条件更艰苦的京广线许家洞站工作。除了和师傅跟班学习，他还利用休班时间在车站作业最繁忙的7时至10时、17时至20时两个时间段到岗位上自学，钻研列车甩挂计划、机车进出库等作业关键环节的处置方法。

车站值班员是铁路上的交通指挥员，是行车安全关键岗位。繁忙的京广铁路一天往来400多趟列车，车站值班员每天要执行上万次作业程序。王军始终以“一点也不能差，差一点也不行”的标准要求自己，用心操作好每一道流程、传递好每一条指令。

他先后从事过信号员、助理值班员、连结员、调车长、车站值班员等工种，累计安全办理20万余趟列车作业、1.2万余钩调车作业，消除80余起安全隐患。

保安全还要有见微知著的敏感和一丝不苟的认真。

2019 年初，王军被衡阳车务段派到怀衡铁路开展安全攻关。细心的他发现长塘线路所的道岔与其他车站的道岔不一样。一般联动道岔的开向是一致的，而该线路所的联动道岔却是一边直向位置一边侧向位置，一旦出现应急情况、需要人工准备接发车进路时，存在车站值班员布置的进路与现场准备进路人员准备的进路产生歧义的安全风险。

敏锐发现这一微小差别后，王军立即于次日 1 时开“天窗”时，赶到现场确认了所有道岔的直向、侧向位置，并对现场非正常接发列车布置进路的用语进行了重新规范，从根本上消除了这一隐患。

技术过硬的尖兵

在办理接发列车的过程中，一趟列车通过车站至少有 29 个作业程序，一个车站最多可以同时接发 3 趟列车，这就需要作业人员在 8 分钟左右的时间里完成近 90 个程序，也意味着每 6 秒钟就要完成一个程序。王军能够做到一个程序都不会乱、一个程序都不会少。“他在不同作业程序之间穿插衔接时，思路很清晰，动作到位。这个是以对规章的烂熟于心、以对业务的熟练掌握作为支撑的。”该段职教科副科长周鑫说。

对于非科班出身的王军来说，要在专业性很强的铁路岗位上发光出彩并非易事。学业务、练本领没有捷径可走。他在短短几年时间，从一个业务“小白”成长为铁路技能大师，走出了不断进取的奋进之路。

王军常说：“人的力气是用不完的，学业务就是要下苦功夫。”他保持军人优良作风，吃苦耐劳，一门心思学技练功，争做业务尖兵。入路短短一年时间，他就翻烂了 4 套行业规章，做了 8 本学习笔记，将标准作业流程、行车规章熟记于心，被同事们称作规章“活字典”、业务“领头羊”。

2010 年，参加工作第二年，王军便代表车站参加全段技术比武，并获得助理值班员个人全能第一。2014 年 8 月，他参加广州铁路（集团）公司举办的职业技能竞赛，一举夺得了团体第一和个人全能第一的成绩，也获得了参加第四届全国铁道行业职业技能大赛的机会。

在集训中，王军前几次的成绩并不理想。“遇到问题还没尝试解决就放弃，那就永远克服不了困难；克服困难没有太多的窍门，就是要坚持到底，滴水穿石。”为此，他调整心态，潜心钻研考题，把历次考试的集训试卷分门别类归总，把容易混淆的题目对比学，把比较生硬的规章描红反复学，把关键内容加黑加粗重点学。本着“笨鸟先飞”的想法，别人学 6 小时，他学 12 小时；别人练到傍晚，他练到深夜、凌晨。他还不断摸索，总结提炼出以“精读、巧记、深思、熟背、苦练、活用”为主要内容的 12 字学习法。

最终，王军在第四届全国铁道行业职业技能大赛车站值班员的比赛中杀出重围，获得个人全能第一名，创下了广铁集团车务系统历史最好成绩。

迎风而上的骑兵

4 月 12 日，王军又像往常一样背着包，带着学习资料，深入黔常铁路杨桥站送教上门。每周按照培训计划到各个车站，对行车重要岗位的职工及管理人员的作业程序、作业标准一个个盯控、一项项纠正；重点加强职工接发列车非正常应急处置的培训，把非正常应急处置的场景现场演示出来，干部职工一个一个轮流过关，这些是王军近年来全身心投入的工作。据不完全统计，王军已累计面向一线职工授课 180 余场次，开展现场送教 360 次，各类答疑近万次，培训学员 1900 人次，带出了拥有上百名技术骨干的尖兵团队，其中 70 余人在各级技能比武中获奖。

成了“行家里手”后，王军开始思考：如何利用自己的体会和经验提升全员业务技能，共保安全？2017 年初，以王军名字命名的全路级行车专业“王军车站值班员”铁路技能大师工作室成立，给了他更大的舞台。王军扑到技术人才培养和重点课题攻关中，组织开展了防止行车设备误操作和行车组织错办理等 10 余项重点课题攻关。他主导编制的近 20 项教学课件，成为行车一线作业人员的学习宝典。

2021 年初，为了更好地帮助一线职工在疫情防控期间开展业务学习，王军通过接发列车仿真系统，自己演示标准操作流程，录制微视频，进行“接发列车微视频”教学，公布手机号码、微信号，随时在线答疑，并针对 110 多项行车安全关键点，灵活运用现场教学、远程培训、模拟仿真等多种方式开展培训讲解，有效提升了现场安全卡控能力。

冲向最险处，攻克最难关。遇到急难险重任务时，王军总是冲在最前列。

2013 年底，新开通的衡柳线高铁普铁列车混跑、行车组织复杂、多种闭塞方式并存，作业中面临较大的安全风险。王军走遍衡柳线沿线车站，逐条理顺 20 多种应急情况下的作业流程，打通了不同方向、不同组织方式下的作业程序，形成了一套衡柳线接发列车作业标准，提高了行车应急处置水平。其中，永州站普速列车、货车、高铁列车混跑，是多种行车方式并存的多方向车站，作业方式尤为复杂。王军扎根永州站，一个多月里废寝忘食，编写出一套高普混跑接发列车作业图解，提高了车站作业水平。

2018 年底，怀衡铁路开通后，王军为 5 个中间站、1 个线路所编制出行车岗位应急值守员和管理人员作业标准，并到现场培训 36 天，作业人员站控模式下办理接发列车作业水平明显提升。

近年来，王军先后在京广、湘桂、衡柳、怀衡和吉衡线参与安全攻关 15 次。在一次次挑战里，他披荆斩棘，充分展示了迎风而上、不辱使命的过硬作风。

王军

中共党员，“王军车站值班员”铁路技能大师工作室负责人，获得全国五一劳动奖章、全国技术能手、全路首席技师等荣誉，2019 年获得全国模范退役军人称号，2020 年被评为全国劳动模范。

采访手记

奋斗的人生最美丽

面目俊朗、文质彬彬，王军给人的第一印象是温文尔雅。但是和他深聊后，笔者发现他身上有股永不言败的执着，有种毫不懈怠的韧劲，更有着雷厉风行的过硬作风。这正是王军成为铁路榜样的奋斗密码。

从“业务小白”到“技术大咖”，从偏远小站的值班员到全国劳动模范，王军凭借坚韧不拔的毅力和坚持不懈的奋斗走出了一条令人刮目相看的“逆袭”之路。

在艰苦的环境里磨砺性情、在偏远小站执着坚守、在各个岗位苦学技术、在困难面前敢于亮剑、在重任面前勇于担当……王军用行动诠释了何为奋斗、何为拼搏。

不拼搏不青春，不奋斗不青春。王军用奋斗成就了最好的自己。

成功，没有捷径可走，唯有不懈奋斗。在这个最好的时代里，奋斗的人生最美丽。这是王军给我们的重要启示。

资料来源：中国国家铁路集团有限公司官网．http://www.china-railway.com.cn/tlwh/tlby/202104/t20210428_114581.html

典型工作任务 7　应急处理

2.7.1　工作任务

××年×月×日，×站车站值班员盲目使用总取消按钮，关闭 I 道出站信号机，导致列车××次越过出站信号机后在区间下行一离去 K421 km+012 m 处接触网电分相无电区停车。车站值班员立即汇报列车调度员，列车调度员在越区供电无果的情况下，9 时 41 分发布了 5124 号调度命令，使用××次本务机车担当救援。救援列车 9 时 48 分×站开车，于 10 时 12 分将××次拉至×站，影响本列 1 小时 33 分，构成铁路交通一般 C 类事故。

思考：

（1）案例中盲目取消发车进路造成了严重的后果，发车进路的取消应遵循哪些规定呢？

（2）特殊情况接发列车应注意什么？

2.7.2　任务目标

1. 知识目标

掌握各种特殊情况下接发列车的应急处理办法。

2. 能力目标

能够较熟练掌握各种特殊情况下接发列车的应急处理办法。

3. 素质目标

培养爱岗敬业的职业精神和精益求精的职业意识。

2.7.3　相关配套知识

知识点一　天气恶劣情况下的接发列车

遇天气恶劣，进站、出站、进路及自动闭塞区间通过信号机等指示列车运行的信号机显示距离不足 200 m 时，车站值班员或司机应将天气恶劣情况及发生地点报告列车调度员，列车调度员发布调度命令，改按天气恶劣难以辨认信号的办法行车。天气转好时亦由车站值班员或司机报告列车调度员，列车调度员发布调度命令恢复正常行车。执行此办法应注意以下事项：

（1）列车按机车信号显示运行，但运行中司机亦应确认地面信号机的显示。二者显示一致时，正常运行；当地面信号显示与机车信号不一致时，列车应减速或停车。

（2）车站发车时，司机可凭车站值班员（发车人员）列车无线调度通信设备的通知起动列车，但此时车站列车无线调度通信设备的语音记录装置必须作用良好。在确认出站（进路）信号机显示正确后，再行加速。

（3）使用天气恶劣难以辨认信号办法行车，以及恢复正常行车，均需发布调度命令。对恢复正常行车的调度命令，应向已收到改按天气恶劣难以辨认信号办法行车调度命令而未越过天气恶劣区间的列车司机发布。

知识点二　普速铁路列车占用丢失行车处置措施

一、自动闭塞区段未开通继电式逻辑检查功能车站处置措施

普速铁路自动闭塞区段（具备列控中心区间占用逻辑检查功能、继电式逻辑检查功能的区段除外），CTC/TDCS 区间列车占用丢失报警或车站值班员（列车调度员）发现及得到区间列车占用丢失信息时，车站值班员应做到：

（1）立即通知已进入区间的后续列车司机立即停车，不再向该区间放行列车。

（2）联系占用丢失的列车司机，询问列车位置及现场情况（占用丢失的列车无异常时仍按信号显示运行，不得无故停车）。

（3）及时通知电务部门进行处理。

电务部门对故障进行检查处理。故障恢复时，列车调度员根据电务部门登记，亲自或通过车站值班员通知后续列车司机恢复正常行车。

列车占用丢失故障暂时无法恢复，具备放行列车条件时，列车调度员（车站值班员）按照电务部门登记的行车限制条件放行列车。对已进入区间的后续列车，列车调度员确认列车至前方站间区间空闲后，亲自或通过车站值班员组织列车逐列恢复运行，指示后列恢复运行前必须确认前列已完整到达前方站。司机按信号显示运行，逐列运行至前方站。区间空闲后，列车调度员（车站值班员）根据电务部门登记的行车限制条件组织行车。

（4）遇站内股道列车占用丢失报警、车站值班员（列车调度员）发现或得到站内列车占用丢失信息时，应立即停止使用该故障区段，联系司机询问列车位置和现场情况，通知电务部门处理。经电务部门检查处理后，按照电务部门登记的行车限制条件组织行车。

（5）车站值班员（列车调度员）接到列车司机在区间或站内非正常停车的报告后，应立即在车站控制台、CTC/TDCS 上确认列车位置。确认该列车是否发生列车占用丢失。

二、自动闭塞区间开通继电式逻辑检查功能车站处置措施

当继电式逻辑检查电路判断闭塞分区出现占用丢失时，继电式逻辑检查自动对该闭塞分区进行安全防护，防护该闭塞分区的通过信号机点亮红色灯光（出站第一离去区段占用丢失时为出站信号机不能开放），同时将该闭塞分区轨道电路点亮红光带。

车站值班员发现闭塞分区占用丢失逻辑检查报警后应做到：

（1）应立即通过逻辑检查人工解锁盘或 TDCS/CTC 确认发生报警的闭塞分区和列车车次。

（2）通知已进入区间的后续列车立即停车，不再向该区间放行列车，联系发生占用丢失的列车司机，询问列车位置及现场情况，报告列车调度员。

（3）及时通知电务部门并在“行车设备检查登记簿”内登记。此种情况下该闭塞分区出现的轨道电路红光带，不通知工务部门检查。

闭塞分区占用丢失逻辑检查报警自动解除后，车站值班员根据电务人员“×闭塞分区电务设备正常”的登记，报告列车调度员，恢复正常行车。

（4）区间发生占用丢失逻辑检查报警的列车完整到达前方站后，闭塞分区逻辑检查报警仍未自动解除时，车站值班员根据电务人员“×闭塞分区电务设备正常”的登记，确认该闭塞分区空闲后，在逻辑检查人工解锁盘上人工解锁该逻辑检查报警，报告列车调度员，恢复正常行车。存在设备故障时，车站值班员根据设备部门登记的行车限制条件组织行车。

（5）闭塞分区出现占用丢失逻辑检查报警后，遇逻辑检查人工解锁盘停电或接到电务人员逻辑检查设备停电的报告，车站值班员应立即通知已进入区间的后续列车停车，待该闭塞分区至前方站（线路所）间空闲后，方可通知后续列车逐列恢复运行至前方站（线路所），指示后列恢复运行前必须确认前列已完整到达前方站（线路所）。停电恢复后，车站值班员根据电务人员逻辑检查设备恢复正常的登记，报告列车调度员，恢复正常行车。

知识点三　区间通过信号机显示停车信号

一、自动闭塞区间内的通过信号机显示停车信号及显示不明或灯光熄灭的原因

（1）显示红色灯光时，可能是前方闭塞分区内有列车或机车、车辆占用；也可能是由于线路上有障碍物引起轨道电路短路或钢轨折断；还可能是轨道电路故障所致；还可能是通过信号机的灯泡断丝而引起的灯光转移等。

（2）信号显示不明，可能是因天气关系，如灯光被飘雪、扬沙所遮盖等；也可能是自动闭塞系统发生故障。

（3）灯光熄灭，可能是灯泡断丝或灯泡松动，也可能是临时断电。

通过信号机显示停车信号及显示不明或灯光熄灭时均视为停车信号，列车如果贸然进入前方闭塞分区，有危及行车安全的可能性，因而列车必须在该信号机前停车，同时司机应使用列车无线调度通信设备通知车辆乘务员（随车机械师）停车原因。

由于是自动闭塞区间，列车追踪运行，作业十分繁忙，同时由于通过信号机处于区间，修复时间将会延长，如果列车长时间在显示停车信号（包括显示不明或灯光熄灭）的通过色灯信号机前停车，将使后续多列列车在区间停车，打乱运行秩序，造成运输工作的混乱，也不利于列车的运行安全。因此规定，在列车停车等候 2 min 后，该通过信号机仍未显示允许运行的信号时，即以遇到阻碍能随时停车的速度进入该通过信号机防护的闭塞分区继续运行，但最高运行速度不得超过 20 km/h。停车等候 2 min，如有列车在该闭塞分区正常运行，则有一定的时间出清该闭塞分区；如该闭塞分区有前行列车被迫停车不能继续运行时，有关人员有一定的时间按规定设置防护和作业联系；而要求列车以遇到阻碍能随时停车的速度运行（最高不超过 20 km/h），即使进入闭塞分区后发现有列车或有危及行车安全的情况时，可随时停车，不致发生事故。

在这种情况下，列车限速进入闭塞分区后，必须在整个闭塞分区内限速运行，不能在见到前方通过信号机显示允许运行的信号时，就立即恢复相应速度运行。只有在列车头部越过次一通过信号机（进站信号机）后，才能按其显示的要求运行。

列车在显示停车信号及显示不明或灯光熄灭的通过信号机前停车等候的同时，司机必须使用列车无线调度通信设备与车站值班员或列车调度员进行联系，车站值班员、列车调度员应通过控制台、TDCS 设备等确认该闭塞分区内有无列车，在确认有列车占用后，车站值班员、

列车调度员须通知司机不得进入该闭塞分区；同时，司机还应通过目视确认前方闭塞分区内是否有列车占用。司机如通过以上方式确认有列车占用时，不得进入该闭塞分区。如司机使用列车无线调度通信设备与车站值班员、列车调度员联系不上，又无法目视确认前方闭塞分区内是否有列车占用时，在停车等候 2 min 后，如该信号机仍未显示允许运行的信号，即以遇到阻碍能随时停车的速度，最高不超过 20 km/h 进入该闭塞分区，司机应加强瞭望，运行中发现前方有列车占用或有危及行车安全的情况时，立即停车。

装有容许信号的通过色灯信号机显示停车信号时，准许停车后起动困难的货物列车不停车通过该信号机。由于各种货物列车牵引重量不完全相同，因此铁路局集团公司必须根据该区段使用的机车类型和线路坡度等情况，经过计算和试验，规定准许按容许信号运行的货物列车重量标准。装设容许信号的目的，主要是避免超过规定牵引重量的货物列车在此停车后起动困难，甚至请求救援打乱运行秩序。因此，当容许信号灯光熄灭时或容许信号和通过信号机灯光都熄灭时，只要司机确认信号机装有容许信号，仍可按上述速度规定，不停车通过该信号机。列车通过该信号机后，必须在整个闭塞分区以遇到阻碍能随时停车的速度运行，但最高运行速度不得超过 20 km/h，到达次一通过色灯信号机后，再按其显示的要求运行。

连续式机车信号的显示和通过信号机的显示，是通过同一个轨道电路传输的，通过信号机灯光熄灭而机车信号显示允许运行的信号时，表示前方闭塞分区处于空闲状态，所以准许列车按机车信号的显示运行。

司机发现通过信号机故障时，应将该信号机的号码通知前方站（列车调度员），以便由车站（列车调度员）通知设备部门检查修理，并组织后续列车的运行。车站值班员（列车调度员）发现或得到区间通过信号机故障的报告后，在故障修复前，对尚未进入区间的后续列车，改按站间组织行车。此时不改变原基本闭塞法，人工控制按站间间隔放行列车。

二、普速铁路非列车占用轨道电路红光带时的处置措施

（1）车站值班员发现及得到区间、站内非列车占用轨道电路红光带时，通知工务、电务部门检查，待工务、电务部门检查确认后，按照其登记的放行列车条件组织行车。

（2）当工务确认具备放行列车条件后，即可放行列车。自动闭塞区间按上述第 1 点执行。

（3）当电务部门确认故障处所信号联锁及区间设备正常，仅是 CTC/TDCS 终端显示错误时，应在“行车设备检查登记簿”内登记“××轨道电路红光带 CTC/TDCS 终端显示错误，信号联锁及区间设备正常”。车站值班员根据电务登记通知工务不再进行检查处理，恢复正常组织行车。

知识点四　列车运行中碰撞线路障碍物

（1）列车运行中碰撞线路障碍物影响行车安全时，司机应立即采取停车措施。可能妨碍邻线时：

司机应立即用列车无线调度通信设备通知邻线上运行的列车和两端站（列车调度员），并与车辆乘务员（随车机械师）分别在列车的头部和尾部附近邻线上点燃火炬；在自动闭塞区间，还应对邻线来车方向短路轨道电路。配备列车防护报警装置的列车应首先使用列车防护

报警装置进行防护。

司机应亲自或指派人员沿邻线一侧对列车进行检查，发现妨碍邻线时，应立即派人按规定防护。如发现邻线有列车开来时，应鸣示紧急停车信号。

车站值班员（列车调度员）接到碰撞线路障碍物可能妨碍邻线的通知后，应立即通知邻线有关列车停车，在原因清楚前不得向邻线放行列车。

（2）列车运行中碰撞飞禽走兽，轻飘物体等较小障碍物，不影响本列运行时，可不停车。

（3）线路障碍物包括但不限于以下物体：坠落物（包括上跨桥坠落物、广告牌等）、溜塌体、遗留料具、倒树、飞禽走兽、轻飘物体、冰雪块、人为置障物、其他侵入机车车辆限界的物体等。

（4）列车运行中发生异常情况导致紧急停车（司机施加紧急制动除外）时的处置。

列车运行中发生异常情况导致紧急停车（司机施加紧急制动除外），可能发生脱轨时，司机应立即用列车无线调度通信设备通知邻线上运行的列车和两端站（列车调度员），并与车辆乘务员（随车机械师）分别在列车的头部和尾部附近邻线上点燃火炬；在自动闭塞区间，还应对邻线来车方向短路轨道电路。配备列车防护报警装置的列车应首先使用列车防护报警装置进行防护。

司机应亲自或指派人员沿邻线一侧对列车进行检查，发现车列脱轨妨碍邻线时，应立即派人按规定防护。如发现邻线有列车开来时，应鸣示紧急停车信号。

车站值班员（列车调度员）接到列车运行中发生异常情况导致紧急停车可能发生脱轨的通知后，应立即通知邻线有关列车停车，在原因消除前不得向邻线放行列车。

知识点五　列车发生火灾、爆炸

列车发生火灾、爆炸时，应立即停车（使列车停车的方法：当车厢内设有紧急制动阀或紧急制动装置时，列车乘务员等有关人员应立即使用就近的紧急制动阀或紧急制动装置，使列车停车。当车厢内无紧急制动阀或紧急制动装置时，应报告司机停车）。机车乘务员发现火灾、爆炸情况或接到列车发生火灾、爆炸的通知时应立即停车。停车地点应尽量不在特大桥梁或长大隧道内，选择便于旅客疏散的地点，避免因地形限制，导致救援工作不易开展。此时，列车发生火灾、爆炸后已经影响邻线列车运行的安全，因此车站接到报告后除了不再向区间放行列车，还要通知邻线及后续相关列车停车。

电气化区段立即停电不利于电力机车及动车组应急处置，因此规定根据现场需要停电时，应立即通知供电部门停电。

列车停车后应利用当地条件就地灭火，需要分隔甩车时，应根据风向及装载货物性质确定分隔甩车位置。根据经验，一般为先甩下列车后部的未着火车辆，再甩下着火车辆，然后将机后未着火车辆拉至安全地段。

对甩下的车辆，应采取防溜措施。

知识点六　旅客列车双管改单管作业

双管供风旅客列车采用列车制动主管和列车总风管分别供风，其中列车制动主管负责车辆副风缸的供风，主要承担列车制动的供风，列车总风管负责车辆空气弹簧、车门开关以及集便器的供风。运行途中发生双管供风设备故障或用单管供风机车救援接续牵引需改为单管供风时，双管改单管作业应在站内进行。旅客列车在区间发生故障需双管改单管供风时，由车辆乘务员通知司机向列车调度员（车站值班员）提出在前方站停车处理的请求，并通知司机以不超过 120 km/h 速度运行至前方站。列车调度员发布双管改单管供风的调度命令，车辆乘务员根据调度命令在站内将客车空气管路改为单管供风状态。旅客列车改为单管供风跨局运行时，由国铁集团发布调度命令通知有关铁路局集团公司，按单管供风办理，直至终到站。

项目综合考核

一、理论知识考核

1. 行车闭塞法的作用是什么？我国铁路采用的行车闭塞法有哪几种？
2. 自动闭塞法行车时，列车进入第一闭塞分区的行车凭证是什么？
3. 自动闭塞何时使用绿色许可证发车？司机得到的绿色许可证交不交前方站？为什么？
4. 自动站间闭塞时的行车凭证是什么？
5. 半自动闭塞的行车凭证及发给行车凭证的依据是什么？
6. 半自动闭塞区间发出由区间返回的列车，为什么要改按电话闭塞法？
7. 哪些情况需停用基本闭塞法改用电话闭塞法？
8. 办理电话闭塞时，哪些情况需发出电话记录号码？
9. 填写路票时应注意哪些问题？
10. 一切电话中断后发出第一列列车前，为什么要查明区间空闲？
11. 试述单线区间车站呼唤 5 min 无人应答时的行车办法。
12. 无联锁的情况下，如何准备接发车进路？
13. 站内无空闲线路的情况下，接车时有何限制？
14. 何时采用引导接车？接车注意事项有哪些？
15. 双线改单线行车时接发列车办法是如何规定的？
16. 列车反方向运行时，如何接发列车？
17. 退行列车如何接车？
18. 接发特快旅客列车时，应遵守哪些规定？
19. 超长列车如何接发？
20. 超限列车的接发应注意哪些事项？
21. 如何开行救援列车和路用列车？

二、素质考核

根据出勤情况及课堂表现，获得素质考核成绩。

项目三 编组列车

【项目介绍】

通过对编组列车基本知识的学习，掌握编组列车的质量要求；编入货物列车、旅客列车中的机车车辆要求；列车中机车及车辆的编挂要求。

【教学目标】

1. 知识目标

掌握列车编组的重量、长度的质量要求及依据；禁止编入列车的机车车辆；货物列车及旅客列车中车辆编挂的要求；列车中机车的编挂要求及车辆的摘挂规定。

2. 能力目标

能够准确判断超重、超长、满轴、欠轴列车，以及开行超重、超长、欠轴列车的条件；能够准确判断列车是否属于违编列车，并采取相应的措施，能正确编制编组列车调车作业计划。

3. 素质目标

培养“遵守规章、敬畏规章”的专业素养，“安全第一，注重效率”的安全生产意识。

典型工作任务 1 编组列车的质量要求

3.1.1 工作任务

（1）分析下列事故中编组列车违反了哪些规定？

① ××年 5 月 12 日，甲局集团公司 A 站货场装运的玉米，装车时在车体打泡沫胶时未清理干净打胶处，造成堵漏泡沫胶在列车运行途中掉落，途中发生玉米撒漏，如图 3-1 所示。

② ××年 9 月 15 日，甲局集团公司 A 站接轨某公司专用铁路装运的石油沥青，运行至甲局集团公司 B 站时，助理值班员发现罐车上盖未关闭，后在前方站 C 站停车检查，发现罐车顶部靠近一端的排气孔上盖开启，锁闭螺栓失效，如图 3-2 所示。

（2）探讨编组列车的质量要求，学习开行超重、超长、欠轴列车的条件，学习并识记禁止编入列车的机车车辆额规定。

图 3-1 敞车中散装在运输途中玉米撒漏

图 3-2 罐车顶部排气锁闭螺栓失效

3.1.2 任务目标

1. 知识目标

理解列车编组计划、运行图、《技规》对编组列车的质量要求，掌握超重、超长、欠轴列车的开行条件，理解并识记“禁止编入列车的机车车辆”的规定。

2. 能力目标

能够正确判断编成列车是否违编、是否属于满轴、超重、超长、欠轴列车。

3. 素质目标

培养自觉树立照章办事、安全为了生产的思想。

3.1.3 相关配套知识

知识点一 编组列车的一般要求

一、编组列车的定义

编组列车就是按列车种类、用途和运输性质，根据《技规》、列车编组计划和列车运行图所规定的编挂条件、车组、重量或长度标准，将车辆或车组选编并连挂成车列，再配上适当的机车。

二、编组列车的一般要求

（1）编组列车必须符合《技规》关于机车、车辆编入列车的技术条件，隔离和编挂限制，关门车编挂数量和位置要求，列车尾部挂车条件、编入列车的机车编挂位置、装载危险货物及普通货物车辆编入列车的隔离的限制及单机挂车等规定。

（2）编组列车必须符合列车编组计划规定的列车种类、去向、编挂内容、车组和车辆编挂位置及编挂顺序的要求。

（3）编组列车必须符合该区段列车运行图规定的列车重量或长度标准。凡跨及两个及以上区段的直通或直达列车，各区段规定的牵引重量、长度不同时，还应符合列车编组计划的基本组的重量和长度规定。

如不按上述要求编组列车，不仅会因浪费牵引力而造成经济损失，而且对列车运行、列车接发的安全也会造成威胁。

三、列车重量、长度标准的规定

（1）列车重量标准。列车重量又称牵引重量、牵引定数，列车的重量是车辆自重与货物重量的总和。

列车重量应根据机车牵引力、区段内线路状况（如限制坡度等）及其设备条件因素，通过计算、试运转和各种类型机车牵引重量的平衡，最后取整而定的。

机车、车辆自重及换算长度应按《技规》有关规定确定。《技规》中未规定的其他各型货车的自重及换算长度和货物重量可按《铁路货车统计规则》的有关规定计算。

旅客列车重量按客车总重（包括旅客及行李的重量）计算，回送空客车底按自重计算。

（2）列车长度标准。列车长度是指换算长度，一般称为计长或换长。列车长度应根据运行区段内各站到发线的有效长，并须预留 30 m 的附加制动距离确定。

机车、车辆长度的计算，以前后两钩舌内侧面距离按 11 m 为换算单位。

各型机车、车辆按上述换算单位得出的比值称为换算长度。

（3）尾数波动范围。编组列车时，其重量或长度应满足列车运行图规定的各区段列车重量和长度的标准。由于实际编成的列车重量、长度与图定重量、长度不可能完全相符，因此，规定了尾数波动范围：货物列车牵引重量允许上下波动 80 t 及其以内，计长允许欠 1.2 及其以内。

线路坡度在 12.5‰ 以上的区段，牵引定数尾数波动，局管内的列车由铁路局集团公司自定，跨局的由有关局商定，报国铁集团批准。

（4）满轴、超重、超长、欠轴列车及其开行规定。

① 满轴列车。满轴列车是指实际编成列车的重量符合列车运行图规定的区段列车重量（包括尾数上下波动 80 t 及其以内）或列车长度符合列车运行图规定的区段列车长度（包括尾数欠 1.2 及其以内）。

② 超重列车。超重列车是指实际编成的列车重量按列车运行图规定的列车重量超过 81 t，且连续运行距离超过列车乘务规定区段 1/2 的货物列车。

积极提高列车重量，有利于节省机车运用台数，提高区段通过能力，但由于机车性能或司机操作限制水平的限制，可能造成运缓、区间停车或会让不当而打乱运行秩序。为此，编组超重列车时，在编组站、区段站应征得机务（或折返）段调度员的同意；在中间站应得到司机的同意，并且均须经列车调度员准许，以使其指挥行车时心中有数，保证列车运行有序。

③ 超长列车。列车长度超过运行图规定的区段列车长度标准时，称为超长列车。

编组超长列车时，必须考虑运行区段内的具体条件，编组超长列车的最大长度不得超过区段内两股最短到发线有效长之和，并不宜编挂超限及其他限速车辆。

开行超长列车时，必须取得列车调度员的命令准许，跨局 的超长列车还需得到国家铁路集团的命令。超长列车的运行办法由路局集团公司规定。

在行车作业中，列车长度虽未超过图定区段列车长度标准，但列车实际长度超过停放该列车的到发线有效长，也应按超长列车办理。

④ 欠轴列车。欠轴列车是指实际编成的列车重量按运行图规定的牵引定数欠 81 t 及以上，同时换长欠 1.3 及以上，且连续运行距离超过规定机车乘务区段的 1/2 的货物列车。

编组欠轴列车浪费机车牵引力，一般情况下不准开行欠轴列车。遇必须开行欠轴列车时，亦应得到列车调度员的命令准许。跨局的欠轴列车要经国铁集团批准，并收到准许欠轴的调度命令方可开行。

知识链接：摘挂列车、小运转列车、固定车底循环使用的列车、快运货物列车、空货物列车、军用列车、限速列车等不受欠轴限制，但上述列车超重或超长时仍按有关规定办理。

知识点二　禁止编入列车的机车车辆

编组列车时，对所编挂的机车车辆，在技术条件上必须符合规定标准，根据《铁路技术管理规程》第 249 条规定，凡属于下列情况之一的机车车辆，禁止编入列车。

（1）插有扣修、倒装色票的及车体倾斜超过规定限度的车辆。

货车插有“色票”，是表示该车辆定检到期或技术状态不良，需要进行检修。

凡经检车人员检查确定，因技术状态不良或定检到期需要扣修的车辆，或重车因技术状态不良需倒装而进行摘车修理时，检车人员应在该车的表示牌框内，插上相应的色票。插有色票的车辆，一律不准使用。各种色票的插、撤，只能由列检人员进行，其他人员不得任意插撤。列检人员在插撤色票的同时，要向车站发出“车辆检修通知书”。车站应按通知书要求送往指定地点。

车体倾斜，是指车辆一侧或一端倾斜。车体倾斜的原因很多，一般是由于车体结构松弛、弹簧衰弱或货物装载发生偏重、集重及超重等原因造成。车体倾斜可能使弹簧折断或车辆燃轴，若发现不及时则可能造成热切，致使车辆脱轨颠覆，造成严重损失。此外，车辆倾斜超过限度，也可能侵入限界与信号设备、建筑物或邻线机车车辆接触，危及行车安全。因此，客车倾斜超过 50 mm、货车超过 75 mm 者禁止编入列车。

（2）曾经发生冲突、脱轨、火灾、爆炸或曾编入发生特别重大、重大、较大事故列车内以及在自然灾害中损坏，未经检查确认可以运行的车辆。

这些车辆经过激烈冲撞，其主要部件、零件，如转向架、轮对、轴箱、车钩及车底架等可能存在隐患，如不经列检细致检查，并确定对行车无妨碍就编入列车，将严重威胁运行安全。

（3）装载货物超出机车车辆限界，无挂运命令的车辆。

一件货物装车后，在平直线路上停留时，货物的高度和宽度有任何部位超过机车车辆限界或特定区段装载限界的，称为超限货物。

在平直线路上停留虽不超限，但行经半径为 300 m 的曲线线路时，货物内侧或外侧的计算宽度（已经减去曲线水平加宽量 36 mm）仍然超限的，亦为超限货物。

车站在挂运超限车以前，由车站值班员或车站调度员将批示命令号码、车种、车号、到站、超限等级等事项报告调度所，以便纳入日班计划。调度所在挂运超限车以前，将管内具体运行条件以调度命令下达有关站段，以便做好准备工作。发站、中转站的车站值班员应将调度命令交给列车乘务员。挂有超限车的列车，应按《站细》规定的线路通过。运行上有限速等限制条件的超限车辆，除有特别指示外，禁止编入直达、直通列车。

没有调度命令的超限车，禁止挂运。

相关事故：20××年 7 月 2 日 20 时 51 分，A 车站编组始发 41034 次货物列车，列车中编挂有装载一级超限货物的车辆 1 辆，由于 A 站当班作业人员与列车调度员之间联系不彻底，军特运调度员未向列车调度员送交《超限超重车辆挂运通知单》，列车调度员不清楚列车中挂有装载超限货物车辆未下发调度命令；造成 41034 次超限货物列车无调度命令开车。构成铁路交通一般 C18 类事故。

（4）装载跨装货物（跨及两平车的汽车除外）的平车，无跨装特殊装置的车辆。

跨装特殊装置是指车辆与货物间的转向特殊装置（货物转向架）及车辆与车辆间的车钩缓冲停止器（卡铁）。

为使跨装货物的车辆能灵活地通过曲线，必须在车辆与货物之间使用特殊装置——货物转向架。同时，为了防止因车钩弹簧压缩、伸张而造成货物的窜动，在货物跨装的车辆与车辆之间还必须使用车钩缓冲停止器。若无特殊装置，列车通过曲线或坡道地段则可产生移动，从而引起不良后果。

（5）平车及敞车装载货物违反装载和加固技术条件的车辆。

货物装载和加固必须保证能经受正常调车作业及列车运行中的冲击，以保证货物在运输的全过程中，不致发生移动、滚动、倾覆、倒塌或坠落等情况。为此，平、敞车装载的货物，必须符合《铁路货物运输规程》中“货车装载加固技术条件”的要求。

相关事故：20××年 7 月 13 日 20 时 53 分，29008 次列车从甲铁路局 A 站始发，运行至 B 站至 C 站区间时，机后第 11 位平车前端装载的转盘传动装置（石油钻井设备）的输出传动箱向运行方向右侧转动倒下，最外方超出车辆边梁 1800 mm，最低处距轨面高 440 mm。22 时 14 分左右，倒下的部件开始打坏铁路设备，打死、打伤沿线坐卧乘凉及行走人员。22 时

35 分 29008 次列车通过 D 站时，车站值班员袁某某接车发现异常，立即用对讲机呼叫司机停车。从第一打击点到停下，事故车辆共走行了 21.479 km，在 16.34 km 范围内的 5 座桥和线路上，造成 38 人伤亡，其中行人死亡 1 人、轻伤 2 人，桥上坐卧乘凉的村民死亡 21 人、重伤 2 人、轻伤 12 人；造成货物和铁路沿线工务、电务设备损坏等直接经济损失 34.61 万元，构成重大路外伤亡事故。

事故原因：本事故是一起因托运人伪报货物品名，遗漏货物特别是关键部件的重要情况，没有提报装载加固资料，没有对货物活动部件进行加固，承运人违章受理货运计划，未核对实际货物与品名是否相符，未核实有无装载加固方案，违章放行名实不符、无装载方案的货物车辆造成的责任事故。

（6）未关闭侧开门、底开门以及平车未关闭端、侧板的（有特殊规定者除外）车辆。

未关端、侧板或侧开门的车辆，在运行中侧板与侧开门可能掀动或摇晃，甚至超出机车车辆限界，威胁线路附近设备和人员的安全。一旦端、侧板或侧门脱落，还可能导致列车脱轨，甚至颠覆。底开门不关闭，容易刮坏道岔，甚至脱落。每一底开门为两个扣铁，如只用一个扣铁关闭底开门，经过震动底开门仍可能开放，使货物散落而引起车辆脱轨。

（7）由于装载的货物需要停止自动制动机的作用，而未停止的车辆。

根据装载的货物性质（易燃、易爆）要求关闭自动制动机，是考虑在列车制动时，防止车轮踏面与闸瓦摩擦发热，产生高温或迸发火星。特别是在长大下坡道上，制动时间过长，闸瓦处于高热状态，如不停止自动制动机，车辆中装有的爆炸品或怕受高温的货物，有可能引燃或引爆。

（8）企业自备机车、车辆、自轮运转特种设备和城市轨道车辆、进出口机车车辆过轨时，未经铁路机车车辆人员检查确认的。

企业自备机车、车辆、自轮运转特种设备的技术标准，是由各企业根据本单位的作业特点而制定的，其维修、养护皆不如铁路严格。所以企业自备机车、车辆、自轮运转特种设备过轨编入铁路列车运行时，须经铁路机车车辆部门鉴定，按铁路标准加以检查确认，才能保证安全。

（9）缺少车门的（检查回送车除外）车辆。

缺少车门的车辆不能保证安全，因此亦禁止编入列车。

（10）超过定期检修期限的客车车辆（经车辆部门鉴定的回送客车除外）禁止编入旅客列车。

典型工作任务 2　货物列车中车辆的编挂

3.2.1　工作任务

有一编成货物列车的部分编组顺序如表 3-1 所示，试找出该列车中，哪些车辆编挂位置不符合《铁路技术管理规程》的规定。

表 3-1　货物列车部分编组顺序

<u>乙</u>站编组<u>丙</u>站终到<u>2016</u>年<u>4</u>月<u>23</u>日<u>20</u>时<u>32</u>分<u>40101</u>次列车

自首尾（不用字抹消）　　　　　　制表者　　　　　　　　　检查者

顺序	车种	罐车油种	车号	自重	换长	载重	到站	货物名称	发站	篷布	收货人或卸线	记事
1	C_{62}		4135545	21	1.2		A	空				
2	P_{60}		3067789	23	1.5	40	D	原木	乙			
3	P_{60}		3067632	23	1.5	45	F	原木	乙			关门车
4	GQ_{70}	轻油	0915531	23.4 t	1.1	70t	G	煤油	乙站			易燃
5	GQ_{70}	轻油	0915503	23.4 t	1.1	70t	G	煤油	乙站			易燃
6	P_{60}		3089253	23	1.5	58	H	硝酸	乙站			爆炸品

<table>
<tr><td colspan="17">自编组站出发及在途中摘挂后列车编组</td></tr>
<tr><td rowspan="3">站名</td><td colspan="5">客　车</td><td colspan="4">货　车</td><td rowspan="3">其他</td><td rowspan="3">合计</td><td rowspan="3">自重</td><td rowspan="3">载重</td><td rowspan="3">总重</td><td rowspan="3">换长</td><td rowspan="3">铁路篷布合计</td></tr>
<tr><td rowspan="2">合计</td><td colspan="4">其　中</td><td rowspan="2">重车</td><td rowspan="2">空车</td><td rowspan="2">非运用车</td><td rowspan="2">其中代客</td></tr>
<tr><td>原编组客车</td><td>担当局</td><td>加挂客车</td><td>担当局</td></tr>
<tr><td></td><td></td><td></td><td></td><td></td><td></td><td></td><td></td><td></td><td></td><td></td><td></td><td></td><td></td><td></td><td></td><td></td></tr>
<tr><td></td><td></td><td></td><td></td><td></td><td></td><td></td><td></td><td></td><td></td><td></td><td></td><td></td><td></td><td></td><td></td><td></td></tr>
<tr><td></td><td></td><td></td><td></td><td></td><td></td><td></td><td></td><td></td><td></td><td></td><td></td><td></td><td></td><td></td><td></td><td></td></tr>
</table>

到达时间　　月　　日　　时　　分　　　　　　交接时间　　时　　分　　车长签字

3.2.2　任务目标

1. 知识目标

理解并识记《铁路车辆编组隔离表》，掌握机械冷藏车、轨道起重机的编挂要求，理解并识记关门车的编挂规定。

2. 能力目标

能够正确判断编成列车中装载危险、易燃货物的车辆的编挂位置、隔离车数是否正确；能够判断编成列车中冷藏车、轨道起重机、关门车的编挂位置和数量是否符合《技规》规定。

3. 素质目标

培养学生严谨认真的工作作风，牢固树立“敬畏责任，敬畏规章”“安全生产”的理念。

3.2.3 相关配套知识

知识点一　装载危险、易燃货物车辆的编挂要求

危险货物是指具有爆炸、易燃、毒害、感染、腐蚀、放射性等危险特性，在运输、储存、生产、经营、使用和处置中，容易造成人身伤亡、财产损毁或环境污染而需要特别防护的物质和物品。

易燃货物是指遇明火或受高温容易引起燃烧和造成火灾的货物。易燃普通货物品名见表3-2。

表 3-2　易燃普通货物品名表

顺号	品名
1	《危险货物品名表》规定之外的籽棉，皮棉，木棉，黄棉花，废棉，飞花，破籽花
2	《危险货物品名表》规定之外的各种麻类和麻屑
3	麻袋（包括废、破麻袋），各种破布，碎布，线屑，乱线，化学纤维
4	牧草，谷草，油草，蒲草，羊草，芦苇，荻苇，玉米棒（去掉玉米的），玉蜀黍秸，豆秸，秫秸，麦秸，蒲叶，烟秸，甘蔗渣，蒲棒，蒲棒绒，芒杆，亚麻草，烤烟叶，晒烟叶，棕叶以及其他草秸类
5	葵扇（芭蕉扇），蒲扇，草扇，棕扇，草帽辫，草席，草帘，草包，草袋，蒲包，草绳，芦席，芦苇帘子，笤帚以及其他芦苇、草秸的制品
6	干树皮，干树枝，干树条，树枝（经脱叶加工），带叶的竹枝，薪柴（劈柴除外），松明子，腐朽木材（喷涂化学防腐剂的除外）
7	刨花，木屑，锯末
8	纸屑，废纸，纸浆，柏油纸，油毡纸
9	炭黑，煤粉
10	粮谷壳，花生壳，笋壳
11	羊毛，驼毛，马毛，羽毛，猪鬃以及其他禽兽毛绒
12	麻黄、甘草

注：① 用敞、平、砂石车装运易燃普通货物时，应用篷布苫盖严密。在调车或编入列车时，应进行隔离。但对干树皮、干树枝、干树条和带叶的竹枝，由于其干湿程度、带叶多少不同，应否苫盖篷布，由发站根据气温和运输距离在确保运输安全的原则下负责确定。
② 腐朽木材喷防火涂料或采取其他防火措施后，可不苫盖篷布。
③ 本表未列的品名，是否也属于易燃普通货物，由发站报铁路局确定。
④ 以易燃材料做包装、捆扎、填塞物，以竹席、芦席、棉被等苫盖的非易燃货物，以及用木箱、木桶、铁桶包装的易燃货物，均按普通货物运输。以敞车装运时，是否应苫盖篷布，由发站和托运人根据货物的运输安全情况共同负责确定。并在运单托运人记事栏内注明。

由于危险易燃货物遇高热、摩擦、冲击或其他物质接触而有剧烈反应，容易引起燃烧、爆炸，侵入人体造成中毒或伤亡等危害。货物列车编组时，对遇装载危险、易燃货物的车辆时，除应严格按照编组计划、列车运行图规定编组外，还应按规定进行隔离。

装载危险及易燃货物车辆在运输中须采取隔离措施，其编入列车的隔离办法，按国家铁路集团《危险货物运输规则》规定办理，具体隔离辆数见表 3-3。

表 3-3　铁路车辆编组隔离表

货物种类（品名编号）		隔离标记	隔离对象：距牵引的内燃电力机车推进运行或后部补机及使用火炉的车辆	距乘坐旅客的车辆	距离装载雷管及导爆索（11001 11002，11007，11008）的车辆 △7	距离装载除雷管及导爆索以外的爆炸品的车辆 △8	距装载易燃普通货物的敞车、平	距装载高出车帮易窜动的货物的车辆	备　注
			最少隔离辆数						
气体（含空罐车）	易燃气体 非易燃无毒气体 毒性气体	△1	4	4	4	4	2	2	运输气体类危险货物重、空罐车时，每列编挂不得超过 3 组，每组间的隔离车不得少于 10 辆
一级易燃液体 一级易燃固体 一级易于自燃的物质 一级氧化性物质 有机过氧化物 一级毒性物质（剧毒品） 一级酸性腐蚀性物质 一级碱性腐蚀性物质 一级其他腐蚀性物质		△2	2	3	3	4	2		运输原油时，与机车及使用火炉的车辆可不隔离。运输硝酸铵时，与机车及使用火炉的车辆隔离不少于 4 辆
放射性物质（物品）（矿石、矿砂除外）		△3	2	4	×	×	2	1	×标记表示不能编入同一列车
七〇七	一级	△4	4	4	4	4	4	2	一级和二级编入同一列车时，相互隔离 2 辆以上，停放车站时相互隔离 10 m 以上，严禁明火靠近
	二级	△5							
敞、平车装载的易燃普通货物及敞车装载的散装硫磺		△6	2	2	2	2			装载未涂防火剂的腐朽木材的车辆，运行在规定的区段和季节须与牵引机车隔离 10 辆，如隔离有困难时，各铁路局与邻局协商规定隔离办法

爆炸品	雷管及导爆索(11001,11002,11007，11008)	△7	4	4		4	2	2	
	除雷管及导爆索以外的爆炸品	△8	4	4	4		2	2	

注：① 小运转列车及调车隔离规定，由铁路局自行制定。

② 有△(丰)标记的车辆与装载蜜蜂的车辆运输时按有关规定办理。

③ 空罐车可不隔离（气体类危险货物除外）

隔离的作用：一是使易燃、易爆物品与火源隔离；二是万一发生意外时，能尽量减少或避免扩大损失，如爆炸品与机车、搭乘旅客的车辆实行隔离，爆炸品与放射性物品不准编入同一列车等。

小运转列车的机车及调车机车运行距离较短，加之各铁路局集团公司设备条件、气候条件等差异很大，所以，在保证安全的前提下，小运转及调车作业时隔离由铁路局规定。

为防止装载蜜蜂的车辆在列车中挂运位置失当造成蜜蜂死亡，在编组或改编列车时，装有蜜蜂的货车不得与整车装运的敌敌畏、六六六、1065、1059、农药车（即标有△的车）编挂在同一列车内。如车流不足，分别挂运有困难时，蜜蜂车应挂在农药车前部，并隔离四辆及其以上。

对装载散装石灰、粉末沥青及恶臭货物（如氨水、碳氨、六六六、粪干、兽骨、湿的毛皮等）的敞、平车辆编入列车时，其具体编挂位置由列车调度员指定。

相关铁路运输事故：

1. 扎实的专业知识基础是保证运输安全的必要条件

事故 1：20× ×年 6 月 3 日，甲局集团公司 A 站和 B 站装运的 2 车皮棉在 C 站卸车后堆放在货场仓库内时发生自燃。

事故原因分析：根据现场调查和公安调查结论，排除外来火源和卸车作业带入火种引燃棉包。根据皮棉在一定温度、湿度条件下，微生物发酵积热不散达到其自燃点可导致自燃的特性，以及现场发现两件皮棉仍在内部阴燃的情况，认定原因为皮棉自燃。

事故 2：20× ×年 4 月 22 日 19 时 03 分，甲局集团公司 A 站装运的 1 车皮棉运行至乙局集团公司某区间，会车时邻线列车司机发现该车冒烟。20 时 18 分该车到达前方站，车站及时通知消防人员，采取了初步应急处置后，4 月 23 日 2 时 09 分将该车送入 B 站货场卸车，构成铁路交通一般 C 类（C3）事故。

事故原因分析：装车站装车时周围环境温度过高，装车后货物距车顶未留有适当的空间，造成积热。

事故 3：20× ×年 5 月 12 日，甲局集团公司 A 站接轨专用铁路装运的原煤途中冒烟。

事故原因分析：该批煤炭为印尼进口煤炭，具有含硫高、容易积热发热冒烟的特征，且存在装车前局部摊晒不到位、测温检查不仔细的问题，导致货物装车后在运输途中发生局部积热冒烟问题。

总结：作为一名合格的铁路职工，一定要认真学习并掌握专业知识，刻苦钻研业务，熟记本岗位的作业标准和应知应会，熟练掌握操作技能，不断提高自身业务素质，才能恰当应对处理种类繁多的铁路运输的货物，适应形势发展的要求，保证铁路运输安全生产。

2. 安全意识时刻不放松

（1）事故概况：

20××年8月2日凌晨2时17分，A站站内一辆停靠的X318次货运列车车厢发生燃爆，如图3-3所示。该列车途经停靠A站时，于2时17分、38分先后两次发生燃爆，致车站作业人员、候车旅客7人受轻微伤。

图 3-3　货运列车燃爆事故

（2）原因分析：

发生燃爆的系该次列车第5号车厢，车厢内混装有汽车配件及化妆品、农药、电池、医药纸箱等物品。经甲局集团公司警方调查查明，X318次货运列车燃爆系甲物流有限公司违规匿名托运易燃化工品，运输途中发生泄漏，引发爆炸。

（3）总结：

我国铁路运输具有铁路点多、线长、多工种协同作业的特点，是一部环环相扣的大联动机，安全风险无时不在、无处不有，任何一个环节、人员的疏漏都有可能引发一场灾难，每位铁路职工都要时刻绷紧安全弦，所有职工都尽职尽责才能长久地守护铁路运输的安全。

知识点二　轨道起重机、机械冷藏车组的编挂

1. 轨道起重机的编挂

（1）须有编挂的调度命令。

（2）凡符合运输条件的一律挂于列车中部或后部。

原因是轨道起重机不起制动作用，重心高、车钩无缓冲装置、起重臂又有横向摆动，走行部分不如货车稳定。

（3）回送轨道起重机时，须由机务段（出厂时由承修厂）负责技术检查，填写轨道起重机回送状态鉴定书，向车站办理回送手续。

（4）轨道起重机回送限制速度按照《技规》有关规定执行，《技规》规定以外的按设计文件要求速度回送。

2．机械冷藏车组的编挂

因机械冷藏车组有各种机械设备和管道，发生冲动时易损坏，应尽量挂于列车中部或后部。

知识点三　关门车的编挂

关门车是指关闭制动支管上的截断塞门，本身失去制动力的车辆，包括因装载货物性质的要求需停止自动制动机作用和因自动制动机临时发生故障而停止自动制动机的车辆。

知识拓展：截断塞门和折角塞门的区别

（1）位置。

折角塞门：主动主管上。

截断塞门：制动支管上。

（2）关闭的后果。

关闭折角塞门：其后所有车辆全部失去制动力。

关闭截断塞门：本辆车失去制动力。

为保证列车在实施制动时有足够的闸瓦压力，以确保列车在规定的制动距离内停车，列车中的机车和车辆的自动制动机，均应加入全列车的制动系统。编挂关门车时，应满足货物列车每百吨列车重量闸瓦压力不低于总公司规定的最低数值。

1．列车中关门车的编挂数量

3-2-1 关门车的编挂要求

货物列车中因装载的货物规定需停止制动作用的车辆，自动制动机临时发生故障的车辆，准许关闭截断塞门（简称关门车），但列检作业场所在站编组始发的列车中，不得有制动故障关门车。编入列车的关门车数不超过现车总辆数的 6%（尾数不足一辆按四舍五入计算）时，可不计算每百吨列车重量的换算闸瓦压力，不填发制动效能证明书；超过 6%时，按《技规》第 261 条规定计算闸瓦压力，并填发制动效能证明书交与司机。在有列检所的车站，由列检人员负责计算；无列检所时，由铁路局指定部门办理。

知识拓展：

每百吨列车重量换算闸瓦压力的计算方法如下。

旅客列车的每百吨列车重量换算闸瓦压力计算时需包括机车重量及机车换算闸瓦压力，具体公式为

$$\text{每百吨列车重量的换算闸瓦压力}=\frac{\text{全列车换算闸瓦压力总值}+\text{机车换算闸瓦压力}}{\text{列车重量}+\text{机车重量}}\times 100\ (\text{kN})$$

货物列车的每百吨列车重量换算闸瓦压力计算时不包括机车重量及机车换算闸瓦压力，具体公式为

$$\text{每百吨列车重量的换算闸瓦压力}=\frac{\text{全列车换算闸瓦压力总值}}{\text{列车重量}}\times 100\ (\text{kN})$$

2. 列车中关门车编挂位置

为保证列车运行安全，列车必须有充分可靠的制动性能，因此规定了列车中对车辆制动机关门的限制。

（1）关门车不得挂于机车后部三辆车之内。

（2）在列车中连续连挂关门车不得超过两辆。

（3）列车最后一辆不得为关门车。

（4）列车最后第二、三辆不得连续关门。

列车能否形成紧急制动，取决于列车制动主管的减压速度。机车后部三辆车之内编挂关门车，虽然能通风，但进行紧急制动时，由于管路长，延迟了紧急制动作用，从而延长了制动距离，容易发生危险。当列车制动时，在列车尚未停轮前，各车辆之间产生瞬间冲动、冲挤现象，关门车本身不制动，冲挤比较激烈，如关门车连续连挂过多，就很有可能因制动冲挤而造成脱轨、断钩、脱钩等事故，故连续连挂以两辆为限。列车最后一辆不得为关门车，列车最后第二、三辆不得连续关门，是为了保证一旦尾部车辆脱钩后，脱钩车辆能够自动停车。

（5）对于不适于连挂在列车中部但走行部良好的车辆（如制动主管故障、通风不良、一端车钩损坏，但走行部良好的车辆），经列车调度员准许，可挂于列车尾部，以一辆为限，如该车辆的自动制动机不起作用时，须由车辆人员采取防止车钩分离的安全措施，保证不致脱钩。

3. 旅客列车、特快货物班列中关门车的编挂

旅客列车、特快货物班列不准编挂关门车。在运行途中（包括在站折返）如遇自动制动机临时故障，在停车时间内不能修复时，准许关闭一辆，但列车最后一辆不得为关门车，120 km/h 速度等级及编组小于 8 辆的 140 km/h、160 km/h 速度等级列车应按规定关门时需限速运行，车辆乘务员须向司机递交限速证明书。

编有货车的军用列车、路用列车编挂关门车时，除有特殊规定外，执行货物列车的规定。

相关事故：执行规章不打折扣，加强互控不留死角

（1）事故概况。

2016 年 3 月 3 日，因 10883 次列车超长 2.0，西安局安康车务段宣汉站按照列车调度员安排进行减轴作业，9 时 37 分开始进行尾部摘车，10 时 13 分甩车后，车站作业人员对列车最后一辆 JSQ57300122 关门车未检查发现导致列车开出。11 时 45 分，列车自达州站交入成都局，达州站发现列车最后一辆为关门车进行倒编组作业，13 时 25 分列车达州站开车，影响本列 1 小时 40 分。构成铁路交通一般 D10 类事故。

（2）原因分析。

① 基本规章执行不到位。《技规》第 262 条对如何确认关门车有具体的规定，但是连结员在执行中“走样”。没有通过截断塞门位置判断车辆是否为关门车，仅仅拉了一下车辆的排风杆，发现副风缸有排风现象，臆测尾部最后一辆车不是关门车，盲目汇报“关门车符合规定”。严重违反《技规》第 262 条关于“关门车”界定和检查截断塞门判断是否为“关门车”的规定。

② 班中互控不力。信号员、调车长、连结员对 10883 次尾部甩车作业及列尾安装作业时，车站值班员没有通知车站管理干部上岗监控等一系列违章违纪不闻不问，相互间没有主动提醒和制止，错失了防止事故发生的有利时机。

（3）总结。

安全规章制度与标准安全法规血写成，违章害己害亲人。规章制度是大量事故集成的教训，是安全生产的依据、标尺、准绳。执行规章制度时绝不可主观、大意，“我觉得”“我认为”“我一直都是这么做的”绝对要不得，执行规章制度要认认真真、不折不扣。遵章是安全的先导，违章是事故的预兆。

典型工作任务3　列车中机车的编挂及单机挂车

3.3.1　工作任务

（1）结合生活经验说说你见过的列车中机车编挂在什么位置，你还知道哪些列车中机车的编挂位置，并尝试说明机车编挂于列车中不同部位各自的原因。

（2）什么是单机走行，生活中你见过单独运行的机车吗？

3.3.2　任务目标

1. 知识目标

掌握列车中工作机车的编挂规定，掌握回送机车的编挂规定，理解并识记单机挂车的规定。

2. 能力目标

能够正确判断编成列车中工作机车、回送机车编挂位置是否恰当，正确处理单机挂车。

3. 素质目标

培养严谨踏实的工作作风，提高安全意识，培养安全责任。

3.3.3　相关配套知识

知识点一　工作机车的编挂

担任牵引列车的机车为工作机车，包括本务机车及补助机车（简称补机）。工作机车编入列车时应遵守如下规定：

（1）工作机车应挂于列车头部，正向运行（牵引小运转、路用、救援列车的机车除外）；无转向设备的，可逆向运行。

工作机车应挂于列车头部，正向运行。因为机车在设计和制造时，其技术性能和作业条件主要是按正向运行考虑的。这便于乘务员瞭望，保证行车安全，又能充分发挥机车的最大牵引效能。

牵引小运转、路用列车的机车，由于路程短、牵引定数少、运行速度低，未设双向操纵台时，可以逆向牵引运行。对某些区段列车，如其终到站没有转向设备者，也可逆向运行。

（2）双机或多机牵引时，本务机车的职务由第一位机车担当。

为增加全区段牵引重量，提高本区段通过能力或适应全线的牵引定数，可使用双机或多机牵引列车。双机牵引时，两台机车应重联挂于列车头部，本务机车的职务由第一位机车担当，第二位机车应根据第一位机车的要求进行操纵。

（3）补机原则上应挂于本务机车的前位或次位，在特殊区段或需途中返回时，经铁路局批准，可挂于列车后部，如后部补机不接软管时，由铁路局规定保证安全办法。

在个别线路纵断面困难的区间，为了不降低区段列车牵引重量，可以加挂补机。补机原则上挂于本务机车的前位或次位，主要是便于彼此联系、配合，防止发生挤坏车辆或断钩事故。如补机挂于列车头部，所属补机也应该执行本务机车的职务。这样有利于司机瞭望和操纵列车，对列车平稳运行，防止事故均有好处。在特殊区段或补机需途中返回时，经铁路局批准，可将补机挂于列车后部，但应接通软管，加强相互间的联系与配合，做到同步操作以及列车平稳运行，保证列车安全。对需要途中返回的补机（包括越过一个区间），可不连结软管，以避免区间停车摘管造成列车起动困难或降低通过能力，此项行车办法和安全措施由铁路局规定。

知识点二　回送机车的编挂

机车因配属、局间调拨或入厂、段检修以及检修完毕后返回本段等原因，产生机车回送。回送机车编入列车时应遵守《技规》第 257 条规定：

（1）铁路局所属的内燃机车回送时，原则上采用有动力方式。为充分利用区间通过能力，内燃机车在保证供给燃料的情况下，应尽量有动力回送。

（2）电力机车跨交路区段回送时，原则上采用无动力方式。

回送机车在交路区段外单机运行时，应派带道人员添乘。为保证电力机车回送安全，电力机车跨交路区段回送，考虑接触网、LKJ 数据以及司机对线路的熟悉程度，应采取无动力方式；电力机车在本机车交路区段内回送，不作统一规定。回送机车在乘务交路区段以外单机运行时，由于乘务员不熟悉该区段线路的坡道、曲线及有关行车设备情况，故须由担任该区段机车运用的机务段派出带道人员添乘，以确保列车安全正点。

（3）铁路局所属的机车附挂回送时，原则上附挂货物列车；走行部和制动装置良好的客运机车（出入厂、段的修程机车除外）需附挂旅客列车跨铁路局回送时，按铁路总公司调度命令办理。

（4）回送机车，应挂于本务机车次位，挂有重联机车时为重联机车次位。因为机车重量大，如挂于列车中部或后部，在列车制动时，容易加剧冲动。遇列车紧急制动时，还可能将其前位的车辆挤坏，所以应挂于本务机车（重联机车）次位。

（5）受机车制动条件限制，20‰及以上坡道的区段，禁止办理机车专列回送。

（6）回送铁路救援起重机，应挂于列车后部。铁路救援起重机的回送时应按《技规》规定的限制速度回送，《技规》中未作规定的按设计文件要求速度回送。

铁路救援起重机回送前，回送单位应做好技术检查和整备工作。路外单位托运起重机前，应由铁路部门鉴定，无技术鉴定书时不能办理托运。考虑到铁路救援起重机自重大、制动快，规定挂于列车后部以减轻列车制动时产生的纵向冲动。考虑到铁路救援起重机重心偏高、起重臂的横向摆动大、走行部分的性能限制等因素，规定了不同的回送限制速度，《技规》未明确规定回送限制速度的按设计文件要求速度回送。

知识点三 单机挂车

单机是指未挂车辆而在线路上运行的机车。

单机挂车是指掌握机车运用的调度人员为充分利用机车动力和区间通过能力、加速车辆周转，在保证安全的前提下，利用顺路单机连挂车辆的一种作业。考虑到单机在防护、瞭望、交接等方面存在诸多不便，同时还要照顾单机运转时分及机车运用情况等因素，所以，对单机挂车应严格限制。

单机挂车的辆数，线路坡度不超过 12‰的区段，以 10 辆为限；超过 12‰的区段，由铁路局规定。

单机挂车时，应遵守《技规》第 258 条规定：

（1）所挂车辆的自动制动机作用必须良好，发车前列检（无列检时由车站发车人员）按规定进行制动试验。为了保证单机运行时有足够的闸瓦压力，全部车辆的自动制动机作用必须良好，不准编挂“关门车”，并在发车前做好制动试验。

（2）为了保证货物在运行途中的完整和行车安全，明确交接责任，连挂前按规定彻底检查货物装载状态，并将编组顺序表和货运单据交与司机。

（3）在区间被迫停车后的防护工作由机车乘务组负责，开车前应确认附挂辆数和制动主管贯通状态是否良好。

（4）列车调度员应严格掌握，不得影响机车固定交路和乘务员劳动时间。

（5）不准挂装载爆炸品、超限货物的车辆。爆炸品危险性较大，运行上要求隔离，超限货物在运行条件上有很多限制，司机在进行乘务工作的同时难以全面照顾，因而规定单机挂车不准挂装载爆炸品、超限货物的车辆。

单机挂车时，可不挂列尾装置。单机挂车时因所挂车辆较少，且开行单机车次，因此可不挂列尾装置。在这种情况下，车站接发列车时，应有确认完整到达的办法，并于发车后通知邻站，以确保运行安全。

典型工作任务 4 旅客列车中车辆的编挂

3.4.1 工作任务

现行《铁路技术管理规程》第 251 条规定：“旅客列车、回送客车底不准编挂货车，编入的客车车辆最高运行速度等级必须符合该列车规定的速度要求”，旧版《铁路技术管理规程》第 192 条规定：“特快旅客列车不准编挂货车，编入的客车车辆最高运行速度等级必须符合该列车规定的速度要求。其他旅客列车原则上不准编挂货车，在特殊情况下，局管内旅客列车经铁路局准许，跨局的旅客列车经铁道部准许，方可加挂，但不得超过 2 辆。加挂货车的技术状态和最高运行速度，须符合该列车规定速度要求”。

（1）对比新旧规定，说明旅客列车中编挂货车的先后变化，并思考变化背后的原因。

（2）现行《技规》规定旅客列车中禁止编挂货车，那么货物列车中可以编挂旅客列车吗？

3.4.2 任务目标

1. 知识目标

掌握动车组以外的旅客列车中车辆的编挂规定及与机车隔离的规定；掌握《技规》中对客车编入货物列车的规定；掌握动车组的编挂规定。

2. 能力目标

能够正确判断编成旅客列车中车辆编挂、车门状态是否要求；判断客车编入货物列车、动车组的编挂是否符合《技规》要求。

3. 素质目标

培养严谨踏实的工作作风，提高安全意识，培养安全责任。

3.4.3 相关配套知识

知识点一　动车组以外的旅客列车中车辆的编挂规定

（1）动车组以外的旅客列车按列车编组表编组，机车后第一位编挂一辆未搭乘旅客的车辆作为隔离车。行李车、邮政车、发电车等非乘坐旅客的车辆应分别挂于机车后第一位和列车尾部，起隔离作用。列车发生冲突或脱轨事故时，靠近机车的车辆一般受害较大。另外机车是运输的动力，应避免闲人接近。

（2）在装设集中联锁的区段，并设有列车运行监控装置时，旅客列车可不挂隔离车。如隔离车在途中发生故障摘下时，可无隔离车继续运行。局管内旅客列车经铁路局长批准，可不隔离。军用列车的编组，按有关规定办理。

相关事故：2020 年 3 月 30 日 11 时 40 分，受连日降雨影响，京广线马田墟至栖凤渡站下行区间发生线路塌方，T179 次（济南至广州）列车运行至该区段时，火车司机发现后立即采取紧急制动措施，列车撞上塌方体，导致机后第一节发电车起火（见图 3-4），第二至六节车厢脱线倾覆。

本务后第一节为空调发电车。20 世纪 80 年代客运列车多发事故，机车后首节车厢伤亡较大，铁路部门大量推行了机车后首节不载客的做法。尽管如今并非强制，但我们可以看到 T179 列车两端分别是 KD（空调发电车）和 XL（行李车）。D25K 在脱轨后起火（空调发电车本身是柴油发电车，装载有柴油），已经被扑灭。所幸第一节为空调发电车，减少了部分人员伤亡。

图 3-4　2020 年京广线列车脱轨事故

延伸思考：查阅 1993 年京广线列车追尾事故，假想该事故中追尾的旅客列车机车后部编挂一辆不搭乘旅客列车的客车，事故结果会有什么不同。

（3）旅客列车、回送客车底不准编挂货车，编入的客车车辆最高运行速度等级必须符合该列车规定的速度要求。

旅客列车、回送客车底运行速度高，安全条件要求比较严，牵引重量比较小，且货车每辆闸瓦压力比客车小，会使全列车制动力减弱，降低规定的运行速度，在列车制动时还会引起冲动。同时，部分动车组以外的旅客列车还要在高速铁路运行，安全要求高，所以规定所有旅客列车均不准编挂货车。

为保证旅客安全，旅客列车中乘坐旅客的车辆，与机车相连接的客车端门及编挂在列车尾部的客车后端门必须加锁。为避免动车组列车司机的工作受干扰，动车组列车驾驶室与旅客乘坐席间的门须锁闭。

（4）旅客列车中，与机车相连接的客车端门及编挂在列车尾部的客车后端门须加锁。动车组列车驾驶室与旅客乘坐席间的门须锁闭。

知识点二　客车编入货物列车的规定

（1）客车编入货物列车回送时，客车编挂辆数不得超过 20 辆，应挂于列车中部或后部。因客车与货车车辆构造、车钩强度不同，对客车编入货物列车回送时的辆数予以限制，并限挂于列车中部或后部。

（2）由于密接式车钩的客车构造等原因，装有密接式车钩的客车原则上应附挂旅客列车回送。需附挂货物列车回送时，不得超过 10 辆，其后编挂的其他车辆不得超过 1 辆。允许密接式车钩的客车后编挂 1 辆其他车辆，主要考虑便于尾部加挂货车列尾装置等因素

（3）客车与平车、平集共用车以外的货车连挂时，不得与货车有人力制动机端连挂；客车与平车、平集共用车人力制动机端连挂时，平车、平集共用车的人力制动机不得使用，处于非工作状态。

客车与货车有人力制动机的一端连挂时，可能损坏客车风挡或货车闸台（平车、平集共

用车的人力制动机处于非工作状态时除外）；客车与平车、平集共用车人力制动机端连挂时，平车、平集公用车的人力制动机不得使用，处于非工作状态（折叠式人力制动机须处于折叠状态）。

（4）军用及其他对编挂位置有特殊要求的客车按有关规定办理。

知识点三　动车组列车编组要求

动车组为固定编组。单组动车组运用状态下不得解编，两组短编组同型动车组可重联运行。救援等特殊情况下，两组不同型号的动车组可重联运行。

动车组禁止加挂各型机车车辆（无动力调车时的调车机车、救援机车、无动力回送时的本务机车及回送过渡车除外）；动车组禁止编入其他列车。

超过检修期限的动车组禁止上线运行（经车辆部门鉴定的回送动车组除外）。

典型工作任务 5　列车中车辆的摘挂

3.5.1　工作任务

学习动车组以外的旅客列车的编挂规定、客车编入货物列车的规定、动车组的编挂规定。

3.5.2　任务目标

1. 知识目标

掌握动车组以外的旅客列车中车辆的编挂规定及与机车隔离的规定；掌握《技规》中对客车编入货物列车的规定；掌握动车组的编挂规定。

2. 能力目标

能够正确判断编成旅客列车中车辆编挂、车门状态是否要求；判断客车编入货物列车、动车组的编挂是否符合《技规》要求。

3. 素质目标

培养严谨踏实的工作作风，提高安全意识，培养安全责任。

3.5.3　相关配套知识

知识点一　连挂状态的确认

编成的列车需要确认机车车辆之间的连挂状态。

列车中相互连挂的车钩中心水平线的高度差（简称车钩的高度差）不得超过 75 mm。这个高度差是由车钩中心线距轨面最高（890 mm）、最低（815 mm），两者之差定出的。车钩的高度差，主要是由于车辆的空重、弹簧的强弱、车轮踏面的圆周磨耗、心盘垫板的厚薄，以及线路的状况等原因所造成的。

如果车钩高度差超过规定的范围，当列车运行至道岔、路基松软地段时，车辆上下颠簸，尤其在陡坡线路上，容易发生脱钩而造成列车分离，并且高差过大时，使车钩钩舌牵引面变小，承受不了牵引力，易发生断钩。

测量两车钩中心水平线高度差的方法如图 3-5 所示。当两车钩中心线的高度差超过 75 mm 时，必须查明原因，进行调整。无法调整时，应将该车摘下。

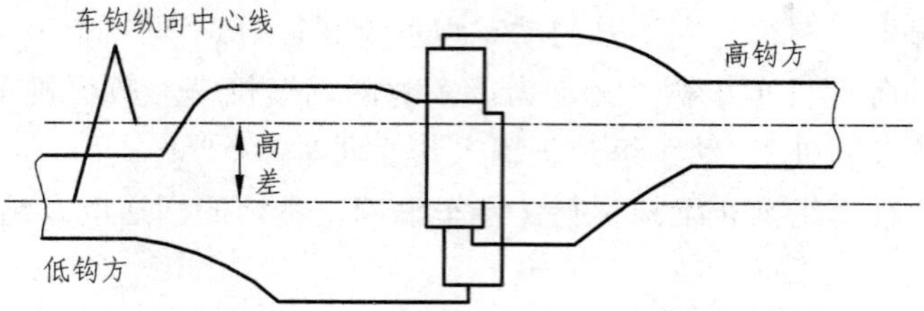

图 3-5　车钩中心水平线高度差示意图

知识点二　摘挂分工

车辆的摘挂主要包括车钩、制动软管的摘挂及摘结。随着新型车辆的采用，摘挂分工也增加了相应的内容，具体规定如下：

1. 车辆与车辆间的摘挂

（1）列车中车辆的连挂，由调车作业人员负责。软管的连结，有列检作业的始发列车由列检人员负责；无列检作业的，由调车作业人员负责。

（2）动车组采用机车调车作业时，随车机械师或动车段（所）胜任人员负责过渡车钩和专用风管的安装与拆卸、电气连接线的连结与摘解并打开车门，调车人员负责车钩连结与摘解、软管摘结。

（3）动车组无动力回送或被救援时，过渡车钩、专用风管的安装与拆年由随车机械师负责，司机配合。

2. 机车与车辆的摘挂

（2）列车机车与第一辆车的连挂，由机车乘务员负责。单班单司机值乘的由列检人员负责；无列检作业的列车，由车辆乘务员负责；无车辆乘务员的列车，由车站人员负责。

（3）列车机车与第一辆车的车钩摘解、软管摘结，由列检人员负责。无列检作业的列车，车钩、软管摘解由机车乘务员（单班单司机值乘的由车辆乘务员）负责，软管连结由车辆乘务员负责；无车辆乘务员的列车，由机车乘务员（单班单司机值乘的由车站人员）负责。

（4）列车机车与第一辆车电气连接线的连结与摘解由客列检作业人员负责，无客列检作业人员时，由车辆乘务员负责。

（5）货物列车本务机车在车站调车作业时，无论单机或挂有车辆，与本列的车辆摘挂和软管摘结，均由调车作业人员负责。

（6）旅客列车在途中摘挂车辆时，车辆的摘挂和软管摘结，由调车作业人员负责，密封风挡和电气连接线的连结与摘解由车辆乘务员负责，其他由列检作业人员负责，无列检作业人员时，由车辆乘务员负责，必要时打开车门，以便于调车作业。

（7）装有密接式车钩的客车车辆摘挂时，过渡车钩的安装与拆卸由列检人员负责，无列检人员时由车辆乘务员负责。

（8）列车机车与动车组过渡车钩的连结与摘解、软管摘结、电气连接线的连结与摘解，由随车机械师负责。

典型工作任务 6　列尾装置的摘挂及运用

3.6.1　工作任务

认识列尾装置，学习列尾装置的作用及其摘挂规定。

3.6.2　任务目标

1．知识目标

熟悉列尾装置的构成及作用；掌握列尾装置摘挂的要求及运用规定。

2．能力目标

能够熟练摘挂列尾装置；熟悉列尾装置摘运用的要求。

3．素质目标

提高安全意识，培养安全责任及科技创新的意识。

3.6.3　相关配套知识

列尾装置全称列车尾部安全防护装置。列尾装置的出现结束了守车的使命，对铁路的提质增效具有重要的意义，是当今铁路运输组织工作中一种重要的行车设备。使用列车尾部装置，对于取消守车的货物列车来说是十分必要的。列车尾部装置可使机车乘务员能够及时、准确地掌握列车尾部的风压；当列车主管风压非正常泄漏低于规定门限值时，该设备自动报警；当车辆折角塞门被意外关闭时，机车乘务员可操纵列车尾部装置进行尾部排风制动，以防止列车“放飏”事故的发生。该设备还可兼作列车昼夜尾部标志。下面以 ZTF 型列尾装置为例介绍列尾装置及其运用。

1．列尾装置认知

（1）列尾装置的构成。

列尾装置由安装在机车司机驾驶室内的列尾控制盒、安装在列车尾部的列尾装置主机和用于列尾主机与控制盒之间进行数据交换的通信模块组成。

① 尾部装置主机由无线电台、主控制单元、排风电磁系统、电池、尾部自动闪光标志组成如图 3-6 所示，按其固定方式有钩提杆式列尾装置主机和钩头锁型列尾装置主机，列尾装置主机的制动软管与列车尾部制动主管相连，如图 3-7 和图 3-8 所示。

图 3-6　列尾装置主机

图 3-7　钩提杆式列尾装置主机

图 3-8　钩头锁型列尾装置主机

② 司机控制盒。司机控制盒有红、绿、黑三个按键：绿键是风压检查键，用于列车尾部风压查询；黑键是确认键，用于使尾部装置确认机车号码（黑键+绿键为消除此机车号码）；

红键是排风键，用于紧急情况下的辅助排风制动，如图 3-9 所示。司机控制盒按键功能见表 3-4。

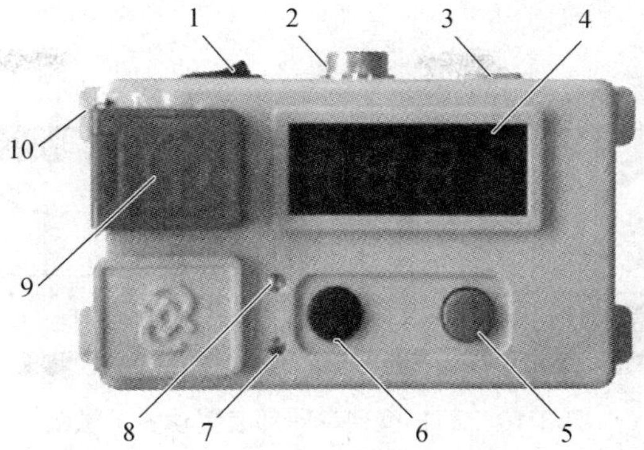

1—电源开关；2—电台接口；3—数据接口；4—信息数码显示窗口；5—风压查询键（绿色）；6—输号按键（黑色）；7—电源指示灯；8—排风指示灯；9—排风按键防护盖（内为红色排风按键）；10—固定安装支脚（共 4 个）。

图 3-9　司机控制盒

表 3-4　司机控制盒的功能

操　作	功　能	反馈语音
按绿键	查询尾部风压状况	××××机车，风压×××kPa
按黑键	确认或输入本机车号	××××机车，确认完毕
按黑+绿键	消除本机车号	××××机车，销号成功
按红键	排风制动	××××机车，排风（减压量约为大于 120 kPa）
	制动主管风压不正常报警	注意，注意，××××机车，风压×××kPa
	电池欠压报警	××××机车，电压不足

（2）列尾装置的作用。

机车上接列调电台的控制盒有一个与该机车对应的 4 位数编码。本务机车与尾部装置形成“一对一”关系后，机车乘务员（司机）可利用控制盒随时检查列车尾部风压是否正常。当列车遇折角塞门关闭，列车空气制动机不能正常工作时，操作排风键（红键）即可实现尾部排风，辅助机车制动；当列车尾部风压不正常泄漏，低于门限值时（列车定压 500 kPa 时为 460 kPa，600 kPa 时为 560 kPa），尾部装置自动提醒机车乘务员注意，并报告当时不正常的尾部风压。该设备兼作列车昼夜尾部标志时，昼间以红、白相间反光漆面板为醒目标记，夜间以自控红色闪光显示。ZTF 型列车尾部装置功能如图 3-10 所示。

2. 列尾装置的运用与摘挂

（1）列尾装置的运用。

动车组以外的旅客列车应安装列尾装置。特殊情况下，无法安装或使用列尾装置时，应制定具体办法。半自动闭塞区段列车尾部须挂列尾装置，其他区段货物列车尾部宜挂列尾装置。半自动闭塞区间没有列车占用检查设备，因此规定半自动闭塞区段货物列车须挂列尾装置；其他区段应根据线路实际情况确定货物列车是否挂列尾装置。

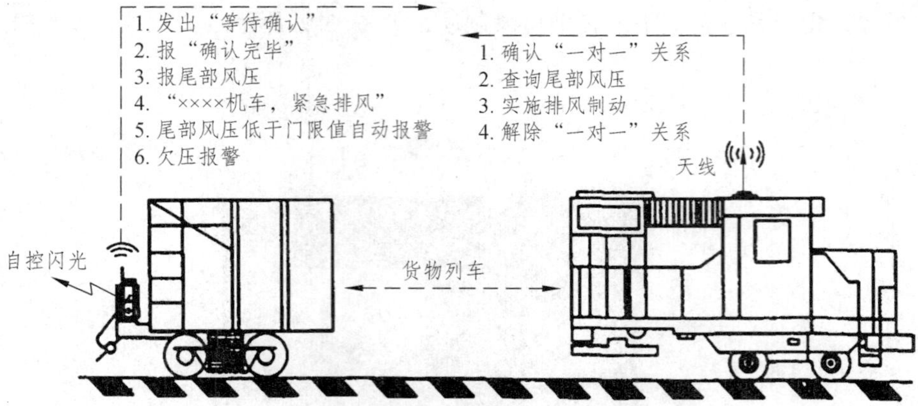

图 3-10　ZTF 型列车尾部装置功能示意图

货物列车尾部未挂列尾装置时应吊起尾部车辆软管代替尾部标志。对按规定应挂货列尾的列车，遇特殊情况无法加挂货列尾时，比照货列尾故障（丢失）办理。自动闭塞、自动站间闭塞区段不挂列尾装置时，如其中有个别区间为半自动闭塞时，为统一行车组织方式，货物列车在该区间可不挂列尾装置，但应有其他确认列车完整到达车站的手段。货物列车尾部未挂列尾装置时，为便于作业人员确认列车完整，规定以吊起尾部车辆软管代替尾部标志。

对有列检作业的列车，因列检需进行列车自动制动机的试验等作业，为提高作业效率，规定尾部车辆软管的吊起，有列检作业的列车，由列检人员负责；对无列检作业的列车，由车务人员负责。

（2）列尾装置的摘挂。

旅客列车的列尾装置尾部主机安装在客车车厢内（见图 3-11），由车辆部门统一管理，因此，旅客列车列尾装置尾部主机的安装与摘解、风管及电源的连结与摘解，由车辆部门负责。

图 3-11　客车列尾装置的安装

货物列车列尾装置尾部主机的安装与摘解，由车务人员负责。软管连结，有列检作业的列车，由列检人员负责；无列检作业的列车，由车务人员负责。特殊情况，由铁路局规定。为统一货物列车列尾装置的使用和管理，规定货物列车列尾装置尾部主机的安装与摘接，由车务人员负责。列尾装置尾部主机安装好后，对有列检作业的列车，因列检需要进行列车自动制动机的试验等作业，尾部软管不能立即与列尾装置尾部主机连结，为提高作业效率、减少列尾装置作业员的等待时间，规定尾部主机软管的连结，有列检的列车，由列检作业人员负责；无列检作业的列车，列尾装置尾部主机软管的连结由车务人员负责。

列尾装置在使用前，必须按规定进行检测，合格后方可投入运用。

项目综合考核

一、理论知识考核

（一）填空题

1. 编组列车时，列车的重量和长度应满足列车运行图规定的各区段牵引定数或计长，考虑实际情况，货物列车牵引重量允许上下波动________，计长允许欠________。

2. 因机械冷藏车组有各种机械设备和管道，牢固性差，应尽量挂于列车______。

3. 客车倾斜超过______mm 者，禁止编入列车。

4. 货物列车列尾装置尾部主机的安装与摘解，由______负责。

5. 补机原则上应挂于本务机车的______，在特殊区段或需途中返回时，经铁路局批准，可挂于列车______

6. ______及其以上坡道的区段，禁止办理机车专列回送。

7. 编组超重列车时，在编组站、区段站应商得机务（或折返）段________同意，中间站应得到________的同意。

8. 编组超长列车的最大长度不得超过区段内两股最短到发线______，并不宜编挂______车辆。

9. 列检人员在车辆上插色票的同时，要向车站发出______，车站应按其要求，将车辆送往指定地点。

10. 装载货物超出机车车辆限界，无______的车辆禁止编入列车。

（二）判断题

1. 编组列车必须符合列车编组计划关于机车、车辆编入列车的技术条件，隔离和编挂限制，关门车编挂数量和位置要求，以及单机挂车等规定。（　　）

2. 列车中最后第一、第二辆车不得编挂关门车。（　　）

3. 装载跨及两平车的汽车，平车无跨装特殊装置时，禁止编入列车。（　　）

4. 密接式车钩的客车回送时，原则上应附挂旅客列车回送，附挂货物列车回送时，应挂于列车前部，但不得超过 2 辆。（　　）

5. 货物列车（包括小运转列车）尾部须挂列尾装置。（　　）

6. 单机挂车时，可不挂列尾装置。（　　）

7. 回送机车，原则上应挂于本务机车前位或次位。（　　）

8. 没有挂运命令的超限车，禁止挂运。（　　）

9. 缺少车门的车辆（包括检查回送车），禁止编入列车。（　　）

10. 担任牵引列车任务的机车为工作机车，包括本务机车及补助机车。（　　）

（三）选择题

1. 货物列车计长允许按列车运行图规定欠（　　）以内。

A. 1.2　　B. 1.1　　C. 1.0　　D. 1.3

2. 货物列车重量、长度均未达到运行图规定标准，连续运行距离超过机车乘务区段(　　)时，应按欠重列车办理。

A. 1/3　　B. 1/2　　C. 1/4　　D. 1/5

3.（　　）不受欠重或欠长的限制。

A. 区段列车　　B. 摘挂列车　　C. 直通列车　　D. 直达列车

4. 旅客列车应按（　　）编组。

A. 列车编组计划　　B. 旅客列车编组表

C. 混合列车编组表　　D.《技规》

5. 编入列车中的关门车数，超过现车总数的（　　）时，应按规定计算闸瓦压力，并填发制动效能证明书交与司机。

A. 5%　　B. 3%　　C. 8%　　D. 6%

6. 货物列车中，关门车不得挂于机车后部（　　）车之内。

A. 4 辆　　B. 3 辆　　C. 2 辆　　D. 1 辆

7. 在列车中关门车连续连挂不得超过（　　）。

A. 1 辆　　B. 2 辆　　C. 3 辆　　D. 4 辆

8. 旅客列车不准编挂关门车。在运行途中如遇自动制动机临时故障，在停车时间内不能恢复时，准许关闭（　　），但最后一辆不得为关门车。

A. 1 辆　　B. 2 辆　　C. 3 辆　　D. 4 辆

9. 单机挂车时，所挂车辆的自动制动机作用必须良好，发车前列检（无列检时由车站发车人员）按规定进行（　　）。

A. 简略试验　　B. 全部试验

C. 制动试验　　D. 持续一定时间的全部试验

10. 单机挂车辆数，在线路坡度不超过 12‰的区段，以（　　）为限。

A. 5 辆　　B. 10 辆　　C. 15 辆　　D. 20 辆

11. 单机挂车时，不准挂装载（　　）、超限货物的车辆。

A. 爆炸品　　B. 贵重品　　C. 长大货物　　D. 鲜活货物

12. 回送轨道起重机，一律挂于列车（　　）。

A. 中部或后部　　B. 后部　　C. 前部　　D. 中部

13. 在编组列车时，装载爆炸品车辆与（　　）的车辆不准编入同一列车。

A. 压缩气体　　B. 装载易燃物品

C. 装载放射性物质（矿石、矿砂除外）　　D. 装载高出车帮易窜动货物

14. 装有放射性物质（矿石、矿砂除外）的车辆与牵引的电力机车最少隔离（　　）。

A.1 辆　　B. 2 辆　　C. 3 辆　　D. 4 辆

15. 装有一级易燃液体的车辆距牵引的电力机车最少隔离（　　）。

A. 4 辆　　B. 3 辆　　C.2 辆　　D. 1 辆

16. 编入列车中的机车车辆的技术条件、装载危险货物及超限货物车辆编挂要求等应符合（　　）规定。

A. 列车编组计划　　B.《技规》

C.《危险货物运输管理规则》　　D.《行车组织规则》

（四）简答题

1. 什么是满轴列车、超重列车、超长列车、欠轴列车？开行超重、超长、欠轴列车时应遵守什么规定？

2. 哪些机车车辆禁止编入列车？

3. 什么是关门车？关门车编入货物列车时，编挂数量和位置是如何规定的？

4. 工作机车编入列车时应遵守哪些规定？

5. 什么是单机挂车？单机挂车时有哪些规定？

6. 哪些车辆禁止编入旅客列车？旅客列车加挂货车时有哪些规定？

二、素质考核

根据出勤情况及课堂表现，获得素质考核成绩。

参考答案

（一）填空题

1. 80 t 及其以内　　1.2 及其以内

2. 中部或后部

3. 50

4. 车务人员

5. 前位或次位　　尾部

6. 20‰

7. 机车调度员　　司机

8. 有效长之和　　超限及其他限速

9. 车辆检修通知单

10. 挂运命令

（二）判断题

1. √	2. ×	3. ×	4. ×	5. ×
6. √	7. ×	8. √	9. ×	10. √

（三）选择题

1. D	2. B	3. B	4. B	5. D	6. B	7. B	8. A
9. C	10. B	11. A	12. B	13. C	14. B	15. C	16. B

（四）简答题

略

项目四 《车站行车工作细则》的编制

【项目介绍】

《车站行车工作细则》(简称《站细》)是车站编制、执行日常作业计划，是根据《技规》和《行规》的有关规定，结合车站技术设备和作业等具体条件所制定的车站技术管理和作业组织的基本技术文件，也是组织接发列车、调车和各项技术作业以及有关技术设备使用的基本法规。为了进行列车及车辆有关的各种技术作业，车站设置了客、货运输及其他各种技术设备，并配备了客运、货运、行车等方面的工作人员，同时还需要铁路的机务、工务、电务、车辆、水电等部门紧密协作。在车站这个运输生产平台上，由多部门、工种、人员共同进行的生产活动中，为贯彻国家关于安全生产的要求，需要一个科学的、技术性的文件，这个重要的技术性文件就是《站细》。本项目主要从《站细》基本情况概述、车站概况和技术设备以及日常作业计划、接发车、调车作业组织等方面的编制进行阐述，是学生熟知并掌握《站细》的编制方法和注意事项。

【教学目标】

1. 知识目标

掌握《站细》主要内容和作用，掌握并遵循《站细》的编制原则、依据及方法，熟悉车站日常管理制度和组织指挥系统，掌握编制接发列车、调车、客货运及军用列车组织的内容要求和相关规定。

2. 能力目标

能够正确制定车站技术设备的使用、管理方法，进行接发列车、调车以及与行车有关的客运、货运、军事运输工作的组织。

3. 素质目标

严格落实企业工作制度，形成“安全第一、预防为主、综合治理”的工作机制，培养安全生产责任意识。

典型工作任务1 《站细》概述

4.1.1 工作任务

（1）查阅资料，阐述《站细》在企业运输生产活动中起的作用和包含的主要内容。

（2）通过了解技术资料的来源和格式规定，分析《站细》的管理实施办法。

4.1.2 任务目标

1. 知识目标

认识《站细》在企业运输生产活动中起的作用，掌握《站细》的主要内容和基本格式，了解编制依据和基本原则。

2. 能力目标

理解《站细》的意义，并能够和生产活动有机结合起来，了解《站细》的管理和审批办法。

3. 素质目标

端正工作态度，做到严谨细心，加强安全基础建设，创新安全管理理念和机制，实现安全高效生产。

4.1.3 相关配套知识

知识点一 《站细》的作用与主要内容

车站是铁路企业进行运输生产活动的基层单位，是铁路对外办理客、货运业务的场所。为了进行列车及车辆有关的各种技术作业，车站设置了客、货运输及其他各种技术设备，并配备了客运、货运、行车等方面的工作人员，同时还需要铁路的机务、工务、电务、车辆、水电等部门紧密协作。在车站这个运输生产平台上，由多部门、工种、人员共同进行的生产活动中，为贯彻国家关于安全生产的要求，需要一个科学的、技术性的文件，这个重要的技术性文件就是《站细》。

《站细》是我国铁路车站贯彻执行总公司《铁路技术管理规程》和铁路局《行车组织规则》，加强车站技术管理、保证安全地进行行车组织工作的重要技术文件；是车站编制、执行日常作业计划，组织接发列车、调车和各项技术作业以及有关技术设备使用的基本法规；是组织查定各项技术作业过程、时间标准，计算通过能力和改编能力，进行日常运输生产分析、总结，以及铁路局下达年、月度技术指标任务的主要依据。为了更好地组织各项技术作业，合理地使用劳动力，有效地运用技术设备，建立正常的生产秩序，使各个部门参加作业的人员协调动作，在保证安全生产的基础上，质量良好地完成客货运输任务，参与车站作业的车务、机务、车辆、工务、电务、供电、给水等部门的所有人员必须严格执行《站细》的有关规定。

《站细》主要内容有：（1）行车工作组织；（2）各项技术作业程序及时间标准；（3）车站通过能力与改编能力。

知识点二 《站细》编制的依据

《站细》应根据《铁路技术管理规程》、列车编组计划、列车运行图、《铁路运输调度工作规则》、与车站作业有关的各项标准和铁路局《行车组织规则》、工务、电务、供电检修作业时间标准，以及上级有关规章命令并结合本站设备条件、车流性质、作业组织方法和工作人员素质等具体情况进行编制。

知识链接：铁路局集团公司结合管内车站的技术设备和作业的具体情况，在《站细编规》的基础上作的补充规定。一般是管内车站编制《站细》时，对《站细编规》各条文的内容、编制方法及管理办法补充的具体规定。

铁路局集团公司直属车站、车务段，也可结合站段管内车站的技术设备和作业的具体情况，在《站细编规》、铁路局集团公司站细编规补充规定的基础上制定站段站细编规补充规定，对其再细化，以规范段管《站细》。

知识点三 《站细》编制的原则

《站细》的编制要贯彻“集中统一指挥和逐级负责”的原则。编制时以安全生产为前提，以运输生产为中心，从全局出发，统筹兼顾，组织好路内联劳和与路外有关单位的协作。《站细》应保证：

（1）坚持“安全第一”的方针，建立健全安全管理体系和各项安全作业制度，保证行车和人身安全。

（2）充分发挥现有设备的运用效能，从实际出发，更新改造限制能力的薄弱环节，不断提高作业效率，提高车站通过能力和改编能力。

（3）重视新技术新设备的使用管理维修工作，不断推进车站的现代化进程。

（4）合理组织车站作业，推行作业标准化，做到各项作业的连续性、均衡性，最大限度地平行作业，减少各种等待、干扰时间，加速机车车辆周转，实现安全、正点、高效、畅通。

知识点四 《站细》部分技术资料来源及格式规定

为确保编制的《站细》切实可行，除车站应自备的资料外，所需其他技术资料应由下述部门负责提供：

（1）工务部门：

① 车站平、纵断面图（含路产及代维修非路产岔线）。

车站平面图中应包括车站中心里程，各股道编号、线路有效长，线间距离，信号机中心里程位置，道岔编号，道岔辙叉号，路产与非路产岔线、段管线分界点、曲线半径等。

车站纵断面图应包括站内正线、站线、岔线，标有起止点的实际逐段坡度，驼峰纵断坡度。

② 股道表、道岔表（含路产及代维修非路产岔线）。

③ 进站信号机外制动距离内实际逐段坡度和曲线数据（有不同等级旅客列车运行的区段须按列车运行速度级差提交相应资料）。

④ 工务设备建筑限界，对侵限设备应注明具体侵限部位及侵限数据。

⑤ 站线（不含到发线）、岔线、段管线限制速度，使用机车类型及其地点、限制条件资料。

（2）电务部门：

① 信号设备平面布置图（含信号机中心里程位置）、联锁图表、控制台及其他控制设备盘面图、设备基本性能和使用方法。

② 电务设备建筑限界，对侵限设备应注明具体侵限部位及侵限数据。

（3）房建部门：

① 候车室、仓库、行车房舍使用面积，站台、风雨棚、天桥的长度、宽度和高度。

② 水塔、水栓等设备的数量、位置、能力，给水来源及方式。

③ 房建设备建筑限界，对侵限设备应注明具体侵限部位及侵限数据。

（4）供电部门：

① 接触网高度、分相分段绝缘器位置、供电分段平面示意图、隔离开关位置及使用办法。

② 照明灯桥、灯塔等设备的数量、位置、能力（量），供电来源与方式。

③ 供电设备建筑限界，对侵限设备应注明具体侵限部位及侵限数据。

（5）信息部门：

车站与行车有关的信息系统的设备、使用维护办法。

（6）机务部门：

站内机车整备设备规模、整备地点及供应能力。

（7）通信部门：

车站与行车有关的通信设备的技术资料。

（8）车站新建、改建工程，施工单位和设备接收管理单位提供技术资料的规定：

① 车站新建、改建工程竣工前 30 天，施工单位须将竣工图技术资料提供给车站。

② 车站新建、改建工程竣工开通后 15 天内，设备接收管理单位须根据施工单位提供的竣工图资料，及时修改技术资料并提供给车站。

（9）相关单位应在提供的技术资料上加盖单位公章，与车站进行签字交接。

非路产专用线有与上述内容有关的资料，由产权所属单位或维修单位提供。

各铁路局集团公司可自行规定《站细》的格式。

知识点五　《站细》的编制与审批

《站细》由站长负责主持编制，对车务段管辖的中间站，必要时可由车务段指导编制，但不能代编。

《站细》编制前，由车站站长负责与参与车站作业有关单位商定有关作业方法，查定有关作业时间标准。对站车交接、机车出入岔线或段管线取送车作业等，均需与有关单位签订协议。上述内容除了纳入《站细》外，有关单位应将其中与之有关部分，分别纳入《段细》《厂细》《室细》，以便共同遵守。

《站细》编制完毕后，由车站提出正式文本一份，报铁路局主管部门审批。批准后的《站细》，审批单位应加盖公章和主管审批负责人名章，并指定实行日期。批准后的《站细》，由车站在开始实行前 20 天内，按规定所需份数复制后报上级备查。《站细》复制本应有"复制"字样标示，并应加盖车站公章和站长名章。《站细》编制的份数，应按车站的等级，分别在铁路局、车务段或车站各存一份，特、一等站还须报总公司一份备查。

知识点六 《站细》的管理与实施

批准后的《站细》应保管于站长办公室，设有技术室时可保管于技术室。车站要根据各行车岗位的设备、作业等特点，分别摘录《站细》中与其有关的内容，张贴在各行车岗位明显处，车站调度室应设置摘抄本或复制本。

为保证机务、工务、电务、车辆、列车段（或乘务室）等部门了解和执行《站细》中有关规定，车站应将《站细》中与其有关的部分进行摘抄，分别送交各单位，收件单位应办理签收手续。各单位签收《站细》摘抄后，应组织有关人员认真学习，严格执行。

当车站技术设备、作业组织方法、列车编组计划、列车运行图等有较大变动时，应及时修订《站细》有关内容。《站细》修改时，车站按《站细》编制的份数，按规定程序上报审批。修改《站细》应修改原本，将原条文中的修改或删除部分划除，修改人及审批人均应在修改或删除处加盖名章。修改后的《站细》经批准并车站收到后即可执行。

《站细》是规范车站行车工作人员在日常工作中的重要文件，因此，车站应加强《站细》的日常管理和修改工作，要组织职工认真学习，严格执行。车站各级负责人应经常检查执行情况，发现问题，及时纠正。

典型工作任务 2 车站概况及技术设备

4.2.1 工作任务

（1）结合自己的经历，描述或者简单绘制出车站的基本设备，并对车站主要技术设备进行分析。

（2）对接发列车、调车作业等不同用途的线路进行分类，学习信号的种类和在行车工作过程中起到的作用。

4.2.2 任务目标

1. 知识目标

掌握车站行车工作组织应该编制的内容，掌握不同类型车站应包含的技术设备，了解车站照明、供电及信息系统。

2．能力目标

明确车站作业组织与车站行车组织之间的联系，掌握车站应包含的重点技术设备以及编制时的注意事项。

3．素质目标

根据车站情况配备合适的信、联、闭设备，进一步保障行车安全，为做好新时代铁路运输安全工作提供战略指引。

4.2.3 相关配套知识

知识点一 车站概况和技术设备

1．车站位置、性质、等级及任务

（1）车站所在的省（自治区、直辖市）、市（地、州）、县以及车站所属铁路线线别、中心里程（如车站衔接多个方向时，车站中心里程应按线路别分别标明），站内场界，隶属单位等。

编写格式：

本站位于省（自治区、直辖市）市（地、州）县（区）乡（镇）境内，本站中心里程位于线自站起××km××m处，隶属铁路局（公司）车务段（车站）管辖。

（2）车站与区间分界线及相邻车站的距离（见表4-1）。

表4-1 车站与区间分界线及相邻车站的距离

线别	方向	邻站	站间距离/km	区间正线数	站界名称	站界里程	进站信号机外制动距离内进站方向换算坡度/‰				
							800 m	1 100 m	1 400 m	2 000 m	3 200 m

说明：

① 线别填记车站所在干（支）线的线名，如“京哈线”。

② 方向填记向站内方向为“上行”或“下行”。

③ 邻站填写相邻车站（线路所）名称。

④ 站间距离填写两站中心线间的距离，公里数取小数点后3位。

⑤ 区间正线数填写“单”“双”；区间有两条及以上正线且不按双线行车时，填写“二”“三”“四”……

⑥ 站界名称填写车站与区间分界点的设备名称，有进站（进路）信号的填该信号机名称，无进站（进路）信号机的填写站界标。

⑦ 站界里程填写站界设备中心线的里程。

⑧ 进站信号机外制动距离内进站方向换算坡度（‰）按进站方向、图定列车运行速度分别确定制动距离，计算换算坡度，并在各坡度值后标明“上坡”或“下坡”。

a. 平均坡度计算公式为：

$$i' = \frac{\pm i_1' \times S_1' \pm i_2' \times S_2' \pm \cdots \pm i_n' \times S_n'}{\text{制动距离}}$$

式中 i'——平均坡度，‰；

$i_1', i_2', \cdots, i_n'$——各段实际坡度，‰；

“+” 为下坡，“-” 为上坡；

$S_1', S_2', \cdots, S_n'$——各段线路坡道的实际长度，m；

制动距离——分别为列车运行各种速度的制动距离（800 m、1 100 m、1 400 m、2 000 m 和 3200 m）。

b. 曲线阻力当量坡度计算公式为：

$$i'' = \frac{700}{\text{制动距离}} \times \left(\frac{S_1''}{R_1} + \frac{S_2''}{R_2} + \cdots \frac{S_n''}{R_n} \right)$$

式中 i''——曲线阻力当量坡度，‰；

$S_1'', S_2'', \cdots, S_n''$——各段曲线的长度，m；

$R_1, R_2, \cdots, R_n$——各段曲线的半径，m。

c. 制动距离内的换算坡度计算公式为：

$$i_{\text{换算}} = i' - i''$$

进站信号机外制动距离内的线路实际坡度及曲线半径由工务部门负责提供。

（3）根据《技规》及有关规定，说明车站的（技术、业务）性质和等级。

编组站说明其在路网中的作用和业务上的主要特点，区段站及作业繁忙的中间站应说明其业务特点，分场的车站说明其站型。

说明：

① 不办理客货业务的车站应注明“本站不办理客货运业务”。营业站应注明“客运站”（或“货运站”“客货运站”）。

② 本站在路网上的作用和业务特点是指车站所担负的列车编组、解体、改编等作业，以及客运、货运、军运、装卸、上水、货车洗刷消毒任务和列车到发、会让等工作。

（4）站内场界及车场分工（见表 4-2）

表 4-2　站内场界及车场分工

场名	邻场名	场界	车场分工	附记

说明：场界填写分界点信号机或道岔编号。

知识链接：车站的性质系指车站办理技术作业时的技术性质和办理客货营业时的业务性质。

车站按技术作业性质分为编组站、区段站和中间站。

车站的业务性质分为营业站、非营业站，营业站分为客运站、货运站、客货运站。

2. 车站行车量

车站是铁路企业的一个基层生产单位，其客货运量能体现一个车站规模和大小。为正确反映一个车站的运输工作量，对客货运量较大的车站，应按客运量、货运量分别列表填记，其他车站可用文字简要说明。填记客货运量时，同一车站应使用同一时间单位，并在运量后注明，同时注明考核时间，见表4-3。

表4-3 车站行车量

旅客乘降			行包到发			货运			运转			接发列车(列)		附记
到达人数	发送人数	合计	行李件数	包裹件数	合计	发送吨数	装车数	卸车数	办理辆数	改编辆数	中转辆数	旅客列车	货物列车	

依据统计部门提供的数据，编制说明如下：

（1）按编制《站细》前一年完成的日均客货运工作量实际为依据，剔除不合理因素后填写，如自然灾害影响等。

（2）车站所有岔线货运量（装卸车数）日均总和填记在附记栏内，用“装车/卸车”表示。

（3）“办理辆数”栏：中间站填记计算停留车时间指标的摘车数与挂车数之和（包括中转车）。

（4）“改编辆数”栏：编组站及有解编任务的区段站填记此栏。

（5）“中转辆数”栏：中间站及无编解任务的区段站填记此栏。

3. 车站示意图

（1）车站示意图含车站线路平面、线路纵断面、信号平面布置及车站接触网供电示意图。图例参照《铁路工程图形符号标准》。

（2）要完整地表示车站管辖的所有线路的名称、股道编号、道岔编号、信号机名称（号码）、警冲标、线路间距、有效长、接发客货超限列车的线路标记、超限绝缘、减速器、减速顶、脱鞋道岔、可控停车器、驼峰，包括段管线、专用线、专用铁道与车站线路衔接的位置道岔及专用线、段管线、专用铁路交接场配线。进站信号机、部分道岔及其他重要行车设备的坐标位置应在示意图上标明。有接触网的根据分相绝缘器的位置用不同颜色线区分标记。分车场的车站要表示出各场的相互位置、名称、场间联系。

（3）应有车站中心里程、进站信号机里程及距车站最外方道岔（警冲标）或调车信号机的距离。

（4）进站信号机外方制动距离内的换算坡度和长度，分子表示坡度，分母表示长度，以斜线表示上、下坡。

进站信号机外方制动距离以运行图规定的速度按《技规》的规定分别进行取值。

（5）应有与行车有关的设备如：运转室（信号楼）、扳道房、信号楼、仓库、客货站台、天桥、地道、平交道、进站公路、机车、客车上水设备、灯桥等的位置及编号。

知识点二 线路、道岔及调车设备

车站线路按照用途分为正线、站线、段管线、岔线、安全线和避难线。

一、办理接发列车、调车作业和客、货运业务及其他用途的线路

（1）正线、站线及特别用途线（见表 4-4）。

表 4-4　正线、站线及特别用途线情况

车场别	线路名称	线路编号	线路用途	有效长/m	有效长起止点	换算容车数/辆		最大换算容车数/辆		客车换算容车数		坡度/‰			接触网挂网长度/m	附记
						11 m	14.3 m	11 m	14.3 m	24.2 m	26.6 m	平均	最大	方向		

（2）段管线或岔线（见表 4-5）。

表 4-5　段管线或岔线情况

单位	线路名称或编号	线路用途	有效长/m	换算容车数/辆		最大换算容车数/辆		客车换算容车数		坡度/‰			衔接处所	附记
				11 m	14.3 m	11 m	14.3 m	24.2 m	26.6 m	平均	最大	方向		

（3）与正线衔接的区间岔线（见表 4-6）。

表 4-6　区间岔线情况

衔接的区间及里程	辅助所或岔线名称	联锁方式	岔线内线路						与正线衔接处有何安全设备	附记
			股道编号	有效长/m	容纳车数（按 14.3）	坡度/‰				
						平均	最大	方向		

填记说明：

1．正线、站线及特别用途线

（1）车场别：工作量较大的车站，根据站场布局、车流特点和线路配置及其用途等，按线群划分为若干车场。在填记“车场别”一栏时应根据车站实况填记，车场一般分为：到达场、出发场、到发场、通过车场、调车场、编发场。

（2）线路名称、线路用途：应按其用途不同分别填记。线路名称应区别正线、到发线（到发线兼其他用途线路时，其名称仍填到发线，其兼用的用途在“线路用途”栏内注明）、调车线、货物线、特别用途线和准许停留车辆的渡线（无岔区段）。

线路编号：正线用罗马数字表示，其他线路用阿拉伯数字表示。特别说明办理接发动车组的车站，应线路用途栏填记“接发动车组”。

特别用途线：包括安全线、避难线、救援列车停留线、机待线、机车整备线、站修线、大型养路机械停留线等。

（3）有效长：指在线路的全长中，可以停放机车车辆而不影响信号显示、道岔转换（压中间道岔除外）或邻线行车可利用线路全长中的部分长度。

（4）有效长起止点：确定有效长的设备和标志，就是“有效长起止点”，设有信号机的线路为信号机—信号机、信号机—警冲标、信号机—车挡或信号机—轨道绝缘节；无信号机的线路为警冲标—警冲标、警冲标—车挡、道岔尖轨尖端—车挡。

（5）换算容车数计算方法：

① 计算线路容车数的标准。

机车、车辆长度的计算，以前后两车钩舌内侧面距离按 11 m 为换算单位（一辆），各型机车、车辆按上述换算单位得出的比值，称为换算长度。以标记载重 30 t 四轴棚车的长度 11 m 为标准，是历史传留下来的方法，以标记载重 50 t 四轴棚车的长度 14.3 m（换算长度为 1.3）为标准则接近我国目前货车的平均长度，按此计算线路容车数所得的结果近似现车数，基本符合线路实际可存车数，便于日常作业中掌握。

② 换算容车数及最大换算容车数的填记。

换算容车数是根据车站每一线路的用途和保证作业安全的需要，从线路有效长中减去必要的安全距离和停留车辆的合理间隔后，除以 11 m 和 14.3 m 算出的容车数，也称实际容车数；最大换算容车数即线路有效长直接除以 11 m 和 14.3 m 算出的容车数，其算式（小数部分舍去）分别为：

$$N=\frac{EL-L_{机}-L_{附}}{11\ \mathrm{m}\ (或14.3\ \mathrm{m})} \tag{4-1}$$

$$N_{最大}=\frac{EL}{11\ \mathrm{m}\ (或14.3\ \mathrm{m})} \tag{4-2}$$

式中　N——换算容车数；

$N_{最大}$——最大换算容车数；

EL——线路有效长，m；

$L_{机}$——机车长度（固定单机牵引区段按一台机车计算；固定双机牵引区段按两台机车计算；牵出线按一台机车计算），m；

$L_{附}$——指列车停车附加制动距离，m，一般按 30 m 计算。

线路按其分类、用途不同，换算容车数及最大换算容车数的计算方法和填记要求也不同，分述如下：

a. 正线、到发线和牵出线按式（4-1）和式（4-2）计算得出的辆数填记。

b. 调车场分类线（即调车线）换算容车数，按线路有效长的 75%分别除以 11 m 及 14.3 m 得出的辆数填记，其算式为：

$$N_{最大}=\frac{EL\times 0.75}{11\ \mathrm{m}\ (或14.3\ \mathrm{m})} \tag{4-3}$$

调车场分类线最大换算容车数按式（4-2）求得的辆数填记。

c. 货物线、加冰线、洗刷消毒线、专用线等，只填记用式（4-2）求得的最大换算容车数即可；但如为尽头线，则应在 EL 中减去 10 m 安全距离（有端部站台除外）。

d. 机车走行线、机待线、检衡线、迂回线、安全线、避难线等不计算容车数。

（6）坡度：平均坡度进行溜放作业的线路填记，不进行溜放作业的线路不填记；平均坡度指有效长范围内各逐段坡度加权平均后的换算坡度，用分子表示坡度，分母表示长度；最大坡度指线路有效长内的最大坡度段，用分子表示坡度，分母表示长度；进行溜放作业的线路填记有效长内平均坡度方向，不进行溜放作业的线路为有效长内的最大坡度方向。渡线、无岔区段需无动力停留车车辆时，填记此栏；有动力停留时此栏不填。

（7）接触网挂网长度：按供电部门提供的数据填记。全线挂网仅填记“挂网”。

（8）附记：填记是否可接发超限列车，机车车辆停留限制事项及其他需说明的事项（如固定脱轨器、风道等）。尽头线设车钩缓冲器时，在附记栏应注明“车钩缓冲”。

2. 段管线或岔线

（1）单位：填记段管线或岔线（包括专用铁路）的单位全称。

（2）换算容车数：按使用长度分别除以换算长度 11 m 和 14.3 m 计算；最大换算容车数：按有效长分别除以换算长度 11 m 和 14.3 m 计算。

（3）衔接处所：以工务或产权单位提供的图纸为依据，该点填记处在正线（主要线路）的位置，如××km+××m。也可填记所衔接的股道或道岔。

（4）专用铁路在附记栏内注明“专用铁路”。

（5）其他项目填记同站线。

3. 与正线衔接的区间岔线

（1）衔接的区间及里程：按实际填记，里程填记衔接道岔的坐标里程。

（2）辅助所或岔线名称：填记辅助所、岔线的全称。

（3）联锁方式：填记色灯电锁器联锁、继电联锁、计算机联锁。

（4）与正线衔接处有何安全设备：按实际填写隔开设备，如安全线、脱轨器等，无隔开设备的填记“无”。

（5）其他项目填记同站线。

二、道　岔

道岔是使机车车辆从一条线路转往或越过另一条线路的线路连接设备，具体情况见表 4-7。

表 4-7　道岔情况

车场别	道岔所属扳道房或信号楼	道岔编号	道岔辙叉号	道岔定位开通的位置	联动或单动	联锁方式	操纵方式	有无道岔表示器	道岔表示器有无照明	钥匙或摇把保管负责人	操纵人	附记

编制说明：

（1）不划分车场的车站可将“车场别”栏去掉。道岔所属是指操纵道岔的人所在的行车室名称；如×号扳道房、×场运转室或×场信号楼。未设扳道房，并只有一个信号楼（行车室）的车站，可将“道岔所属扳道房或信号楼”栏去掉。不归扳道房或信号楼（行车室）管理的道岔，可不填记“道岔所属扳道房或信号楼（行车室）”栏。

（2）道岔定位开通的位置：填记道岔定位开通的股道，设在咽喉区的道岔定位开通位置可填记为“对×号道岔”。

（3）联动道岔在“联动或单动”栏内填记与其联动道岔号码，单动道岔填“单动”。单式交分道岔在编号前加字母“D”，复式交分道岔在编号前加字母“F”。

（4）联锁方式：集中联锁范围内集中操纵道岔填写“集中”，操纵方式填“电动”；“局控”道岔应在附记栏内注明，操纵方式仍填“电动”；非集中联锁是指电锁器联锁，联锁方式填“非集中”，操纵方式填“手动”；没有纳入联锁的如货场道岔在联锁方式栏填“无”，操纵方式填写“手动”。

（5）钥匙是指道岔加锁时的钥匙或电动转辙机手摇把插孔钥匙。“钥匙或摇把保管负责人”栏填记场所或职名，“操纵人”栏填记职名。

（6）附记：对分动外锁闭道岔、可动心道岔应分别注明，分动外锁闭道岔为“外锁闭”，可动心轨道岔为“可动心”；需加锁无联锁道岔的加锁方式应分别注明：弹簧道岔为“锁板”，旋转握柄式道岔为“上锁”，加锁装置包括锁板、勾锁器、闭止把加锁、带柄标志加锁。对岔线、段管线的道岔填记管辖单位的全称。岔线道岔仅填记车站担当调车作业范围内的有关道岔。机务、车辆段管线内非车站担当调车作业范围内的道岔可不填记。

三、调车设备

1. 驼峰调车设备

（1）驼峰调车设备（见表4-8）。

表4-8 驼峰调车设备情况

名称	类型	配属车场别	使用调机台数	调车机类型	机车遥控设备	驼峰切断按钮	限界检查器	提钩显示屏	道岔集中类型	计算机联锁型号及软件版本	溜放方式	牵出线推送线长度/m	驼峰高度/m	纵断面									停车设备			附记
														推送坡		平台长度/m	加速坡		中间坡		道岔区段坡		制式	临界速度	设置地点	
														长度	坡度		长度	坡度	长度	坡度	长度	坡度				

（2）驼峰纵断面图（见图4-1）。

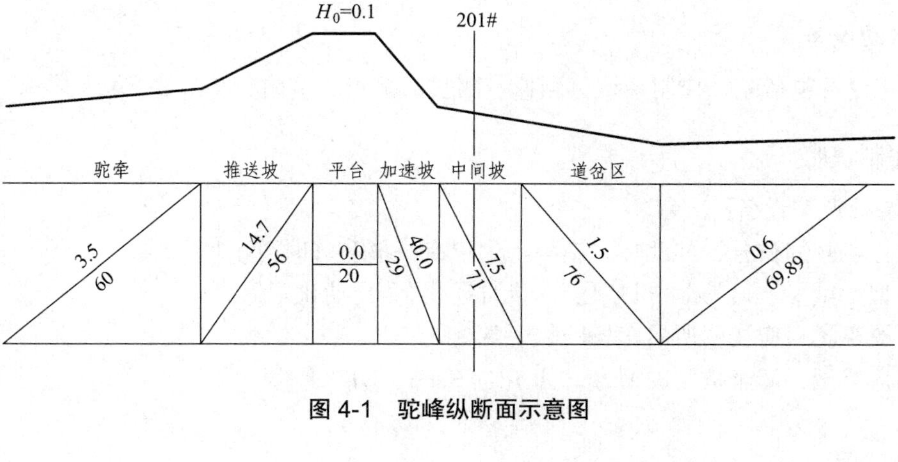

图4-1 驼峰纵断面示意图

（3）驼峰调速设备。

① 减速器（见表 4-9）。

表 4-9　减速器情况

地点	第一制动位				第二制动位				第三制动位							第四制动位		附记
	类型	制动节数	控制方式	操作地点	类型	制动节数	控制方式	操作地点	类型	制动节数	控制方式	操作地点	测速制式	测长制式	临界速度	类型	设置股道	

② 加、减速顶（见表 4-10）。

表 4-10　加、减速顶情况

车场别	种类	设置地点	布顶数	其中顶群顶数	布置方式	型号	布顶高度/mm	临界速度	构造速度	附记

（4）停车器、停车顶（见表 4-11）。

表 4-11　停车器、停车顶情况

车场别	股道	停车器			停车顶		
		距尾部信号机距离/m	设置方式	型号	距顶区距离/m	数量	型号

2. 牵出线调车设备（见表 4-12）

表 4-12　牵出线调车设备情况

名称	配属车场别	有效长	起点	止点	坡度/‰	调车机类型	道岔集中类型	计算机联锁型号及软件版本	有无局控道岔	溜放方式	制动方式	操作地点	制动设备			附记
													类型	设置地点	操纵方式	

3. 自动设备

自动化设备包括驼峰控制系统，测速、测长、测重、测阻设备等。

4. 编制说明

（1）驼峰调车设备。

① 名称：驼峰称号，如北峰、南峰等，仅有一座驼峰时可不填。

② 类型：填写“简易”“机械化”“半自动化”“自动化”等。

③ 所属车场：应注明所属车场的哪一端。

④ 调机类型：调车机车的型号，如 JF1、DF5、DF7 等。

⑤ 机车遥控设备、驼峰切断按钮、限界检查器、提钩显示屏：如果有该类设备时，填记“有”，否则填记“无”。

⑥ 道岔集中类型：填写“非集中”“继电”“计算机”等。如果为计算机联锁，应在“联锁厂家及版本”中填记厂家和软件版本，否则不填。

⑦ 溜放方式：驼峰溜放作业种类，有单推单溜、双推单溜、双推双溜。

⑧ 牵出线、推送线长度：有牵出线或推送线的，填写其有效长，由到达场直接推峰等未设牵出线的，推送线长度填写到达场离驼峰最近的信号机至驼峰主体信号机之间的距离。不止一条推送线的分开填记。

⑨ 驼峰高度及纵断面：与驼峰纵断面图一致。

⑩ 停车设备：设在驼峰调车线尾部或调车区分界处的停车设备，如停车顶、停车器等。制式填写型号及名称。如果停车器纳入联锁，应在附记栏注明。

（2）驼峰纵断面图，可按图 4.1 所示示例进行铺画。

（3）驼峰调速设备。

① 减速器：

a. 地点：调速设备设置地点，如股道名、道岔名。

b. 类型：有空压 T.JK、T.JK2 等，液压 T.JY1、T.JY2 等。

c. 控制方式：T.JK 为双轨条气动浮轨重力式，T.JY 为双轨条液压浮轨重力式。

d. 操作地点：驼峰作业员操作调速设备的地点。

e. 临界速度：根据设备管理单位提供的资料填记。

② 加、减速顶：

a. 车场别：按实际设置的车场填记，如下行编发场、上行调车场。

b. 种类：按加减速顶的实际作用填记双向顶、单向顶或可控顶。

c. 设置地点：填记实际设置加减速顶线路的编号或 × 道岔至 × 道岔间。

d. 布顶数：股道内加减速顶的总数。

e. 布置方式：填记内侧或外侧。

f. 型号：填记加减速顶的实际型号。如 TDW94、TDJ 等。

g. 布顶高度：指加减速顶滑动油缸顶面最高点距钢轨面的距离。

h. 临界速度、构造速度：按照设计规范填记。

（4）停车器、停车顶。

① 停车器距尾部信号机距离和停车顶距顶区距离：按现场实际测量数据填记。

② 停车器设置方式：按照设计规范填记 1+1 或 2+1。

（5）牵出线调车设备。

① 名称：如牵 1、牵 2、东牵、南牵等。如车站无牵出线配置，而利用专用线走行线兼作牵出线时，在名称栏应注明，如东牵（“× × 专用线兼用”或“× × 专用线走行线兼用”）等。

② 起止点：应分别注明起止点的道岔、调车信号机的号码及车挡名称等。

③ 坡度：填牵出线向站内方向的平均坡度。

④ 有无局控道岔：填记“有”或“无”。

⑤ 溜放方式：填记单组、连续、多组溜放。

⑥ 制动方式：人力制动机、铁鞋、减速顶等。

知识点三　信号、联锁、闭塞设备

信号是对列车运行和调车作业发出命令或指示的信息符号；联锁装置是在车站范围内用以保证列车运行和调车作业安全的设备；闭塞系统是用以保证区间行车安全的设备。在这三类设备之间建立了一套完整的相互制约的功能，从而保证了行车安全。先进的信、联、闭设备，不仅能保证行车安全，而且能提高行车效率。

一、进、出站（进路）固定信号

根据《站细编制规则》的要求和电务部门提供的“信号配置图”等资料，列表对进站、出站、调车信号机各项内容进行填记。

1. 进站（进路）固定信号（见表 4-13）

表 4-13　进站（进路）固定信号

车场别	方向	信号机名称	设置位置	信号机号码	信号机类别	显示方式	兼用方式	照明方式	有无预告（接近）信号	有无引导信号	有无进路表示器	进站信号机至车站最外方道岔（警冲标、调车信号机）距离/m	操纵方式	操纵人	附记

2. 出站（进路）固定信号（见表 4-14）

表 4-14　出站（进路）固定信号

车场别	方向	信号机名称	设置位置	信号机号码	信号机类别	是否高柱信号	显示方式	兼用方式	照明方式	有无复示信号	有无进路表示器	操纵方式	操纵人	附记

3. 编制说明

（1）进站（进路）固定信号。

① 车场别：车站划分车场时填记。如：上行到达场、下行编发场、客场等。

② 方向：填写邻站站名。

③ 信号机名称：按其用途分别填记“进站”“进站复示”“接车进路”。

④ 信号机号码：按电务信号平面布置图中的编号填写。

⑤ 设置位置：按工务、电务提供的坐标填写。

⑥ 信号机类别：填记“色灯”或“臂板”。

⑦ 显示方式：信号显示方式仅填写与《技规》规定不一致的，同时在附记栏注明显示不

同方式时所进股道。

⑧ 兼用方式：指在何种方式下当何用途。进站信号机兼用接车进路信号机时，填“×方向接车进路”；接车进路信号机兼用某方向进站信号机时，填“×向进站”；兼用调车信号机时，填“调车”；兼用发车进路信号机时，填写“××方向发车进路”。

⑨ 照明方式：填记“电灯”“油灯”或“无”。

⑩ 进站信号机至车站最外方道岔（警冲标、调车信号机）的距离：该距离主要用于计算出站调车时牵出的最大辆数，距最外方道岔的距离应分以下两种情况：

a. 进站道岔为对向时，为尖轨尖端至进站信号机的距离。

b. 进站道岔为顺向时，为岔后警冲标至进站信号机的距离。

c. 车站为集中联锁设备时，为进站最外方道岔的调车信号机至进站信号机间的距离。最外方道岔未设调车信号机的，可按实际填写。

⑪ 操纵方式：填记“集中”或“就地手动”。

⑫ 附记：信号机设在线路右侧或信号桥上的应在附记栏内注明“线路右侧”或“线路上方”。引导接车地点未在进站信号机处时，应填记“××处设引导地点标”。进站（进路）信号机为矮柱时应填记“矮”。

（2）出站（进路）固定信号。

① 信号机名称：填记“出站”“发车进路”“出站复示”等。

② 兼用调车信号机使用时，在兼有方式栏内填写“调车”。

③ 其他栏同进站（进路）固定信号机。

（3）信号机的进路表示器显示含义与《技规》规定不一致时，应在表格下方注明进路表示器的显示方式和含义。

二、调车固定信号

表 4-15　调车固定信号

车场别	信号机名称	信号机号码	是否高柱	设置位置	显示方式	指示意义	有无进路联锁	操纵人	附记

编制说明（见表 4-15）：

（1）信号机名称：按“调车”“驼峰”“驼峰辅助”“驼峰复示”等填写。

（2）设置位置：填记“×号岔前或岔后”，有的防护信号设在无岔区（如专用线运行线兼做牵出线使用时），应注明距“×信号机”或“×号岔头”“×号警冲标内”××m 处。调车信号机一般都设在运行方向线路的左侧，如有设在右侧时，同时应在附记栏内注明“右侧”。

（3）显示方式、指示意义：仅填写与技规规定不一致的部分。

（4）附记：如调车信号兼作他用，须在附注栏内说明。如调车信号机设在运行方向的右侧时，应在附记栏注明“线路右侧”。有非进路调车条件的调车信号机，在附记栏注明“非进路”。

三、联　锁

表 4-16　联锁情况

车站（场）	联锁设备种类	计算机联锁型号及软件版本	附记

编制说明（见表 4-16）：

（1）联锁设备分为集中联锁（继电联锁和计算机联锁）和非集中联锁（色灯电锁器联锁和臂板电锁器联锁）；为无联锁时，不填联锁设备种类，直接注明本站无联锁即可。如果为计算机联锁时，应填记“计算机联锁型号及软件版本”一栏。

（2）车站管辖有辅助所的，须在附记栏内注明辅助所名称。

四、闭　塞

表 4-17　闭塞情况

办理闭塞地点		方向	闭塞方式	类型	有无附属装置	附记
车场	信号楼					

编制说明（见表 4-17）：

（1）方向：填该站相邻站名或线路所名称。

（2）闭塞方式：填基本闭塞法，如单（双）线自动、单线自动站间、单（双）线半自动。

（3）类型：指闭塞设备的型号。按闭塞设备说明书填写，如自动闭塞填写“ZPW-2000A”等；自动站间填写“计轴”等；半自动闭塞填写“64D”“64F”等。

（4）三显示、四显示、双线双向、双线单向等可在附记栏内注明，双线双向的应注明反方向闭塞方式。自动站间闭塞可转为半自动闭塞的填写“半自动”。

（5）有无附属装置：如区间岔线钥匙等。

知识点四　车站信息系统

一、车站行车信息系统

编制说明：

（1）编制现车管理信息系统或编组站综合管理系统设备概况、主要操作流程、功能及维护机制。

（2）编制调车作业计划传输系统设备概况、传输方式、操作流程等。

（3）编制列车预确报系统设备概况、传输方式、操作流程等。

（4）编制列车调度指挥系统（TDCS）或调度集中系统（CTC）设备概况。

（5）编制其他与运输有关的信息系统的设备概况，如车号识别系统、编组站综合控制系统等。

二、票据传输设备

编制说明：

（1）编制设备设置情况、类型。

（2）编制操作办法、修管用办法及故障或停用后的处理办法。

知识点五　通信、照明、供电、给水设备

一、车站通信设备

1．有线通信设备（见表 4-18）

表 4-18　有线通信设备情况

类别	设置处所	设备名称	数量	使用人	保管人	有无记录装置	附记

2．无线通信设备（见表 4-19）

表 4-19　无线通信设备情况

设备名称	型号制式	使用频率	配备数量	使用方式	设置地点及配备情况	有无记录装置

3．编制说明

（1）设置处所填写车站作业人员使用通信设备的处所：如信号楼、扳道房、站长室、货运室、道口等。对一些专用电话、集中电话应在附记栏内指明通话处所。

（2）类别分为无线和有线。有线通信设备部分主要包括有线通信调度通信设备、车站（场）电话及站间行车电话等专用电话设备，无线部分应包括列车无线调度通信设备和无线调车灯显设备及其他站场无线电话等。

（3）使用方式：填写固定式或便携式。

二、站场照明

表 4-20　站场照明情况

顺号	照明设备名称	设置地点	数量	总瓦数	开关设置地点	控制人	附记

编制说明（见表 4-20）：

设置地点及开关设置地点填写具体的设备位置，如旅客站台、货物货台、客运值班室等。

三、供电给水设备

1. 照明及信号供电（见表 4-21）

表 4-21 照明及信号供电情况

设备名称	符合级别	主电源		副电源		有无发电机	有无自动转换
		来源	容量	来源	容量		

2. 电气化区段设备

具体见下面的编制说明。

3. 给水（见表 4-22）

表 4-22 给水情况

设备名称	设置地点	担当任务	供水能力（T/M）	给水来源	附注

4. 编制说明

（1）照明及信号供电容量：指最多能装设的用电设备的总瓦数，一般指供电变压器的容量。照明与行车设备共用一个变压器的，照明供电容量填“共用”或供电部门提供的限制数。

（2）电气化区段设备编制牵引供电来源、供电范围及接触网高度、分相分段绝缘器位置、接触网终点标、隔离开关位置等。

（3）供水能力是指生产用水的供水能力。

四、站内机车整备设备

表 4-23 站内机车整备设备情况

设备名称	设置地点	整备项目	单项整备时分	同时整备台数	设备归属	附记

编制说明（见表 4-23）：

（1）整备项目填写机车整备技术作业的项目内容。

（2）对站内整备的作业限制及要求可填记在附记栏。

五、侵入建筑限界的设备

表 4-24 侵入建筑限界的设备情况

设备名称及处所	至线路中心线距离/mm	距轨面高度/mm	《技规》规定限界	侵入限界距离/mm	记事

编制说明（见表 4-24）：

（1）设备名称及处所：指侵入建筑限界固定设备名称及其所处的位置。如Ⅱ、4 道间 SⅡ出站信号机、3 道西侧旅客站台等。

（2）至线路中心线距离：根据工务、电务、房建、供电等部门向车站提供的设备限界数据资料，只填写侵限设备距侵入线路中心线的距离。

（3）距轨面高度：填写侵限设备距轨面的实际高度。

（4）《技规》规定限界、侵入限界距离：根据《技规》附图一填写。

（5）一个设备多处侵限应分别填记。

（6）记事：填写该侵限设备的影响范围及限制作业的内容，如“影响 × 场 × 道调车作业”或“× 场 × 道不得通过超限车辆”等。

六、与行车有关的其他设备

结合车站设备情况，编制列尾装置、到发线固定脱轨器、挡车器、尽头站台的车钩缓冲装置、轨道衡、货运安全检测装置等设备的设置地点及使用管理办法。

知识点六　客运、货运设备

1. 客运设备（见表 4-25～表 4-28）

表 4-25　旅客站台

编号	位置	高度	长度	宽度	雨棚长度（m）	天桥或地道	附记

表 4-26　候车室

名称	位置	使用面积			容纳人数	附记
		长/m	宽/m	面积/m^2		
合计						

表 4-27　行包房

名称	位置	面积			附记
		长/m	宽/m	面积/m^2	

表 4-28　客车上水栓

位置	个数	给水负责人	附记

2. 货运设备（见表 4-29～表 4-31）

表 4-29　站台、仓库、雨棚

名称	位置	高度/m	使用面积		
			长/m	宽/m	面积/m^2

表 4-30　货车洗刷、消毒设备

名称	位置	台位	能力/(车/日)	有无消毒设备	有无污水处理	附记

表 4-31　超偏载检测装置、轨道衡

名称	位置	型号	生产厂家	产权单位	附记

编制说明：表 4-25 中一个旅客站台面分为两个编号时，编号栏可填记两个编号。

典型工作任务 3　日常作业计划及生产管理制度

4.3.1　工作任务

（1）通过视频和图 4-2 了解不同类型车站作业组织指挥系统，了解各个岗位对应的职责。

（2）分析以下行车指挥图，判断各岗位的工作职责，并思考车站日常生产管理制度的内容和规定。

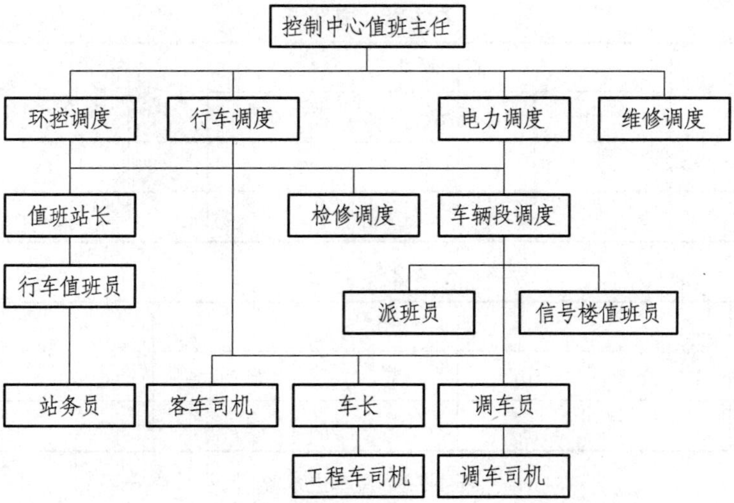

图 4-2　行车指挥图

4.3.2 任务目标

1. 知识目标

掌握不同车站岗位机构的划分，了解作业组织的内容，掌握车站日常生产管理制度以及一些特殊规定。

2. 能力目标

明确不同组织指挥系统构架，确定岗位职责划分，可以根据车站具体条件确定日常生产管理制度的要求、方法、规定等。

3. 能力目标

理解“统一领导，单一指挥”的原则，从自身做起，坚持强基达标、从严务实的工作思路，强化使命责任，不懈奋斗，敢于担当。

4.3.3 相关配套知识

知识点一 车站作业计划组织指挥系统

由于各站技术、业务量和业务性质以及站场设备的不同，因而每个车站机构设置、人员配备、作业组织也有较大差别。所以在编制《站细》时，应根据车站的实际情况，用图例说明该车站编制、下达和执行多项作业计划时的领导指挥关系，用文字详细说明各个岗位的职责。

1. 组织指挥系统

以编组站为例，车站组织指挥系统如图 4-3 所示。

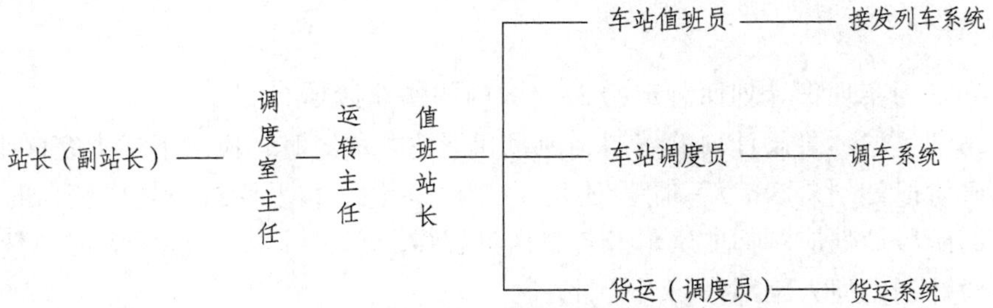

图 4-3 编组站组织指挥系统

2. 岗位职责

车站作业计划必须实行分级管理、统一指挥的原则。在组织实现日（班）计划中，下级调度必须服从上级调度指挥；车站与参与车站作业的各部门，在完成班工作任务中，受车站值班站长统一指挥；在完成阶段计划任务中，受车站调度统一指挥。各岗位的职责主要是：

（1）站长、主管副站长对实现车站作业计划，完成计划中的各项任务和技术指标，以及保证安全生产负全面责任。

（2）调度室主任和运转主任协助站长或主管副站长贯彻其职责。

（3）车站值班站长是实现班计划的领导者和组织者，负责实现班计划的组织和领导。

（4）车站调度员负责领导、组织本班的调车工作，在值班站长的领导下，是本班运输工作的指挥者和组织者。

（5）车站值班员负责领导、组织本班的接发列车工作。

（6）货运调度员负责组织、安排本班货物装卸、取送车作业有关事项。

（7）客运调度员在值班站长的领导下，是完成本班旅客到达及出发、行包及邮件装卸作业的组织者。

（8）调车区长在车站调度员的领导下，负责领导、组织本区的调车工作。

在编制《站细》时，根据车站的具体情况，还应对上述各岗位职责的具体要求、贯彻办法等，列出条文加以详细记明。

3. 班计划

班计划是车站在一个班的时间内，为完成该班运输生产任务而安排的作业组织计划。班计划应根据《调规》的要求，根据车站实际情况，利用该站确定的班计划表进行编制。

在制定《站细》的“班计划的内容、编制、审批和布置办法”时，应对下述内容加以详细说明：

（1）本站班计划包括的内容。

（2）由值班站长（调度室主任或车站调度员）应在何时抄收调度所下达的班计划及其内容。

（3）确定班计划由哪些人员负责编制；在编制前由哪些人员在何时前将什么资料提供给班计划编制负责人。

（4）班计划必须由何人审批，并说明审批的重点有哪些方面。

（5）班计划下达的程序与方法。

4. 阶段计划

阶段计划是为实现班计划而制定的 3 ~ 4 h 内的作业计划。

制定《站细》的“阶段计划的编制、内容和下达办法”时，应对下述内容详细说明：

（1）明确阶段计划是 3 h 为一阶段还是 4 h 为一阶段，以及阶段计划应包含的内容。

（2）编制阶段计划应掌握的资料及资料由谁提供。

（3）阶段计划由何人编制，何人审批。

（4）涉及到发线运用计划的明确规定。

（5）阶段计划的下达人员、时机及下达的方式与方法。

5. 调车作业计划

调车作业计划是为了实现阶段计划，组织调车作业的具体行动安排，其编制和完成的好坏对完成阶段计划、班计划具有十分重要的作用。

制定“调车作业计划的内容、编制和有关标记符合的规定”时，应对下述内容详细说明：

（1）本站调车作业计划的内容和调车区编制计划的负责人。

（2）作业计划的下达形式、人员和方法。
（3）作业计划变更时的规定。
（4）调车作业通知单的格式。
（5）调车作业通知单上，按铁路局规定和本站补充规定的有关标记和符合。

知识点二　日常生产管理制度

建立完善的生产制度，是车站有关行车人员在日常工作中能有章可循，圆满完成产任务的重要条件。因此，应根据车站的具体条件，对下述各种制度中的要求、方法、规定等，用文字、图表进行详细说明。

现在车掌握是车站运输工作的重要基础资料，掌握及时、准确、完整的车站现在车，才能编制出正确、可行的车站作业计划，调整运用车保有量。调车区长、车站调度员必须明确掌握所属调车区的现在车数及其分布情况。

1. 现在车掌握办法

（1）根据车站具体情况说明本站现在车掌握人员的职责和要求。
（2）本站现在车掌握所采用的方法，按分类掌握和分布掌握分别详细说明现在车掌握人员的分工。
（3）确定在掌握现在车的过程中，各有关人员之间的相互联系及报告要求。
（4）设有现车管理信息系统的车站，编制系统故障时现在车掌握方法。

2. 列车预确报办法

结合车站实际情况，应编制以下内容：
（1）调度所对车站预报的具体内容、次数和时间。
（2）车站有无确报所、确报设置地点。对各方向确报站拍发确报的方式和内容，必要时按列车类别（直达、直通、区段等）分别说明确报的方法和内容。
（3）到达、始发列车确报的时限、份数和填写要求。
（4）到达和出发确报的交接人员、互签制度、保管办法及跨班交接办法等。
（5）按国铁集团、路局集团有限公司规定建立出发列车确报考核办法。
（6）列车确报设备发生故障或停电时的传递方法。

3. 各种技术作业表填记要求的补充规定

（1）车站各技术作业图表的填画和表示方法，按《调规》的规定填画，需补充之处，由铁路局规定填画或表示方法。
（2）调车机作业动态代号，按铁路局的规定填记。
（3）班计划表及班工作总结表中的实际完成数字的填记，应定出填记人员的分工，以保证表中各栏的准确与完整。
（4）车站自定的其他作业图表的填记要求，由车站自定即可。

4. 车流去向代号的规定

根据列车编组计划规定的本站各列车编组内容组号，编成车流去向代号。重车按去向编代号，空车按车种编代号。规定代号的方法由车站自定。如以数字代号“1 方向”“2 方向”“3 方向”，或冠以车流方向如“东 1 号”“东 2 号”“西 1 号”“西 2 号”“南 1 号”“北 1 号”等均可。

5. 货运单据的传递、保管和交接办法

（1）按中转货车、车站作业车和其他票据分别制定出办法。

（2）按到达、始发技术作业流程，分类别说明货运单据的传递路线、传递的方式方法、在哪些环节上需对货运单据进行保管或暂时保管、保管负责人（职名）等。

（3）对传递的过程中各环节的时间要求和交接登记、签认的规定。

（4）对特殊货物的运输，如蜜蜂车、鱼苗车、牲畜车、加冰加盐冷藏车以及洗刷、消毒、检修等车辆货运单据，其传递保管办法也应详细说明。

6. 站车交接的补充规定

站车交接分别按到达、始发和无调中转作业编制以下内容：

（1）站车交接地点及人员，由铁路局指定，涉及两铁路局时由有关局商定。《站细》中要明确定出本站的站车交接地点和交接人员。

（2）站车交接的时间和签认制度，应根据车站技术作业程序及其时间标准，由车站与有关单位商定后，签订站车交接协议。

（3）货物（车）检查交接的内容及发现问题的处理方法，应根据《铁路货物运输管理规则》及有关规定办理，将其处理方法及有关规定列出。

7. 日常运输分析、考核制度

日常运输分析具有连贯性大、时间性强的特征，运输日常分析对加强车站工作，挖掘运输潜力，提高工作效率与管理水平，起着重要作用。

（1）运输分析包括：日常分析（包括班工作分析和日工作分析，车站可结合本站具体情况，建立“运输生产完成情况日报表”加以解决）、定期分析（包括旬运输工作分析和月度运输工作分析，应定出旬分析会的主持人、参加人以及分析资料的提供人等，月度分析由站长（副站长）主持，各科室负责人及技术人员参加）、专题分析（是指对运输工作中的重点问题，或带有普遍性、关键性问题不定期的一种分析）。

（2）车站的日（班）计划考核，应按《调规》规定的考核项目、要求，定出车站的具体考核办法。

（3）运输分析统计资料的建立和保管。车站应建立各种基础资料（如车流、中转车、作业车、调机运用、通过及改编能力、计划总现、运输方案、班组竞赛等）的保管制度，并指定专人负责。上述资料连同车站工作报告等建立车站运输工作综合台账，并按月、季、上半年、下半年、年进行填记。车站的基础资料应长期保存。

8. 计划人员交接班制度

铁路运输的特点之一是其不分昼夜、不间断地进行生产活动的连续性。车站为了最大限度地减少因交接班而产生的等待时间，做好车站日常作业计划在交接班计划时衔接，应在《站细》中详细定出车站计划人员交接班的制度。这一制度的建立，对车站保证按运行图不间断地接发列车具有重要作用。

“计划人员交接班制度”应编制下列内容：

（1）按车站实际定出本站哪些人员属于“计划人员”。

（2）详细说明交班计划人员应提前在何时准备好交给接班计划人员编制作业计划的基础资料。该资料包括：

① 车场股道运用及现车情况。

② ×时前各方向到达列车确报。

③ 调车机整备情况。

④ 各货场、岔线的装、卸车情况。

⑤ 其他需说明的情况。

（3）详细说明交班计划人员应在接班人员接班时交出的现场、现车实际情况，即所谓“交接班基础”。该“基础”一般包括：

① 哪些列车应在交班时编、解完毕。

② 哪些作业车应在何时前送达卸车地点。

③ 调车机车应在何时停轮或入场整备，以保证接班后调车机按时开始工作。

④ 规定各车场车辆分类线必须按固定使用，不得混线。

⑤ 规定各车场间的转场车、交换车不得超过的数量标准。

⑥ 车站认为应列入的其他要求。

（4）接班计划人员应于接班前何时到站，核对交班计划人员提供的“计划基础资料”和“交接班基础”情况，并逐项进行核对和签认。

前述的各项规定、要求等内容仅为计划人员交接班的制度。计划人员以外的行车人员交接班制度，由车站另定。

9. 班工作总结制度

车站应根据《调规》中“关于车站作业分析”的要求，确定该制度内容。一般应包括下述各项内容：

（1）每班工作结束后，由站长（或主管副站长）主持班工作总结分析会。

（2）说明参加班工作总结分析会应参加的人员。

（3）说明班工作分析会应对班中哪些方面应进行重点总结分析。

（4）对站长（或主管副站长）在总结分析会上做的指示、要求等，应由技术室参加人员记录于专用记录簿内，作为日常工作分析的资料。

（5）分场管理的车站，可规定先分散后集中的形式进行。即先车场（车间）比照车站规定召开工作总结分析会；然后由车场（车间）负责人再参加车站交班会。

（6）站长（主管副站长）对日计划编制、执行情况进行考核。考核内容、办法按《调规》

中的规定办理。

10. 地区联劳组织和路内外协作

（1）结合该铁路地区情况说明由何部门组织、主持地区联劳工作，地区联劳委员会的参加单位以及车站联劳班组的组织形式。

（2）制定联劳办法、建立联劳的各项制度。

（3）制定与路内外单位的协作办法。

11. 其　他

（1）存放动车组的高铁车站，动车组钥匙交由车站临时管理时的交接规定，动车组需进行防冻保温、融冰除雪、绝缘子擦拭及临时情况时与车站的联系办法。

（2）旅客列车站内吸污的有关规定。

（3）行车设备、备品定期检查的规定。

（4）停车顶、停车器使用管理规定。

（5）车站在日常作业计划和生产管理上的其他规定等。

知识链接：CTC 车站中心操纵方式下，车站现在车由助理调度员掌握；车站操纵方式下由车站调度员、车站值班员掌握；车站调车操纵方式下，使用人工的方法掌握现车。

知识链接：动车组列车为固定编组，不办理编组顺序表交接。

CTC 区段的车站办理交接方法：① 车站操纵方式、车站调车操纵方式时及未纳入 CTC 系统的车站，比照 TDCS 车站的规定办理；② 中心操纵方式时，遇特殊情况根据列车调度员指示，车务应急值守人员负责与司机办理有关随车运输票据的交接、保管工作，办法比照 TDCS 车站的规定办理。

CTC 车站编制“道岔管理制度”的特殊规定：① 车站道岔清扫由点五部门负责；② 道岔清扫、初雪等时的管理制度结合车站的实际情况比照上述规定制定。

典型工作任务 4　接发列车工作组织

4.4.1　工作任务

（1）分析“正常作业”“非常作业”“特殊条件下”的接发列车作业的区别。

（2）分小组演练接发车作业，熟悉接发列车作业流程。

（3）思考并讨论在非正常情况下接发车作业时，我们如何保障安全行车。

4.4.2　任务目标

1. 知识目标

掌握车站接发列车组织指挥系统结构，掌握正常情况下编制《站细》时的规定和作业办法以及一些注意事项，确定非正常情况接发列车的类型，掌握非正常情况接发列车作业办法。

2. 能力目标

能够阐述接发列车在运输作业过程中起到的作用，能够结合正常情况和非正常情况下接发列车的特点编制《站细》相关内容，并进行补充。

3. 素质目标

认识接发列车作业安全的重要性，完善安全生产责任制，按规定章程作业，消除自身的不安全行为，熟练掌握操作技能，让执行标准成为一种习惯，进一步保障作业安全。

4.4.3 相关配套知识

知识点一 正常情况时的接发车作业

1. 组织指挥系统

依据《技规》《接发列车作业》，应编制以下内容：

（1）组织指挥系统图。根据车站实际，用文字或图例（组织结构图）说明车站接发列车组织指挥系统。

（2）有几个接发列车车场时，应说明每个车场的各自管辖区域，并指出哪个车场负全面统一指挥的责任。

（3）接发列车人员的职责分工，应根据《技规》《行规》及《接发列车作业标准》中有关规定，结合本站实际情况分项详细编写。

2. 接发列车作业程序及用语

根据《技规》《行规》及《接发列车作业标准》中有关条文，结合本站实际情况列表或分项详细编制，对特殊情况可进行补充。

知识链接：依据《技规》《接发列车作业》，应编制以下内容：

（1）正常情况时，车站执行《接发列车作业》中对应标准的名称及代号，车站执行两个及其以上标准时，应按邻站（邻场）分别说明。

（2）《接发列车作业》标准的补充规定。

① 设有 TDCS. CTC CIPS（SAM）等系统的车站作业办法。

② 单线自动闭塞车站的接发列车作业标准，参照《接发列车作业》标准制定。

③ 接发列车时，需通知的有关人员，动车组、特快旅客列车通知接车时机。

④ 填写占线板（簿）的规定。

⑤ 立岗接车的规定，确定接发车人员的立岗位置。

⑥ 存在多方向接发车的车站在用语中要冠以方向和站名，具体办法在此制定。

⑦ 一站多场的场间接发列车作业程序和用语。

⑧ 非集中联锁车站接车或发车进路上设有多名扳道员（长）准备进路时，扳道员（长）复通顺序的规定。

3. 接发列车进路的准备办法

应根据《技规》《行规》及《接发列车作业标准》中有关条文，结合本站实际情况列表或分项详细说明。

（1）确定接车线路空闲办法。

（2）接车进路准备时机和办法，包括变通进路、延续进路的准备办法。

（3）接车进路的确认办法。

4. 确认接车线空闲的办法

根据不同的闭塞法、不同的联锁类型特征，通过设备检查确认、人工检查确认和辅助手段三个方面详细说明检查、确认线路空闲的方法；确定有关工种检查接车线路空闲的范围等。

5. 各方向停止影响接发列车进路上调车作业时机的规定

车站应根据具体情况，如设备条件、列车在区间运行时间、调车作业繁忙程度、站外坡道情况等因素，确定停止影响进路调车作业的时机。经确定后，可使用表格进行编制。如一端有两个及其以上方向时，在表格中还须写明“接何站经何线接车”“经何线向何站发车”字样。

（1）停止影响接发列车进路的调车作业时机。

① 停止影响接发列车进路调车作业的时机可按以下方式填写：接到邻站开车通知后、同意闭塞（接受预告）后、不迟于列车到达前×分钟、不迟于列车发车前×分钟。

② 对特快旅客列车、动车组，应按有关规定分别明确停止影响进路的调车作业时机。

（2）停止影响接发列车进路调车作业的联系方法及报告制度。

明确在准备接发列车进路前，接发列车人员与调车组人员、司机之间的联系、确认、报告制度。调车作业影响接发列车进路主要考虑以下几种情况：

① 调车进路与接发列车进路重叠；

② 调车进路与接发列车进路交叉；

③ 调车进路违反接发旅客列车特定的限制条件；

④ 接发超限列车或邻线调动超限车辆而线间距不满足规定距离：

⑤ 进站信号机外制动距离内进站方向为超过 6‰的下坡道，在接车线末端无隔开设备的延续进路上调车作业；

⑥ 其他影响列车进路的调车作业（如在无隔开设备的线路上向按发列车进路方向手推调车等）。

6. 信号开放、关闭时机和确认开闭状态的办法

信号开闭时机可参考表 4-32 的格式填记；确认信号开闭办法，按《接发列车作业标准》的规定编制。

依据《技规》《接发列车作业》，应编制以下内容：

（1）根据列车等级、列车运行速度、区间运行时分等，确定接发列车时开放信号的时机。

（2）信号关闭时机仅编制与《技规》规定不一致的。

（3）信号状态确认办法：通过控制台或现场确认。

表 4-32　信号机开放的时机

种类 方向	进站信号（到达前）				出站信号（出发前）			
	×× 方向	×× 方向	×× 方向	……	×× 方向	×× 方向	×× 方向	……
普速列车								

7. 车站直接发车或中转发车的办法

（1）本站可否中转发车，有无特殊要求。

（2）本站可否直接发车，直接发车的条件和限制。

8. 接发客运列车线路的规定

具体编制客运列车接、发及通过时应使用的线路。

依据《技规》规定，应编制以下内容：

（1）明确准许接发旅客列车的线路。

（2）接发动车组、特快旅客列车的注意事项。

（3）明确办理客运业务的动车组列车固定接发股道。

9. 接发超长、超限和其他特种列车的办法

（1）接发超长列车的办法：

① 列出本站小于列车运行图规定列车长度的线路。

② 接发超长列车的具体办法。

③ 超长列车的相对方向同时接车的安全措施以及接超长列车时有关调车作业的限制。

（2）接发超限列车的办法：

① 列出本站接发超限列车的固定线路。

② 邻线调动超限车辆（车组）或邻线停有超限车辆（车组）时，接发列车的限制。

③ 超限货物车辆（车组）在站内停留时的管理。

（3）接发其他特种列车的办法。

（4）路用列车及救援列车的开行办法。

10. 相对方向同时接车和同方向同时发接列车的规定

根据《技规》《行规》的有关规定，结合车站线路设备实际情况，具体详细逐条说明哪些情况在哪些线路上禁止办理该项作业以及本站的特殊规定等。

依据《技规》，应编制以下内容：

采用表格或文字方式分线路、方向列出禁止办理（或准许办理）相对方向同时接车和同方向同时发接列车的情况。

（1）进站信号机外制动距离内，进站方向为超过 5‰的下坡道，相对方向同时接车和同方向同时发接列车的规定。

（2）在接、发旅客列车的同时，接入列车运行监控装置或轨道车运行控制设备发生故障的列车、制动力部分切除的动车组列车的规定。

（3）在无联锁条件下或不能自动形成隔开时，隔开设备的检查、准备、报告制度。

（4）不能办理同时接发列车时，车站值班员应按以下原则掌握接发列车作业时机。

① 遇两列车不能同时接发时，原则上应先接后发；如到达列车必须进入待发列车所占线路时，则需先发后接。

② 相对方向不能同时接车时，须待先接入的列车进入接车线警冲标内方（超长列车除外）并停妥后，方准接入另一列车。

③ 同方向不能同时发接列车时，待出发列车出站（场）或接入的列车进入接车线停妥后，方准接入或发出另一列车。

11. 接发列车有关制度的规定

为保证车站接发列车作业的安全，还应明确以下规定：

（1）车机联控办法。

（2）安全帽（卡）的使用办法。

（3）设备故障、维修、施工登记制度。

（4）列车无线调度设备的使用、管理、维修办法。

（5）列车在站内转线办法。

（6）列车编成后汇报的规定。

（7）轻型车辆使用办法。

（8）接车列车人员作业中的要求。

（9）接发列车人员“立岗”的位置。

（10）行车备品名称、放置地点、数量、交接方式等。

（11）其他特殊规定。

12. 行车人员交接班制度

分项详细制定出交接班时间、地点、参加人员、内容及要求等。

知识点二　非正常情况的接发列车办法

1. 无联锁条件下的接发列车办法

在无联锁设备或联锁设备失效的线路上接发列车时，从设备上既无法保证接发进路的正确，又不能锁闭敌对进路，极易发生事故。为保证在此情况下接发列车的安全，应根据《技规》《行规》及《接发列车作业标准》中有关规定，结合本站实际条件，具体详细地编制以下内容：

（1）无联锁条件下接发列车的组织指挥系统，应用文字或图例说明领导指挥关系，用文字说明参加此项作业人员的责任分工。

（2）在无联锁条件下的接发车办法。

按《技规》《行规》及《接发列车作业标准》中的规定，分别编写接车与发车的作业办法，按程序和设备故障程度分别说明；改用电话闭塞行车时，应详细说明路票的填写、检查、核对、交付的办法和责任划分。

（3）引导接车办法，包括：

① 使用引导锁闭接车的办法。

② 使用引导总锁闭接车的办法。

③ 派引导员使用手信号引导接车办法。

④ 需要加锁的道岔以及道岔加锁后钥匙、手摇把、插孔钥匙的使用与保管办法。

⑤ 说明无岔区轨道电路故障后，开放引导信号接车的条件和限制。

⑥ 说明单控锁闭的条件和限制。

（4）非到发线接发列车或在未设出站信号机线路上发车的办法，可参照“在无联锁条件下接发列车办法”编制。

（5）无双向闭塞设备或双向闭塞设备故障时，反方向接发列车的办法，亦可参照“在无联锁条件下接发列车办法”编制。

2. 电话中断时的行车补充办法

（1）明确本站的优先发车方向。

（2）确定连续发出同一方向列车时的两列车出发的最小间隔时间。

（3）关于红色许可证填写的规定。

（4）车站认为需要的其他补充规定。

（5）非优先发车站接入第一趟列车的规定。

电话中断后，非优先发车站在未得到优先发车站“准接你站发出的列车”的通知书前，应做好接车准备，在确认列车车次后及时办理接车。

3. 天气不良时的接发列车办法

（1）明确规定“天气不良”的条件。

（2）明确规定停止影响接发车进路的调车作业时机，开放信号机时机，检查、确认进路正确的办法。

（3）准备接发列车进路的有关规定。下雪、结冰期间，信号楼应配合扫雪除冰人员，经常转动道岔以保持其灵活性，必要时要提前准备好接发列车进路。

4. 特殊情况下须取消发车进路的有关规定

（1）发车进路准备妥当，出站（发车进路）信号已开放（行车凭证已交付）时，取消发车进路的办法。

（2）有运转车长值乘的列车，助理值班员已得到运转车长显示的发车信号，列车尚未起动时，取消发车进路的办法。

5. 电化区段接触网停（断）电的接发列车组织办法

（1）接触网供电区（供电臂、分段绝缘）的划分。

（2）接触网停电时承认闭塞时机。

（3）列车在区间停电时的列车组织办法。

（4）滑行进站及补机送出车站的接发列车组织办法。

（5）分场区停电时的行车组织办法。

（6）列车头部已进站，尾部未进站时站内停电时的行车组织办法。

6. 其他特殊规定

如电动道岔手摇把保管与使用办法，改变货物列车基本经路、使用总人解和区段人工解锁盘的规定，路票、红色许可证、绿色许可证、车站值班员命令填写式样等。

典型工作任务 5　调车工作组织

4.5.1　工作任务

（1）根据对车站调车工作的组织和分工了解，完善调车工作组织指挥系统及管理制度；

（2）认真研读 × 站《站细》调车工作组织部分，梳理编写思路，整理要点。

4.5.2　任务目标

1. 知识目标

了解调车工作组织指挥系统及管理制度，并能够完善相关规定；了解《站细》调车工作组织部分。

2. 能力目标

将调车课程与规章课程所学知识做到有机结合，能够完善《站细》中调车相关规定。

3. 素质目标

养成“知其然并知其所以然”的思考习惯，培养爱岗敬业、遵章守纪的职业意识和工作作风。

4.5.3　相关配套知识

知识点一　调车工作组织指挥系统

按车站调车作业区域的划分和人员配备，用文字或图表说明调车工作领导指挥系统。

知识点二　调车工作管理制度

调车工作管理制度包括：班前休息、班中着装、点名、对号交接班（时间、地点、方法、要求）、作业前准备、分工包线、工具备品管理、交班应具备条件、联劳协作以及班后小结制度等。

知识点三　调车区划分及调车机车分工

此项内容包括：调车区域划分，调车机车作业分工以及各调车机车交接班时间及停留地点。

知识点四　调车作业计划的布置和变更

此项内容包括：调车领导人向调车指挥人、车站值班员、扳道员、司机、连结员、制动员等布置调车作业计划的方法及要求；中间站利用本务机调车时，布置、传达计划的办法；变更调车作业计划的规定和限制；岔线、货物线、段管线调车计划变更后，作业完了向调车领导人汇报的方法和内容。

知识点五　出站、跟踪调车的有关规定

1. 跟踪出站调车（简称“跟踪调车”）

此项内容包括：本站跟踪调车的允许范围、时机及与前发列车的间隔时间；跟踪调车通知书的填写人员，以及通知书的核对、转交与收回的规定；调车通知书收回后的汇报及开通区间的手续；跟踪调车，其车列中挂有超限货物车辆时的作业规定；本站禁止办理跟踪调车的情况。

2. 越出站界调车（简称“出站调车”）

此项内容包括：分别列出本站出站调车的办理办法及使用凭证；出站调车通知书的填写、交付和收回的规定；通知书收回后的汇报和办理开通区间手续的规定；出站调车其车列中挂有超限货物车辆时的作业限制；本站禁止办理出站调车的情况。

知识点六　接发客运列车时调车作业的规定

此项内容包括：在接发客运列车时，允许进行哪些调车作业；没有隔离设备时，须禁止进行哪些调车作业；特殊困难的车站，在接发客运列车时，必须进行调车作业时，应由车站制定好安全措施，报经铁路局审核批准后，再编入《站细》。

知识点七　到发线调车作业办法

此项内容包括：占用或影响正线、到发线进行调车作业的规定；本站正线、到发线上允许、禁止采用的调车作业方法，如推送、溜放等；根据到发线坡道情况，对解体前或编组后停留的车列、车组、车辆应采取的防溜办法、到发线停留车辆时，应采取的措施和办法；集中联锁的车站，调车作业压信号的联系办法，以及禁止调车返岔子的地点；车站认为有必要制定的其他规定。

知识点八　转场、越区作业办法

1. 转场作业办法

此项内容包括：转场作业的联系办法；转场作业开始时机的规定；转场作业经由或跨越正线、到发线时应遵守的规定；转场作业如需连结制动软管时其比例以及是否试风的规定；转场作业时调车组人员随乘位置、要道还道、信号显示与确认的规定。

2. 越区作业办法

此项内容包括：越区作业的联系办法；越区作业开始时机的规定；越区作业的注意事项和限制；越区作业完毕的通知和汇报。

知识点九　调车工作方法

“调车工作方法”在此实指调车作业时在技术操作上的方法，即推送法和溜放法两类。溜放法调车，又有单钩溜放、连续溜放、多组溜放、惰力溜放、牵引溜放等方法。车站编制《站细》时应明确规定出车站各车场、调车区和作业处所应采用的调车工作方法，并结合作业特点，制定作业要求。

知识点十　驼峰与牵出线作业有关规定

1. 驼峰作业

此项内容包括：驼峰作业方案；推峰作业联系办法；调车进路的准备（包括峰顶和编尾）办法；驼峰信号和推峰速度的规定；峰上与峰下联系办法；大轴距车（内轴距）的汇报、调车计划的标记要求、检查确认及处理办法；驼峰解散（溜放）车组间隔距离的规定；车辆禁止过峰的限制；限界检查器的检查办法；驼峰楼作业办法；车列预推的规定；峰上提钩的要求；迂回线、禁溜线作业办法；驼峰机车下峰作业的规定；整场作业的规定；集中联锁驼峰信号切断按钮的使用办法；其他故障处理的办法。

2. 牵出线作业

此项内容包括：作业前的联系办法；调车速度的掌握办法；进路的准备和确认办法；牵出线作业中的联系办法；排风摘管的规定；提钩的要求；溜放车组间隔的规定；顺路带车方法；扳道工作的规定。

知识点十一　铁鞋制动的有关规定

为了做好铁鞋制动工作，应配有铁鞋制动组。铁鞋制动组由制动长（铁鞋组长）统一指挥，并本着“固定包线、灵活分工、邻线互助、循环制动”的原则进行铁鞋制动作业。

此项内容包括：铁鞋制动的分工包线的规定；铁鞋制动方法；对做好间隔制动、目的制动在操作上的要求；峰上照顾峰下作业的办法；禁止使用铁鞋的规定（哪些线路禁止使用，哪些车辆禁止使用，哪些铁鞋禁止使用）；撤鞋的规定和压鞋时的处理办法；铁鞋的管理办法；其他注意事项。

知识点十二　使用人力制动机制动的有关规定

此项内容包括：使用折叠式人力制动机的规定；使用人力制动机制动的地点；人力制动机制动时的步骤和方法，包括一人制动时的最多辆数和多人制动大组车时的方法，以及人力制动机制动时的联系方法；接力式制动的限制；作业时使用安全带的规定；禁止使用人力制动机制动的车辆和线路。

知识点十三　使用其他制动设备的规定

1. 车辆减速器

此项内容包括：减速器的使用办法；减速器操作规定及应急处理；禁止使用减速器的车辆；溜放车组的间隔距离及各部位减速器的出口速度。

2. 减速顶

此项内容包括：减速顶安全作业的方法；减速顶的管理办法（包括检查、更换和维修）；禁止使用减速顶的情况。

3. 脱鞋器

此项内容包括：脱鞋器调速办法；出口速度的规定；发生危及行车安全时，向制动人员报警等应急措施。

知识点十四　要道还道制度

此项内容包括：扳道员之间的要道还道办法；集中区与非集中区之间调车时的要道还道办法；确定本站所有线路的号码；确定手信号显示方式。

知识点十五　限制机车类型的线路和调车速度有关规定

此项内容包括：哪些作业或哪些地点，调车时须低于《技规》规定的速度，并且规定速度最高不得超过多少；确定和划分走行线范围，规定出走行线速度的限制。

知识点十六　联系信号的补充规定

在调车作业中，由于作业情况复杂，参加人员多，所以相互之间的联系也很频繁。在调车工作中，信号应按《技规》《调标》中规定显示外，车站可根据实际需要，对联系用的手信号做出补充规定，如溜放调车中"多人制动时相互间联系信号"、推送车辆运行时的"顿钩信号"等。在补充规定中，应对补充信号名称、使用范围、昼间夜间显示方式，用文字或表格详细说明。

知识点十七　同一线路上的同时作业办法

此项内容包括：在未划分调车区的线路上，禁止在同一线路相对方向同时进行调车作业的项目；在已划分调车区的线路上，禁止在同一线路相对方向同时进行调车作业的项目。

知识点十八　天气不良时的作业方法

此项内容包括：说明哪种天气情况应按天气不良办理；天气不良时的作业办法，包括信号显示距离不足 200 m 时应采取的措施；对溜放调车应有的限制，设有无线调车灯显设备时的联系办法；天气不良时的安全措施，如调车时不准停有堵门车，须连接部分制动软管，连挂前一度停车等。

知识点十九　禁止溜放的线路及其作业的规定

此项内容包括：根据工务部门提供的线路坡度，确定本站禁止溜放的线路；列出在哪些情况下，禁止使用溜放法调车，如机车前后均挂有车辆时，调车组不足三人时，有接触网的线路上溜放车辆使用人力制动机制动时等；对禁止使用溜放法调车的线路，应采用的调车方法及其作业的规定；站内无人看守的道口位置及道口通行的范围等。

知识点二十　停留车辆的防溜办法

此项内容包括：列出本站哪些线路（地点）和哪些车辆采取防溜措施，并分别对各线路和车辆说明防溜的方法；说明在本站哪些地点（处所）配置防溜器具及名称、数量，说明对其分工保管和交接的制度。

知识点二十一　调动、停留装载特种货物车辆的规定

特种货物系指按组级代号办理的军用弹药、炸药、毒剂、七〇七（一、二级）等。由于

其涉及军事运输或重点任务，具有时间要求紧，保密性和安全标准高的特点，因此，应按《技规》《行规》的规定，结合车站实际进行编制。为避免重复，把凡属军事运输管理的内容单独汇总编制。作为《站细》附件的车站，在编制时，可写明“见附件×军事管理第××条”；对不办理军运的车站，可编制以下内容：装载特种货物车辆应指明由调车领导人重点掌握，规定在编制作业计划时应在调车作业通知单上标明，并定出应采取的保证安全的措施；制定调动此类车辆时的调车方法、速度和作业限制；确定此类车辆的固定停放线路及停留时与其他车辆应保持的距离。

知识点二十二　调动装载超载货物车辆的有关规定

此项内容包括：列出准许装载超限货物车辆进行调车的线路；对车站内线间距离不足 5 000 mm 时，调动装载超限货物车辆的限制；按车场、线路定出调动装载超限货物车辆时速度的规定及安全措施；调动此类车辆时，在编制的作业计划中及交接计划时的注意事项。

知识点二十三　调车作业连结制动软管的规定

此项内容包括：列出本站需连结制动软管的区域和作业种类；与机务段商定后连结制动软管的数量比例；连结制动软管后调车开始前的简略试验；使用简易放风制动阀的规定。

知识点二十四　排风作业的规定

此项内容包括：排风制动员的设置地点、人数、分工办法和所属关系；排风作业前的联系办法、内容及作业登记办法；摘管作业依据以及排风摘管时的防护办法；排风、摘管作业的时间和作业标准；排风、摘管后的复检办法；定出检查不宜使用铁鞋制动、不宜过峰的车辆以及其他需要报告事项的检查人、检查方法和检查后的汇报制度。

知识点二十五　货物线、段管线、岔线取送车办法

此项内容包括：用文字或图表逐线说明有关技术设备的情况，如线路全长、出岔点、走行线长度、有无大门、经过道口（有无人员看守）数、线路数及其有效长、坡度、站台、照明等；在这些线路上调车的特殊要求，如石油库、炸药库等的特殊要求。在编制方法上，可先编上述线路中共性的内容后，再逐条编制各线个性的内容。

知识点二十六　手推调车办法

此项内容包括：列出本站准许（或禁止）手推调车的地点；明确规定手推调车应经何人准许以及手推调车时的监督人和执行制动的胜任人员由何人担任；每次手推调车的辆数限制

及作业完毕后的汇报制度等。

知识点二十七　调车机整备、替换办法

此项内容包括：调车机整备时间、地点和次数；固定调车机整备、检修时替换办法；确定调车机临时发生故障超过多少时间，机务段就应派出替换机车；规定调车机待命地点及要求；替换的调车机车不具备规定条件时，需进行调车作业的规定。

知识点二十八　机车出入段办法

此项内容包括：确定车站与机务段的分界地点及其防护信号（标、牌、灯）；确认出段、入段线路及其运用；机车出入段联系办法及出入段信号显示的规定；签注司机报单的地点及规定，确定车站机车走行线（包括正常与非正常的办法）；车站认为需要编制的其他事项。

知识点二十九　使用无线灯显调车设备

调车的规定此项内容包括：无线调车灯显设备的使用、管理、维修办法；制定联系通话标准用语；灯显作业指令。

知识点三十　其他规定

除前述已纳入《站细》中有关调车工作的条款外，可根据车站实际情况的需要，编制或补充以下内容：车站渡线、道岔联动区停放车辆的规定；轨道电路“死区段”的处所、长度以及在“死区段”作业时的安全措施；站内接触网线路隔离开关操作规定；无信号机的调车作业办法；经由侵限设备调车时的作收规定；重型轨道车出入库（段）的办法；压轨道电路而调车信号机不能开放时的作业联系办法；挡车器使用管理办法；使用峰尾停车器的有关规定；行车事故救援工作规定等。

典型工作任务 6　客、货运工作组织

4.6.1　工作任务

（1）结合任务 3、4、5 中的内容推断《站细》中关于客运工作、货运工作组织有哪些方面的规定，并查阅相关《站细》验证你的推断。

（2）思考客运站的《站细》中货运工作组织部分、货运站的《站细》中客运工作组织部分该如何规定。

4.6.2 任务目标

1. 知识目标

掌握《站细》中关于客运工作、货运工作应分别包含的内容。

2. 能力目标

能够结合某站《站细》中技术设备概况、接发列车作业、调车作业部分的规定，读懂该《站细》中客运、货运工作组织部分的规定；能够结合车站实际生产情况及设备变更、车流变化对《站细》中客运、货运工作组织部分内容提出可行的修改意见并进行补充修改。

3. 素质目标

感受《站细》编制者为保证车站运输生产安全，全面又细致入微地排查安全隐患而制定全面又具体的作业办法的良苦用心，使学生树立“预则立、不预则废”的意识、形成严谨细致的工作作风、树立的牢固的安全责任感。

4.6.3 相关配套知识

知识点一　客运工作

与行车有关的客运组织指挥系统。《站细》中应制定有关人员的职责及有关的联系制度，包括：客运列车运行、接发车线路计划及有关事项的通告、安排与联系制度；临时变更计划时的联系办法；客运列车接车前的预告及准备工作办法；客运列车发车前站台客运作业完毕与发车人联系办法，以及发车前鸣示预告发车铃时间和负责人的规定；行包装卸的相关规定；客运站台之间各种通道及其管理等。

知识点二　货运工作

与行车有关的货运组织指挥系统。《站细》中应具体阐述货物检查办法；货物装卸作业防护办法；全站货位数（按作业区域、股道分别列出），装卸作业能力（按装卸机械设置的作业地点，机械的名称、型号或规格，机械的数量、起重量、跨度、走行轨长度和作业能力等，分项逐条说明）；直达、成组装车的组织办法；放蜂、加冰、加盐、牲畜及鱼苗车上水、货车洗刷消毒的作业条件和联系办法；需要编入《站细》的有关货运工作的其他内容（如路厂、路矿、路港运输协议，车辆交接办法及监装卸作业汇报制度等）。

典型工作任务 7　军运工作组织

4.7.1 工作任务

（1）查找《铁路技术管理规程》中关于军用列车的规定仅四处，如果你想了解关于军运工作的规定，除了查阅《技规》还可以查找哪些文件？

(2)《站细》中关于军运工作组织有哪些方面的规定？

4.7.2 任务目标

1. 知识目标

掌握《站细》中关于车站军运工作指挥系统应包含的内容；掌握《站细》中关于接发军运列车前的准备与联系部分应包含的内容；掌握《站细》中关于编组军用列车、车站内调动军用车辆应包含的内容。

2. 能力目标

能够结合某站《站细》中技术设备概况、接发列车作业、调车作业部分的规定，读懂该《站细》中军运工作组织部分的规定；能够结合车站实际生产情况对《站细》中军运工作组织部分内容提出可行的修改意见并进行补充修改。

3. 素质目标

认识铁路运输生产对于国防安全的意义，树立大局意识，在铁路运输的岗位上为祖国的国防安全贡献一份力量。

4.7.3 相关配套知识

知识点一 组织指挥系统

此项内容包括：车站军运领导小组；车站军运领导小组工作职责；军运工作岗位责任制及作业程序标准。

知识点二 接发军用列车前的准备、联系

此项内容包括：接发军用列车前与军代表的联系办法；接发军用列车线路的规定及准备工作（分对有人员乘降和饮食供应的列车、对挂有军事人员及物资的货物列车）；有关人员检查列车运行和装载加固的规定和办法。

知识点三 军用列车（车辆）编组

军用列车的编组，应按《铁路军事运输管理办法》中有关编组、隔离的规定，由军运部门和部队提出的方案办理。调车作业根据《技规》《铁路军事运输管理办法》中的规定，编制以下内容：调车计划编制和有关符号的规定；军用车辆调动的规定（调动、停留“140 产品”时的规定，调动、停留注有“⚠”标记车辆时的规定，调动“特货方案”车辆时的规定）；军

事专用线取送车辆的规定；其他，诸如发生异常情况的处理、军运事故的处理、漏乘人员处理及伤病员处理的办法等。

项目综合考核

一、理论知识考核

（一）填空题

1.《车站行车工作细则》是我国铁路车站贯彻执行中国国家铁路集团有限公司《__________》和铁路局集团有限公司《_________》，加强车站技术管理、保证安全地进行行车组织工作的重要技术文件。

2.《站细》主要内容有：（1）__________________；（2）__________________；（3）__________________。

3. 车站作业计划必须实行________________、__________________的原则。

4. 车站组织指挥系统，车站值班员负责______________系统，车站调度员负责___________系统，货运调度员负责________________系统。

5.《站细》的编制要贯彻________________、________________的原则。

（二）选择题

1. 为确保编制的《站细》切实可行，除车站应自备的资料外，天桥的长度技术资料应由（　　）部门负责提供。

A.电务部门　　B. 工务部门　　C. 供电部门　　D. 房建部门

2. 为确保编制的《站细》切实可行，除车站应自备的资料外，车站平、纵断面图技术资料应由（　　）部门负责提供？

A. 电务部门　　B. 工务部门　　C. 供电部门　　D. 房建部门

3.《站细》由（　　）负责主持编制，对车务段管辖的中间站，必要时可由车务段指导编制，但不能代编。

A. 站长　　B. 段长　　C. 列车调度员　　D. 车站值班员

4. 批准后的《站细》，由车站在开始实行（　　）内，按规定所需份数复制后报上级备查。

A. 前 20 天　　B. 前 15 天　　C. 后 20 天　　D. 后 15 天

5. 下列哪些项是《站细》的主要内容？（　　）

A. 行车工作组织　　B. 各项技术作业程序及时间标准

C. 车站通过能力与改编能力　　D. 调度工作

6. 为确保编制的《站细》切实可行，除车站应自备的资料外，信号设备平面布置图技术资料应由（　　）部门负责提供。

A. 电务部门　　B. 工务部门　　C. 供电部门　　D. 信息部门

7.《站细》中哪些线路要填记计算换算容车数和最大容车数？（　　）

A. 正线　　B. 到发线　　C. 调车线　　D. 牵出线

8.《站细》中哪些线路要只需填记计算最大容车数？（　　）

A. 货物线　　B. 加冰线　　C. 洗刷消毒线　　D. 专用线

9. 调车场分类线换算容车数按线路（　　），分别除以换长 11 m 或 14.3 m 计算。

A. 有效长　　B. 实际长度的 75%

C. 有效长的 80%　　D. 有效长的 75%

10. 某站到发线有效长 830 m，D. F4 型机车牵引，按 11m 换算，该到发线换算容车数为（　　）辆。

A. 75　　B. 74　　C. 72　　D. 70

11. SS3 机车牵引区段某到发线有效长 850 m，按 11 m 为换算单位，其容车数为（　　）。

A. 73 辆　　B. 74 辆　　C. 71 辆　　D. 72 辆

12. 某调车线有效长 900 m，按 11 m 为换算单位，其换算容车数为（　　）。

A. 81 辆　　B. 82 辆　　C. 61 辆　　D. 62 辆

13. 某站牵出线长度为 574 m，调机长度为 24 m，按 11 m 为换算单位，该牵出线最大换算容车数为（　　）。

A. 50 辆　　B. 47 辆　　C. 49 辆　　D. 52 辆

（三）判断题

1. 参与车站作业的车务、机务、车辆、工务、电务、供电、给水等部门的所有人员都必须严格执行《站细》的有关规定。（　　）

2.《站细》的编制一般要贯彻"安全第一和逐级负责"的原则。（　　）

3. 坚持"安全第一"的方针，建立健全安全管理体系和各项安全作业制度，保证行车和人身安全。（　　）

4. 站线包括正线、到发线、调车线、货物线等。（　　）

5. 站界指车站与区间的分界点，位置指该站所有进站信号机或站界标。（　　）

6. 制动距离内的换算坡度是把该坡道上不同的坡度平均后求得的坡度。（　　）

7. 联锁设备分为集中联锁（继电联锁和计算机联锁）和非集中联锁（色灯电锁器联锁和臂板电锁器联锁）。（　　）

8. 信号是对列车运行和调车作业发出命令。（　　）

9. 特别用途线：包括安全线、避难线、救援列车停留线、机待线、机车整备线、站修线、大型养路机械停留线等。（　　）

10.《站细》中不需要填记特别用途线的线路容车数和最大容车数。（　　）

11. 有效长：指在线路的全长中，可以停放机车车辆而不影响信号显示、道岔转换（压中间道岔除外）或邻线行车可利用线路全长中的部分长度。（　　）

12. 站界指车站与区间的分界点。位置指该站所有进站信号机或站界标。（　　）

13. 制动距离内的换算坡度是把该坡道上不同的坡度平均后求得的坡度。（　　）

14. 列车调度员负责领导、组织本班的调车工作。（　　）

15. 车站值班员负责领导、组织本班的接发列车工作。（　　）

16. 车流去向代号的规定：重车按货品编代号，空车按去向编号。（　　）

17. 班计划是车站在一个班的时间内，为完成该班运输生产任务而安排的作业组织计划。（　　）

（四）简答题

1. 什么是《站细》？《站细》的作用是什么？
2.《站细》的编制依据有哪些？
3.《站细》的主要内容有哪些？
4.《站细》修改有何规定？
5. 在车站概况及技术设备方面，《站细》要编制哪些方面的内容？
6. 如何确定车站线路的换算容车数？
7.《站细》对接发列车工作组织需规定哪些方面的内容？
8. 对于非正常情况的接发列车办法，需要规定的内容有哪些？
9.《站细》对调车工作组织需规定哪些方面的内容？
10. “军运工作组织”部分主要编制哪些内容？

二、素质考核

根据出勤情况及课堂表现，获得素质考核成绩。

参考答案

（一）填空题

1. 铁路技术管理规程；行车组织规则
2. 行车工作组织；各项技术作业程序及时间标准；车站通过能力与改编能力
3. 分级管理；统一指挥
4. 接发列车；调车；货运
5.集中统一指挥；逐级负责

（二）选择题

1. D　2. B　3. A　4. A　5. ABC　6. A　7. ABCD
8. ABCD　9. D　10. D　11. D　12. C　13. C

（三）判断题

1. √　2. ×　3. √　4. ×　5. ×　6. ×　7. √　8. √　9. √
10. √　11. √　12. ×　13. ×　14. ×　15. √　16. ×　17. √

（四）简答题

略

项目五　运输调度工作

【项目描述】

铁路运输调度担负着保障运输安全、组织客货运输、保证国家重点运输、提高客货服务质量的重要责任，对完成铁路运输生产经营任务、提高铁路运输企业效益起着重要作用。各级调度人员必须精心组织，科学调度，努力增运增收、节支降耗。凡与行车组织有关的日常生产活动都必须在运输调度的统一组织指挥下进行。本项目主要介绍调度机构、调度基本职责、调度工作计划、调度命令和调度指挥方法。

【教学目标】

1. 知识目标

（1）了解各级运输调度组织机构的设置。
（2）了解各级调度工作的职责范围。
（3）了解调度工作制度内容
（4）熟悉车流调整的方式。
（5）了解调度工作日计划组织内容。

2. 能力目标

（1）画出调度图表中列车运行线的表示方法。
（2）根据列车运行情况正确发布调度命令。

3.素质目标

形成分级管理、集中统一指挥的调度意识，树立志存高远、脚踏实地的职业素养。

典型工作任务 1　运输调度工作概述

5.1.1　工作任务

铁路运输调度机构是铁路日常运输组织的指挥中枢，分别代表各级领导指挥日常运输工作。各级调度人员必须精心组织，科学调度，努力增运增收、节支降耗。凡与行车组织有关的日常生产活动都必须在运输调度的统一组织指挥下进行。通过学习了解各级调度工作的职责，明确列车调度员应具备的素质。

5.1.2 任务目标

1. 知识目标

了解各级运输调度组织机构的设置；了解各级调度工作的职责范围；了解调度工作制度内容。

2. 能力目标

能够阐述列车调度员的工作职责；明确调度人员应具备的素质、列车调度员的招聘条件。

3. 素质目标

建立铁路行车工作的全局观，树立调度工作无小事的调度指挥观念。

5.1.3 相关配套知识

知识点一　调度组织机构的设置

铁路运输调度部门担负着确保运输安全、组织客货运输、保证国家重点运输、提高客货服务质量的重要责任，对完成铁路运输生产经营任务、提高铁路运输企业效益起着重要作用。各级调度人员必须精心组织，科学调度指挥，努力增运增收、节支降耗。凡与行车组织有关日常生产活动都必须在运输调度的统一组织指挥下进行。

铁路运输调度工作实行分级管理、集中统一指挥的原则，在铁路日常行车安全管理工作上，国铁集团按规定对铁路局集团公司调度的指挥安全实施监督管理，铁路局集团公司对本集团公司调度指挥安全工作全面负责，本站对本站调度指挥安全工作全年负责。总公司设调度处，铁路局设调度所，技术站设调度室。

调度所应设综合、安全、技术教育、分析、统计室，计划、行车、高铁、客运、货运、特运、机车、车辆、供电、工务、电务调度室，施工办公室。

总公司调度设值班处长、行车、客运、货运、军运、特运、行包（快运）、集装箱、施工及机车、车辆、动车、供电等调度台。铁路局调度设值班主任、值班副主任、计划、列车、客运、货运、特运、施工、机车、车辆、动车、红外线、供电调度台，根据需要可设置快运、集装箱、篷布等调度台。根据各工种调度台工作量情况，有关调度台可合并设置，具体由铁路局确定。各工种调度可根据需要设置主任调度员岗位。

技术站调度设值班站长、车站调度员、助理调度员、货运调度员等，具体由铁路局确定。

小贴士：总公司高铁调度设计划、行车、动车调度台，根据工作量有关调度台可合并设置，涉及高铁的其他工种调度工作由相关普速铁路调度台兼任。铁路局高铁调度设值班副主任、计划、列车、客服、动车供电、施工调度台，涉及高铁的其他工种调度台由铁路局根据需要设置或由相关普速铁路调度台兼任。根据工作量有关调度台可合并设置，具体由铁路局确定。各工种调度可根据需要设置主任调度员岗位。

总公司、铁路局、技术站调度分别代表总公司总经理、铁路局局长、车站站长负责总公司、铁路局和车站的日常运输组织指挥工作。在铁路日常行车安全管理工作上，总公司按规定对铁路局调度的指挥安全实施监督管理，铁路局对本局调度指挥安全工作全面负责，车站对本站调度指挥安全工作全面负责。

总公司值班处长、铁路局值班主任、技术站值班站长分别领导一班调度工作。在日常运输组织工作中，下级调度必须服从上级调度的指挥；总公司、铁路局、车站各工种调度及有关人员分别由值班处长、值班主任、值班站长统一组织指挥。

总公司调度统一指挥各铁路局和专业运输公司完成运输生产经营任务；铁路局调度统一指挥铁路局管内运输生产单位完成运输生产经营任务；技术站调度统一指挥本站区作业人员完成运输生产经营任务。

总公司、铁路局、技术站应根据调度岗位的作业特点合理确定班制，主要工种调度全路统一实行四班制（总公司有特殊要求的除外）。

在日常运输组织工作中，调度处、调度所按照业务分工，设置了若干不同职名的调度员，分别负责一定的工作。调度所一般设有：

（1）列车调度员，负责管辖区段内列车运行的组织指挥工作，实现按图行车，保证列车运行安全。

（2）计划调度员，负责管辖范围内的列车工作计划的编制和计划的组织实现。

（3）货运调度员，负责管辖区段内的装卸车组织以及管内重车的输送。

（4）客运调度员，负责旅客运输组织和客运设备的运用工作。

此外根据需要还设有机车调度员、预确报调度员、特运调度员、施工调度员、集装箱调员、篷布调度员、电力调度员、车辆检修调度员、罐车调度员等。

知识点二　各级调度工作职责范围

一、总公司调度的主要职责范围

（1）按规定对铁路局调度安全指挥进行监督管理和监督检查工作。维护调度纪律，检查各铁路局调度执行总公司调度命令和规章制度的情况，对违令、违章造成不良后果的单位和人员进行通报批评并提出处理意见。

（2）负责全路日常客运、货运和车流组织工作。组织各铁路局及时输送旅客和货物，平衡各铁路局货车保有量，经济合理地使用机车车辆，充分利用运输能力，挖掘运输潜力，提高运输效率和效益。

（3）编制和下达总公司调度轮廓计划和日计划，督促、检查各铁路局按调度日（班）计划均衡地完成运输生产经营任务。

（4）监督检查各铁路局按列车编组计划编车、按列车运行图行车、按运输生产经营计划组织运输，督促、组织各铁路局按总公司批准的计划均衡地完成铁路局间分界站列车、车辆交接任务、远程技术直达列车开行计划，及时协调处理铁路局间运输工作中出现的问题，实现铁路局间分界口畅通。

（5）掌握各铁路局及重点用户、主要港口和车站的装卸车情况。

（6）掌握国际旅客列车和跨铁路局（简称跨局）旅客列车的运行情况，收集、分析晚点原因，组织有关铁路局及相关单位（人员）采取措施，恢复运行秩序。

（7）了解各铁路局、主要站客流波动及旅客列车票额利用情况，组织指导行包运输工作；处理跨局旅客列车的临时加开、停运、变更径路、途中折返、车辆甩挂和调整编组（1个月以内的软卧、行李、邮政、餐车）等工作；根据需要安排跨局客车回送；组织和部署专运、中央大型会议及重点任务的乘车计划，并掌握运行情况。

（8）组织和掌握军运、特运工作，安排新兵和退役士兵运输，重点掌握与其有关的列车始发、运行情况。

（9）负责总公司抢险救灾物资、人员运输组织工作，跟踪掌握输送情况。

（10）负责审批总公司管理施工项目的日计划，组织各铁路局兑现施工日计划，做好施工期间的分界口车流、机车调整工作。

（11）掌握各铁路局调度工作情况，检查各铁路局日常运输工作完成情况。

（12）掌握总公司备用货车，批准总公司备用货车的备用、解除备用，检查各铁路局对备用货车的管理情况。

（13）负责全路专用货车的统一调整，新造车辆出厂组织，军运备品回送，集装箱的运用，篷布的运用和备用、解除备用。

（14）检查、通报安全情况，及时收取、掌握铁路交通事故、设备故障、自然灾害等突发事件信息，按规定进行应急处置，通报信息、组织救援、调整运输。负责跨局调动救援列车、救援队。

（15）负责总公司日常运输工作完成情况和调度安全监督检查情况的分析工作，及时总结、推广调度工作先进经验。

（16）负责检查指导铁路局调度基础管理和技术培训工作，规范调度管理、加强队伍建设。

（17）负责调度信息化需求管理，积极采用、推广先进技术和设备，组织调度信息系统开发和应用，负责调度信息系统运用管理，促进调度指挥工作现代化。

二、铁路局调度的主要职责范围

（1）在总公司调度的集中统一指挥下，负责铁路局管内运输组织和调度指挥工作。

（2）严格执行各项规章制度、安全管理制度和安全卡控措施，遵守和维护调度纪律，及时处理影响行车安全的有关情况，确保调度指挥安全。

（3）组织铁路局管内各运输生产单位密切配合、协同动作，经济合理地使用机车车辆，充分利用运输能力，挖掘运输潜力，压缩运输成本，提高运输效率和效益，完成运输生产经营任务。

（4）负责编制和下达铁路局调度日（班）计划，并组织各站段落实，提高计划兑现率。

（5）负责组织铁路局管内各运输生产单位按列车编组计划编车、按列车运行图行车、按运输生产经营计划组织运输，督促、组织各站段按调度日（班）计划均衡地完成运输任务，及时协调处理铁路局运输工作中出现的问题。

（6）组织调整铁路局管内的货流、车流，按阶段均衡地完成总公司下达的车流调整方案和去向别装车方案，重点掌握分界口排空、快运货物和重点物资运输。

（7）按总公司批准的计划组织列车在分界站均衡交接，保证机车与列车的紧密衔接，与邻局密切联系，及时交换列车计划，积极协商解决出现的问题，保证分界站畅通。

（8）掌握铁路局管内各站和主要用户、港口装卸车情况，提高直达列车和成组装车比重，提升运输能力。

（9）组织旅客列车按列车运行图正点运行，遇晚点时，积极采取措施，组织有关单位（人员）恢复运行秩序，做好正晚点分析并上报总公司。

（10）掌握铁路局管内客车配属、客流波动、票额利用、旅客列车开行及运行情况，重点掌握动车组列车、特快旅客列车、国际旅客列车、重点旅客列车的运行情况及旅客列车超员情况；处理旅客列车的临时加开、停运、变更径路、途中折返、车底编组、客车回送、整列换乘、车辆甩挂和调整编组（管内列车，跨局列车 1 个月以内硬卧、硬座、软座车）、客车底试运行和实施票额临时调整等工作；组织落实专运及重点任务，并掌握运行情况；组织做好旅客列车行包运输工作。

（11）组织完成铁路局管内军运、特运、超限、超重、挂有装载危险货物车辆等重点列车运输组织工作，组织落实新兵和退役士兵运输，重点掌握与其相关的列车始发、运行情况。

（12）负责铁路局管内抢险救灾物资、人员运输组织工作，跟踪掌握输送情况。遇自然灾害或事故中断行车时，铁路局要及时采取措施，并提出有关旅客列车停运、加开、折返和变更径路等方案，并及时发布调度命令（跨铁路局旅客列车报总公司批准后发布）。

（13）负责编制、下达铁路局施工日计划，安排实施维修计划，发布运行揭示调度命令和施工、维修作业的调度命令。协调组织施工、维修作业按计划进行。

（14）向总公司调度报告铁路局调度工作情况，检查铁路局管内各站段运输工作完成情况。

（15）认真执行总公司备用货车的管理制度，严格掌握铁路局管内备用货车的备用、解除备用。

（16）负责铁路局管内专用货车的调整，军运备品回送，集装箱和篷布的运用。

（17）及时收取、上报铁路交通事故、设备故障、自然灾害等突发事件信息，按规定进行应急处置。通报信息、组织救援、调整运输。负责调动救援列车、救援队或向总公司调度申请跨局调动救援列车、救援队。

（18）检查各站段执行调度命令和规章制度的情况；对违令、违章的单位和人员，进行通报批评并提出处理意见。

（19）负责铁路局日常运输工作完成情况及调度安全工作情况的分析，及时总结、推广调度工作先进经验。

（20）负责铁路局调度基础管理和技术培训，规范调度管理、加强队伍建设，指导站段调度日常运输生产工作。

（21）负责铁路局调度信息化需求管理，积极采用、推广先进技术和设备，促进调度指挥工作现代化，组织调度信息系统实施应用，负责调度信息系统运用管理。

三、技术站调度的主要职责范围

（1）严格执行各项规章制度，遵守和维护调度纪律，认真执行上级调度命令和指示，及时处理影响行车安全的有关情况，确保车站调度指挥安全。

（2）掌握车流、货流，根据铁路局下达的日（班）计划，正确编制和组织实现车站班计划和阶段计划，按列车编组计划、列车运行图和重点要求解编列车，不间断地接发列车。

（3）经济合理地运用车站技术设备和能力，掌握调车机运用，组织有关单位、人员密切配合，协同动作，按作业计划、技术作业过程和时间标准，完成编组和解体列车的任务，提高作业效率，加速机车车辆周转。

（4）及时收集到达列车预确报，掌握车流变化，正确推算现车和指标，按阶段向铁路局调度汇报车流和车站作业情况。

（5）重点组织旅客、军运、货物班列、重载、超限、超重、超长和重点货物列车的开行。

（6）主动与厂矿企业联系，及时预报车辆到达情况和取送车作业计划，组织开行路企直通列车。组织回送客车（机车）、货物作业车、检修车（修竣车）和专用车的取送，缩短待取、待送时间。

（7）发生影响行车的事故时，积极组织救援，减小事故对行车的影响。

（8）正确、及时填画技术作业图表，认真分析车站作业计划兑现情况和运输生产完成情况并及时上报。

知识点三　调度基本工作制度

一、调度所管理制度

调度所管理制度包括安全、生产、施工、基础、培训管理等基本制度，并将基本管理制度纳入《调度所管理工作细则》，使调度人员日常组织指挥有法可依，有章可循，调度所日常工作须按照管理制度抓好落实。

（1）调度所安全管理制度，应包括安委会制度以及安全逐级负责、安全信息管理、安全管理措施、安全检查监控、安全分析考核等内容。

（2）调度所生产管理制度，应包括日（班）计划编制和实施、 工作联系、生产分析、生产考核等内容。

（3）调度所施工管理制度，应包括施工组织协调、施工日计划、运行揭示调度命令、施工调度命令的编制审批和下达，施工期间运输组织和施工分析等内容。

（4）调度所教育管理制度，应包括培训、考试、技能竞赛、持证上岗和深入现场等内容。

（5）调度所基础管理制度，应包括会议、考勤、值班、作息、请假、卫生、保密、物品定置管理、文明生产、安全保卫等所务制度和班组管理、文电管理、规章管理、技术资料管理、设备管理、台账管理、班组（岗位）竞赛评比、各工种调度工作程序等内容。

调度所须健全完善各项基本管理制度，明确管理责任，抓好规章制度执行及安全生产的检查、监督、分析、考核工作。

二、电视电话会议制度

各铁路局值班主任每日 7:00 前向总公司值班处长汇报第一班运输安全和班计划任务完成情况及全日修正计划；总公司值班处长向铁路局值班主任布置第二班工作重点及要求。

总公司隔日召开全路运输生产电视电话会议，由各铁路局分管运输副局长（总调度长）

汇报运输安全和运输生产情况，总公司向铁路局提出运输生产要求和布置工作重点。

铁路局每日召开全局运输生产电视电话会议，由各站段分管生产副站（段）长汇报全日运输安全及运输生产经营任务完成情况，铁路局向站段提出运输生产经营任务的要求和工作重点。

三、交接班制度和班中会制度

由于运输生产的不间断性，各级调度应建立完善的交接班和班中会制度，保持调度工作的连续性，因此，要求接班调度员必须提前到岗，认真了解现场作业情况，重点掌握并详细交接下列事项：列车运行调整阶段计划的安排和下达情况；折返机车和调度机车的使用情况；待办的有关列车运行命令的内容和下达情况；施工慢行的有关事项；阔大货物的挂运条件；各级领导的重点指示；待办的公文电报等。

总公司、铁路局交接班和班中会，分别由值班处长、值班主任负责主持，有关工种调度人员参加。

（1）接班会：传达有关命令、指示和重点事项，以及上一班安全、运输生产经营任务完成情况，布置安全注意事项，研究本班完成运输生产经营任务的具体措施。

（2）班中会：每班至少召开一次，根据日（班）计划执行情况，研究完成本班和全日任务的具体措施。

（3）交班会：各工种调度分别汇报本班安全、运输生产经营任务完成情况，分析存在的问题，总结经验教训。

各工种调度的交班内容和待办事项必须清楚、完整，不得遗漏。

四、报告制度

为加强各级调度间的工作联系，加强与安全监察、专业部门之间的信息沟通，准确地掌握工作进度和安全信息，及时处理发生的问题，应建立工作报告制度：

（1）车站向铁路局调度：

① 车站在列车到、开或通过后，及时报告车次、时分（具有自动采点设备，可自动采点时除外）。

② 列车始发站应及时报告列车解编进度、编组内容、列车编组变化情况及出发列车速报（车次、机型、机车号、辆数、牵引总重、换长）；列车在非始发站摘挂作业，作业站要及时报告摘挂列车在站作业、占用股道及作业后的编组变化情况。

③ 机车及股道占用情况。

④ 因特殊原因，临时造成旅客积压，不能及时输送。

⑤ 车站有关工种人员每 3 小时向铁路局所属工种调度上报各项规定内容。

⑥ 具备信息系统上报条件的车站，须通过系统及时准确上报。

⑦安全情况和重要事项应随时报告。

（2）铁路局调度向总公司调度：

① 10:00（22:00）前，铁路局值班主任向总公司调度报告接班后的管内运输情况，预计本班分界站列车交接、排空、机车运用情况，7:00 前向总公司值班处长报告运输安全和运输生

产任务完成情况的综合分析。

② 铁路局各工种调度及时向总公司所相关工种调度报告各项规定的内容。

③ 安全情况和重要事项应随时报告。

（3）当上级调度向下级调度和站段了解有关运输情况时，有关人员应及时汇报。

（4）铁路局调度接到铁路交通事故、行车设备故障等安全信息后，应按规定填写《铁路交通事故（设备故障）概况表》（安监报 1），及时报总公司调度，并通过铁路安全监督管理信息系统及时报送铁路局安全监察部门。

（5）铁路局客运调度接到客运突发事件报告后，应及时填写《客运突发事件概况表》报总公司调度

五、铁路局建立运输领导值班制度

1. 值班人员

值班人员包括铁路局总调度长或调度所主任（副主任）和书记。

2. 值班时间

值班时间为工作日 18:00 至次日 8:00、非工作日 8:00 至次日 8:00。

3. 值班要求

（1）对重点运输任务，按等级认真盯控，确保安全正点。

（2）对Ⅰ、Ⅱ级施工，严格监控，确保按施工日计划实施，对临时发生的问题采取果断措施及时正确处置。

（3）遇恶劣天气，提前预想，对设备运行、运输组织造成影响时，立即组织应急处理，保证运输安全。

（4）遇旅客列车大面积晚点或运输不畅时，要详细了解、掌握情况，采取有效措施，尽快恢复列车运行秩序。

（5）发生铁路交通事故或干事故或繁忙干线、干线行车设备故障时，亲自组织处理，减少对运输秩序的影响。

六、分界站会议制度

为加强铁路局间的协作，保证分界站畅通。铁路局间分界站会议每年不少于 1 次，由两个铁路局轮流主办，必要时由总公司组织，研究改进列车交接和日常施工等工作，制定、修改分界站协议。

七、深入现场制度

为提高调度人员组织指挥水平，加强各级调度之间、调度与站段有关人员的工作联系，各级调度人员每季度深入现场应不少于 1 次，熟悉设备、人员情况，交换工作意见，改进工作作风，解决好日常运输安全生产中存在的问题。

深入现场前要有计划，返回后要有报告。

深入现场活动可采取添乘机车（动车组）、列车，召开座谈会、联劳会、同班会、跟班作业、专题调研等多种形式。

总公司、铁路局应按规定为调度人员办理机车（动车组司机室）添（登）乘证。调度人员持证添（登）乘机车（动车组）、列车，并准许在乘务员公寓食宿。

榜样的力量：《人民铁道》报业有限公司官方公众号：新时代 · 铁路榜样丨周凤：调度台前彰显“她力量”，https://mp.weixin.qq.com/s/66IYYmj_weHtTMrjjt2g-Q.

典型工作任务2　车流调整

5.2.1　工作任务

受各种因素影响，不同时间的车流处于动态变化之中，某一车站、局部地区的车流变化不仅影响局部的运输组织工作，也会影响其他地区，因此，有必要根据每天的实际情况对车流进行必要的调整，以保证优质高效地完成运输生产任务。能从车流推算表中推算出外局装到本局及本局装车远期车流。

5.2.2　任务目标

1. 知识目标

了解车流调整的意义；掌握车流调整的方法。

2. 能力目标

准确预测车流；车站有重车积压时，能进行重车车流调整工作。

3. 素质目标

具有工作的前瞻性。

5.2.3　相关配套知识

知识点一　车流预测

较为准确地预测车流是进行车流调整的重要条件。只有准确掌握车流的分布，才能有预见地采取有效的运输调整，特别是车流调整措施。目前，我国铁路对车流的预测有远期车流推算和近期车流推算。远期车流推算一般可预测未来 3 至 7 日到达局管内的车流，近期车流推算一般可预测 2 日内通过铁路局的车流。

远期车流推算要使用《外局装到本局及本局装车远期车流推算表》。全路调度指挥中心每日早上 6 时前，将全路昨日各铁路局的方向别装车数通知各到达铁路局调度所，局调度所车流调整人员根据上述资料及本局装到本局管内卸的及通过各分界站装往外局的车数，填入车流推算表，用来推算远期车流。车流填记及推算方法，是按照各装车局到本局的接入分界站的运行期限，分别将有关的车数填入不同的日期栏内。例如，A 局装到该局的车辆，其运行期限为 3 天，若 A 局某月 1 日装到该局的车数为 50 辆，则应在 A 局名下对应 3 日的栏内填记 50，其他各局 1 日装到该局的车数也根据运行期限填入相应栏内。逐日填记，即可预计今后某日接入管内工作车的车数。但上述推算方法未能考虑货物装车地点及途中运行技术站作业效率对车流的影响，因而预测精度较低。

近期车流推算是根据有关邻局互相交换的待发重车资料、本局待发重车和预计装往外局的重车推算，用来预测分界站能够交出的重车数。具体来说，由局间交换资料得到预计接入需经某一分界站交出的重车数，加上本局向该分界站交出的待发重车数，减去当日预计交出的重车数，即可推算当日 18 点经某一分界站交出的待发重车数。

总公司调度处、铁路局调度所应指定专人负责车流调整工作，研究掌握货流、车流变化规律及有关技术设备的使用效能，认真推算车流，有预见、有计划地进行车流调整。

知识点二　车流调整方法

车流调整的目的是保持各铁路局运用车的正常分布；保持各线车流的相对稳定与均衡，以便能够经济合理地使用机车车辆，充分利用线路能力；车流调整应遵循优先确保大客户、路企直通、战略装车点的运输需求原则。限制装车时，应减少零散装车点的装车；组织集中装车时，应优先增加大客户、路企直通、战略装车点的装车。

车流调整分为：重车调整、空车调整和备用车调整，并通过日（班）计划组织实现。必要时，可下达临时调整计划。

一、重车调整

重车调整是车流调整的重要内容。调整方法有去向别装车调整、限制装车、停止装车、变更重车输送径路和集中装车。

（一）去向别装车调整

按去向别组织均衡装车是保持各铁路局车流稳定和运输秩序正常的基础。各铁路局、车站必须严格掌握装车去向，进行去向别装车调整时，要执行下列规定：

（1）运输工作不正常，需要减少或增加日装车计划时，应首先调整（减少或增加）自局管内的装车数量；如需减少或增加外局的装车数量时，须经总公司批准。

（2）分界站接入某方向的重车不足或增多时，应首先采取增加或减少自局装往该去向装车数量的方法进行调整。如果重车不足或增多延续时间较长，自局调整又有一定困难时，应将情况及时报总公司，由总公司统一调整。

（二）限制装车、停止装车、变更重车输送径路

为消除局部重车积压，可采取限制装车、停止装车和变更车流输送径路等措施。

（1）遇下列情况，应采取限制装车或停止装车措施：

① 装车数超过区段通过能力和编组站作业能力时；

② 装车数超过卸车地的卸车能力时；

③ 因自然灾害、事故，线路封闭中断行车时；

④ 因其他原因发生车辆积压或堵塞时。

（2）遇自然灾害、事故中断行车或重车严重积压、堵塞时，经总公司调度命令批准，相关铁路局依据总公司调度命令可变更跨局的车流输送径路。

变更车流输送径路，应适应有关区段的通过能力，并指定变更径路的期限、列数、辆数和列车编组计划。

凡经上级调度命令批准，采取限装、停装或变更车流输送径路时，铁路局、车站、货运中心均不准在限装或停装期间，办理通过及到达限装、停装区段（或车站）的途中换票和变更到站。

（三）集中装车

遇下列情况可采取集中装车：

（1）某铁路局的管内重车严重不足时；

（2）某方向移交重车严重不足时；

（3）重点用户、港口、国境站急需到达物资或外运物资严重积压时；

（4）急需防洪、抢险、救灾等重点物资时。

集中装车仅在所经区段通过能力和到站卸车能力允许的条件下，方准采用。

二、空车调整

空车调整是为了合理地运用空车，保证装车需要的调整措施。空车调整必须做到缩短空车行程，组织车种代用，消除同车种对流。

各铁路局、车站必须从全局出发，严格遵守排空纪律，按照上级调度批准的车种、辆数均衡地完成排空任务。

空车调整方法有：正常调整、综合调整和紧急调整。

（1）正常调整：各铁路局根据车种别装车、卸车的差数，接空数和实际货车保有量确定排空车数。

（2）综合调整：货流、车流发生变化或重车流增加时，在不影响接空局重点物资装车需要的前提下，经总公司批准，依据下达的日计划命令可采取以重、空车总数进行综合调整。重、空车数一经总公司批准，各铁路局不得再增加重车代替空车数量。

（3）紧急调整：为保证特殊紧急运输任务需要所采取的非常措施。以调度命令或日计划中重点事项的形式下达，各铁路局接到紧急空车调整命令后，必须按照规定的时间、车种、辆数完成排空任务。

三、备用车调整

备用货车是为了保证完成临时紧急运输任务的需要，所储备的技术状态良好的总公司所属空货车。

（一）备用车分类

备用车分为特殊备用车、军用备用车、专用货车备用车和港口、国境站备用车。

特殊备用车是指因运输市场发生结构变化，为调剂车种、满足运输需要，对总公司以备用车命令指定的大于本局月计划部分的某种空货车。

特殊备用车、军用备用车、专用货车备用车、港口、国境站备用车的备用、解除，必须经总公司以备用车命令批准。非标准轨的货车备用、解除由所在铁路局负责处理。

（二）备用、解除必须符合下列规定：

（1）特殊备用车须备满48小时，军用备用车、专用货车备用车和港口、国境站备用车须备满24小时，才能解除备用。因紧急任务需要解除备用车时，须经总公司以调度命令批准，可不受时间限制。

（2）备用车状况需经货车检车员检查。

（三）备用车基地

备用车必须停放在铁路局批准的备用车基地内。港口、国境站备用车必须停放在指定的港口、国境站。凡未停放在指定地点的，均不准统计为备用车。备用车在不同基地间不得转移，在同一基地内转移时，须由铁路局以备用车命令批准。

（四）备用车的管理

（1）总公司、铁路局调度分别建立备用车命令簿，单独规定备用车命令号码。

（2）铁路局调度所、备用车所在站和车辆段，均须分别建立备用车登记簿，按备用日期、时分、命令号码、地点、车型、车号、辆数等内容顺序进行登记。

（五）其他规定

1. 专用货车

专用货车（包括冷藏车、散装粮食车、家畜车、罐车、矿石车、散装水泥车、毒品专用车、集装箱专用平车、小汽车运输专用车、车种为“D”字的长大货物车和涂有“专用车”字样的一般货车）的调整方法，除按一般货车调整规定办理外，空车应按总公司指定的方向、到站回送，有配属站的除总公司另有指定外，均应向配属站回送。

专用货车的回送，要按规定填写回送单据。

2. 冷藏车、罐车

为使冷藏车、罐车经常保持设备完整、性能良好，各铁路局原则上不得以冷藏车代用其他货车，必须代用时，经总公司特运调度命令批准，各种罐车应分类使用，装运危险货物的罐车必须专车专用，不得代用。

3. 外国货车

外国货车停运或在国境站积压时，要采取优先放行和换装措施；对暂时没有确定到站的进口货物，经总公司准许，可换装在我国货车内待发或及时组织卸车。

凡外国空货车（包括利用装该国货物的车辆），应经由最短径路向所属国回送。经总公司以调度命令批准，可在国内顺路装车使用。

典型工作任务3 调度日（班）计划

5.3.1 工作任务

掌握调度日计划的编制原则和编制程序，推算运用车保有量。

5.3.2 任务目标

1.知识目标

了解调度日（班）计划的基本内容、编制依据和编制原则。

2. 能力目标

根据所给数据，编制日（班）计划。

3. 素质目标

培养学生统筹规划、科学指挥的调度能力。

5.3.3 相关配套知识

知识点一 调度日班计划

调度计划是工作计划，是指根据对铁路系统外部环境与内部条件的分析，提出在未来一定时期内要达到的工作目标以及实现目标的方案途径。铁路运输生产过程是一个动态过程，装卸车、解体编组、列车到开每天都有变化，为了实现运输生产任务，需要针对具体工作编制生产计划。

调度日（班）计划是一日（班）内的运输工作计划，包括总公司调度日计划和铁路局调度日（班）计划。总公司调度日计划包括分界口列车交接计划、货运工作计划。铁路局调度日（班）计划简称日（班）计划，包括货运工作计划、列车工作计划、机车车辆工作计划和施工日计划。

总公司调度日计划起止时间为当日 18:00 至次日 18:00。铁路局货运工作计划、列车工作计划、机车车辆工作计划起止时间为当日 18:00 至次日 18:00，分为两个班计划：当日 18:00 至次日 6:00 为第一班计划，次日 6:00 至 18:00 为第二班计划。铁路局施工日计划起止时间为 0:00 至 24:00。

小贴士：高铁调度日计划是一日内的运输工作计划，包括列车开行计划和施工、维修计划。

高铁调度日计划起止时间为 0:00 至 24:00。

总公司、铁路局调度日计划分别由调度处处长（副处长）、调度所主任（副主任）负责组织编制。

铁路局调度日计划包含货运工作计划、列车工作计划、机车车辆工作计划与施工日计划四类具体计划。主要内容包括：

一、货运工作计划的内容

（1）各站装车需求批准数（包括发站、发货人、品类、到站、到局、运费及能力紧张区段、车种别装车数）。

（2）各站卸车计划（包括到站、车种、卸车数，整列货物要有收货人及品类）。

（3）特需货物列车、快速货物列车、企业自备车等直达列车和成组装车的列数及辆数。

（4）篷布、集装箱运用计划。

（5）专用货车使用计划。

二、列车工作计划的内容

（1）列车到、发及运行计划，包括列车车次、发站、到站、发到时分、编组内容、特定运行径路，始发列车车辆来源。

（2）分界站列车交接计划，包括列车车次、交接时分、各列车中去向别重车数（到邻局的摘挂车流分到站）和车种别空车数。

（3）管内工作车输送计划、各站配空挂运计划和摘挂列车的甩挂作业计划。

（4）专用货车的调整、挂运计划。

（5）装载超限超重、军运物资（人员）、剧毒品、运输警卫方案货物车辆，有运行条件限制的机车车辆、自轮运转特种设备挂运和专列开行计划。

（6）旅客列车的临时加开、停运、变更径路、途中折返、车辆甩挂、客车回送计划。

（7）机车车辆试运行计划。

（8）区间装卸作业计划。

（9）路用列车运行计划。

三、机车车辆工作计划的内容

（1）各区段（含跨局）机车周转图，包括机车交路、机型及机车号。

（2）机车沿线走行公里、机车运用台数和机车日车公里。

（3）机车出（入）厂、检修、回送计划及重点要求。

（4）各车辆检修基地（含站修）扣修、修竣车辆取送计划。

（5）各沿线车站停留故障车辆检修计划。

（6）跨局及铁路局管内客、货检修车回送计划及重点要求。

（7）动车组车底运用方案。

四、施工日计划的内容

（1）施工编号、等级、项目。

（2）施工日期、作业内容、地点（含线别、区间、车站、股道、道岔、行别、里程）和时间。

（3）施工限速、影响范围、行车方式变化及设备变化。

（4）施工单位（含配合单位）、施工负责人。

（5）施工作业车进出施工地段方案。

知识点二　编制日班计划的依据

日计划的编制是以现状生产情况为基础的，主要依据有：

（1）总公司下达的调度日计划、轮廓计划。总公司每日 10:00 前向铁路局下达次日调度轮廓计划。

（2）月度运输生产经营计划、列车编组计划、列车运行图、机车周转图、机车车辆检修计划、有关技术作业时间标准。

（3）日运输需求车数及相关要求（军用应有军运任务通知书，超限超重货物应提出批示电报）。

（4）预计当日 18:00 各类运用车数、车站现在车数（重车分去向，其中到本局和邻局管内摘挂车流分到站；待卸车、空车分车种）和机车、机车乘务员分布情况。

（5）旅客列车临时加开、停运、变更径路、途中折返、车辆甩挂、客车回送的调度命令或文件、电报。

（6）机车车辆试运行计划。

（7）总公司特需、快速货物列车开行计划、命令及铁路局管内特需、快速货物列车开行方案。

（8）列车预确报。

（9）分界站协议。

（10）月度施工计划（含临时文电批复的）及主管业务处提报的施工计划、路用列车开行申请。

（11）设备维修作业计划。

知识点三　调度日班计划编制程序

一、审批次日要车计划

每日 10:00 开始（9:00 下达轮廓计划），最迟不晚于 14:00 结束，由主任货运调度员负责。

二、召开日计划会议

一般 14:00 开始，由调度所主任主持，值班主任及有关人员参加。

三、编制日计划

（1）铁路总公司由调度处长（副处长）负责；铁路局由调度所主任负责。

（2）主任货运调度员负责编制详细的货运工作计划。

（3）主任机车调度员负责编制详细的机车工作计划。

（4）计划调度员负责编制详细的列车工作计划。

（5）施工调度员负责编制各站、各区段施工计划。

四、审批与下达

（1）铁路局日计划，经分管副局长（总调度长）批准后，于 17:00 前报铁道部，17:30 前以调度命令下达站段。

（2）铁路总公司日计划，经调度处处长（副处长）批准后，于 17:40 前以调度命令下达铁路局。

（3）对上报日计划有调整时，铁路局应按铁路总公司调度命令批准的计划，以调度命令更正，并组织实现。

（4）第二班的调整计划，由调度所值班主任负责，各工种调度人员参加，按总公司批准的日计划进行调整，铁路局于 6:00 前以调度命令下达有关站段。

（5）施工日计划的审批和下达按《调规》相关规定执行。

典型工作任务 4　日常运输组织工作

5.4.1　工作任务

已知：甲—C 间部分列车运行图如图 5-1 所示，单机 51012 次 C 站 13:15 开，比照 23104 次的运行时分运行，现预计 23101 次甲站早开 15 min，其他列车正点运行，各站 $\tau_{不}$ =4 min，$\tau_{会}$ =3 min，$\tau_{连}$ =5 min。

要求：在图 5-1 中编制列车运行调整计划，并说明采用的调整措施有哪些。（调整线用虚线表示）

$t_{运费}$	
上行	下行
16_4^2	16_2^4
17_4^2	19_2^4
20_4^2	20_2^4

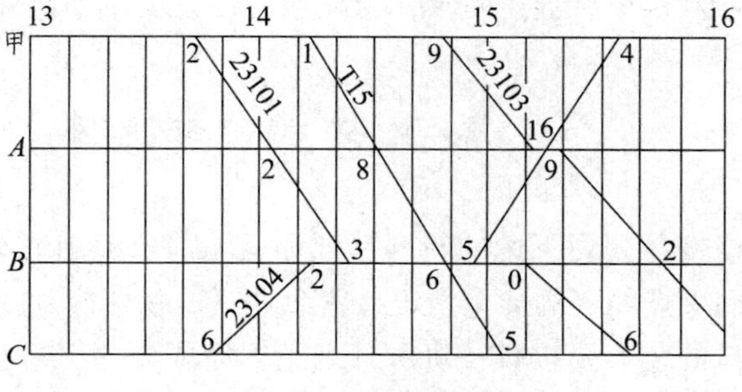

图 5-1　甲—C 间列车运行图

5.4.2 任务目标

1. 知识目标

了解日常运输组织工作内容；熟悉列车调度员调整列车运行的方法。

2. 能力目标

据列车实际运行情况，及时铺画和下达 3～4 小时列车运行调整计划。

3. 素质目标

培养学生统筹规划、科学指挥的调度能力。

5.4.3 相关配套知识

知识点一　卸　车

卸车是运输工作中的一个重要环节，是完成排空和装车计划的重要保证。各级调度都必须把卸车工作放在首位，做到：

（1）切实编制好管内工作车输送计划，加速管内工作车的移动及跨局重车的移交。重点掌握枢纽小运转列车的输送和摘挂列车、管内循环列车的挂运计划。

（2）掌握重点厂矿、港口、国境站及主要卸车站的卸车、搬运能力和物资存量情况。

（3）及时向邻局及管内卸车站、卸车单位预报重车到达情况，组织卸车单位准备卸车力量，随到随卸。

（4）加强待卸车分析，对不能按时卸车的货物应查明具体原因，采取有效措施。（铁路局货运调度按十八点待卸大点车报告〔运货 8〕逐日登记，并上报总公司货运调度。）

知识点二　排　空

各铁路局要严格按日（班）计划规定的排空车次、车种、车数组织实现。当排空与装车发生矛盾时，应先排后装。

跨局的空车（自备车）直达列车，未经总公司调度命令批准，各铁路局无权使用。

知识点三　装　车

铁路局要严格按总公司下达的轮廓计划和运输需求编制装车日计划并积极组织兑现。各级调度要重点掌握重点物资的装车情况，紧急调运的物资应优先安排，优先挂运。

对通过限制口的装车要按日（班）计划组织完成，并严格掌握；遇特殊情况需超装时，须经总公司准许。

一、高铁调度日计划

（一）高铁调度日计划尚未下达时

（1）铁路局主办业务处室商相关业务处室确定方案，使用外局动车组时，还需征得配属局车辆部门同意，开行跨局临时定点列车还需征得有关局运输、机务、客运部门同意。

（2）铁路局管内且使用本局动车组时，铁路局以调度命令调整，必要时以文电调整。

（3）跨局或使用外局动车组时，按以下方式办理：

因施工原因产生的调整，由铁路局以文电申请，总公司运输局以文电公布；基本列车运行图内列车（已纳入春、暑运方案除外）需持续调整30日以上时，由铁路局以文电申请，总公司运输局以文电公布；其他情况，由铁路局客运处或调度所计划调度员向总公司高铁计划调度员提出申请，经总公司调度与客运部门协商一致后，以调度命令调整。

（二）高铁调度日计划下达后，遇突发情况时

（1）铁路局管内且使用本局动车组时，铁路局以调度命令调整。

（2）跨局或使用外局动车组时，铁路局计划调度员向总公司高铁计划调度员提出申请，以调度命令调整。

（3）调度所计划调度员向有关单位发布或转发调度命令，并抄送铁路局客运处（客票管理所）、客货统计所、铁路客户服务中心及相关调度台。

二、动车组回送

（1）动车组回送应固定运行径路，铁路局管内由铁路局公布，跨局由总公司公布。遇特殊情况需经非固定运行径路或运行条件有特定要求时（有关规章文电已明确时除外），铁路局管内由铁路局、跨局由总公司以文电形式明确。

（2）动车组回送申请单位应根据有关文电、检修计划、运用交路调整、试验方案等，于回送前一日的14:00前（因故障等临时产生的回送不受该时间限制）向始发站所在铁路局动车调度员申请。

（3）铁路局管内回送时，经调度所动车调度员与机车调度员（动车司机调度员）审核、值班副主任批准后，计划调度员纳入高铁调度日计划；因故障产生的临时回送来不及纳入高铁调度日计划时，由计划调度员发布调度命令，列车调度员按规定发布相关调度命令。

（4）跨局回送时，经调度所动车调度员与机车调度员（动车司机调度员）审核、值班副主任批准后，调度所计划调度员向总公司高铁计划调度员提出申请。总公司高铁计划调度员商总公司机车调度员后发布调度命令，调度所计划调度员纳入高铁调度日计划；来不及纳入高铁调度日计划时，由计划调度员发布调度命令，列车调度员按规定发布相关调度命令。

三、试运行列车的开行

（1）动车（车辆）段根据有关文电、试运行方案等，于试运行前一日的12:00前向调度所动车调度员提出申请（影响列车运行标尺及铁路局规定需发布文电的其他情形，还应有铁路局有关文电）。

（2）铁路局管内开行时，经调度所动车调度员与机车调度员（动车司机调度员）审核、值班副主任批准后，计划调度员纳入高铁调度日计划。

（3）跨局开行时，经调度所动车调度员与机车调度员（动车司机调度员）审核、值班副主任批准后，由调度所计划调度员向总公司高铁计划调度员提出申请。总公司高铁计划调度员发布调度命令，调度所计划调度员纳入高铁调度日计划。

知识点四　机车运用

要按调度日（班）计划确定的分界口列车交接计划安排好机车运用计划及时接运邻局列车，不准以机车控制邻局交车。应放回的单机必须按时放回，不准扣压拖延。

由于列车晚点、停运影响接运邻局列车时，要及时调整机车运用计划或采取放单机等措施，保证按调度日（班）计划接运邻局列车。

知识点五　行车指挥

有关行车人员必须执行列车调度员命令，服从调度指挥。

列车调度员应负责组织实现列车运行图、编组计划、运输方案，为此必须：

（1）检查各站执行列车运行图和编组计划的情况，及时发布有关行车命令和口头指示。

（2）严格按列车运行图指挥行车，遇列车发生晚点时，应积极采取措施，组织有关人员恢复正点。

（3）注意列车在车站到发及区间内的运行情况，正确、及时地处理临时发生的问题。

知识点六　运行调整阶段计划

列车运行调整计划是列车调度员组织列车运行调整的综合部署，也是实现列车运行图、列车编组计划、运输方案和日班计划的具体行动计划。

一、编制原则

列车调度员要按列车运行图指挥列车运行，当列车不能按列车运行图运行时，除特殊情况外，要按下列等级顺序（单机应根据用途指定条件运行）和先跨局后管内的原则进行调整。

列车等级顺序为：

（1）动车组列车。

（2）特快旅客列车。

（3）特快货物班列。

（4）快速旅客列车。

（5）普通旅客列车。

（6）军用列车。

（7）货物列车。

（8）路用列车。

开往事故现场救援、抢修、抢救的列车应优先办理。特殊指定的列车的等级，应在指定时确定。

二、主要内容

列车调度员须及时编制和下达 3～4 小时列车运行调整计划，并及时与相邻调度台交换。其主要内容：

（1）车站列车到、发时分和列车会让计划（采用计算机下达的为实时调整计划）。

（2）列车在中间站作业计划。

（3）列车在区间、站内装卸车计划。

（4）施工、维修计划及天窗时间安排。

（5）重点注意事项。

三、运行调整方法

列车调度员进行列车运行调整时，一般可采取如下方法：

（1）组织列车按允许速度运行。

（2）选择合理的会让站。

（3）组织列车在车站进行平行作业。

（4）组织列车反方向行车。

（5）组织列车合并运行。

为确保列车安全正点和良好的运行秩序，值乘司机在出勤时，应主动与列车调度员取得联系，听取列车调度员的重点要求。

四、列车调度员对有关列车的处理

列车调度员对下列列车的处理，应提前向有关站段和乘务员下达调度命令：

（1）利用空闲运行线运行；

（2）合并运行或列车停运及恢复运行；

（3）使用原车次在枢纽区内变更始发或到达的编组站；

（4）管内整列重车或整列空车变更到站。

五、组织工作的要求

为确保实现列车工作计划，挖掘运输潜力，提高运输效率，要求：

（1）组织晚点旅客列车恢复正点。

（2）组织货物列车压缩区段旅行时分。

（3）组织有关运输生产单位按各项作业时间标准完成作业，压缩中、停时。

（4）组织单机挂车。

（5）组织机车紧交路。

（6）组织技术站、分界站按照运行图满轴编组和交接列车。

（7）合理运用机车，加速机车车辆周转。

榜样的力量：央广网，新时代·铁路榜样｜铁路总公司调度部调度处：铁路运输的“最强大脑”，https://news.cnr.cn/native/gd/20180920/t20180920_524365996.shtml.

典型工作任务 5　调度安全工作

5.5.1　工作任务

分辨下列描述中哪些属于列车调度员岗位职责赋予的工作内容：

（1）发生灾害，积极组织抢修，尽快修复，争取不中断行车或减少中断行车时间；

（2）在列检作业的车站，发现技术不良的车辆；

（3）发布涉及限速、行车方式变化和设备变化的运行揭示调度命令；

（4）机车辅修、小修时用压缩空气吹扫电器，或用毛刷、棉布擦拭电器，使各电器保持清洁干燥；

（5）操作隔离开关；

（6）发布临时变更或恢复原行车闭塞法的调度命令。

5.5.2　任务目标

1. 知识目标

认识调度指挥的指挥权限范围，了解《调规》关于调度岗位作业人员工作职责的基本规定。

2. 能力目标

掌握调度岗位作业人员特殊情况下作业办理的简易流程和汇报对象。

3. 素质目标

建立列车调度员岗位作业安全责任严肃认识，形成敬畏规章、敬畏岗位安全意识，岗位作业拓展担当精神。

5.5.3　相关配套知识

知识点一　指挥权限

总公司、铁路局调度应及时正确发布与运输有关的调度命令，下级调度以及行车有关人员必须坚决执行。

列车调度员是一个调度区段行车的统一指挥者，有关行车人员必须执行列车调度员的命令、指示，不得违反。

列车调度员应熟悉主要行车人员和机车车辆、线路桥隧、通信信号、牵引供电等设备情况，掌握天气变化对行车工作影响的规律，组织行车有关人员协调工作，实现列车按列车运行图行车。

为维护良好的列车运行秩序，列车调度员应加强与现场行车有关人员的联系，及时布置重点工作。发生非正常情况时，现场行车有关人员须立即向列车调度员报告，列车调度员向行车有关人员了解情况时，有关人员须如实汇报。

思政拓展：在岗位历练中锻造担当精神

爱岗敬业、遵章守纪是铁路职业道德规范的基础。爱岗敬业，就是热爱自己的岗位，忠于职守，专心致志地从事自己的工作。遵章守纪，就是严格遵守本岗位的规章制度，执行标准化作业，积极学习本岗位的新技能，在发生特殊情况时沉着冷静，果断处置，保证安全。

知识点二　调度工作

调度指挥必须坚持安全生产的原则。各级调度人员应做到：

（1）熟悉有关站段及列车的技术设备、作业过程、各项技术作业标准及各站接发列车的有关规定，正确地指挥列车运行。

（2）值班中要精力集中、坚守岗位、严格遵守规章制度，及时正确处理问题。

（3）遇有铁路交通事故、设备故障、自然灾害、天气不良、施工维修、临时限速（指未纳入运行揭示调度命令的限速，下同）、区间装卸等情况和对区间封锁、开通的处理，列车调度员要严格遵守有关规定，值班主任（值班副主任）应加强检查。

（4）遇有铁路车辆运行安全监控系统报警时，红外线、车辆、动车调度员应立即按规定进行处理，列车调度员接到报告后，必须确认车次，并按规定处理。

（5）当得到现场关于列车、线路等出现危及行车安全的报告时，应及时指示有关人员立即采取停车等安全措施，查明情况，妥善处理。

（6）超限超重货物车辆的挂运，必须纳入日（班）计划，根据超限超重货物运输确认电报和超限超重车辆挂运通知单确定的运行条件，由列车调度员发布调度命令。

（7）装载剧毒品货物车辆的挂运，必须纳入日（班）计划，重点布置、预报、交接，跟踪掌握。

（8）限速机车车辆，须根据限速机车车辆挂运电报及规章制度有关规定安排挂运。纳入日（班）计划的，按日（班）计划挂运、交接。未纳入日（班）计划的，铁路局管内须经调度所主任（副主任）准许后方可安排挂运；跨局交接时，由相邻铁路局计划调度员共同确认挂运电报及规章制度有关规定，并经两局调度所值班主任协商同意后方准安排交接。

思政拓展：

1. 事故概况

××年××月××日 20 时 51 分，陇海线某站编组始发 41034 次货物列车，列车中编挂装载一级超限货物的车辆 1 辆，由于当班作业人员与列车调度员之间联系不彻底，军特运调度员未向列车调度员送交《超限超重车辆挂运通知单》，列车调度员不清楚列车中挂有装载超限货物车辆，未下发调度命令，造成 41034 次超限货物列车无调度命令开车，构成铁路交通一般C18类事故。

2. 事故原因

（1）列车调度员未详细了解列车编组内容，未督促车站及时发出列车确报。

（2）特运调度员对待超限货物挂运不严肃。

（3）特运调度员未详细掌握超限货物车辆动态。

3. 事故教训

（1）深刻吸取事故教训，超限超重车辆挂运必须纳入日（班）计划。特调计划台与邻局（或装车站）核对装载超限超重货物车辆交车（挂运）日期后，共同确定挂运车次、局界至分界口的设备限界，负责填写超限超重车辆挂运通知单规定的运行条件。并纳入日（班）计划，将《超限超重货物挂运通知单》传接入（挂运站）所在的计划调度台。

（2）严格超限超重调度命令发布程序。列车调度员发布超限超重货物车辆挂运命令前，要认真核对运超号（电报号）、发站、到站（到局）、经由、台数（辆数）、超限（超重）等级，依据《超限超重货物挂运通知单》提供的运行限制条件编写调度命令。

（3）特运调度要根据日（班）计划与超限列车开行有关的计划调度台、列车调度台核对运行条件。

典型工作任务6 调度命令

5.6.1 工作任务

结合本节所学，陈述下图中封锁区间（长方形灰色区域）在区间和站内情况下的相关站，并指明哪站交令、哪站核对。

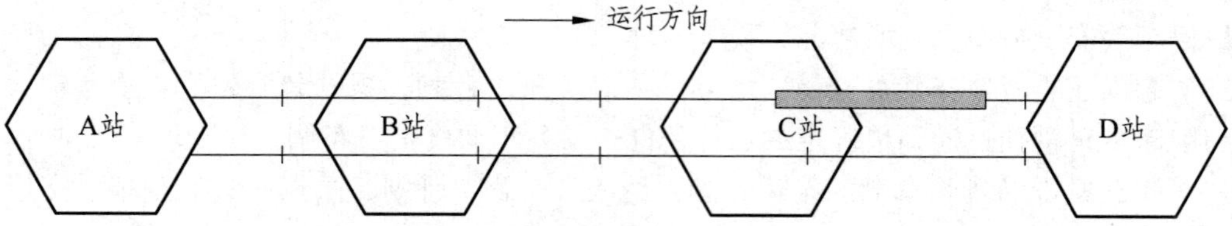

图5-2 站内跨区间

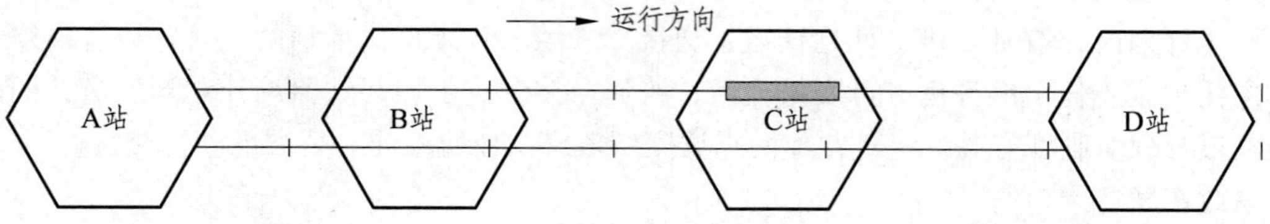

图5-3 站内限速

5.6.2 任务目标

1. 知识目标

认识调度命令发布的基本要求，了解《调规》对调度命令内容的基本规定，掌握行车调度作业中几种常见的调度命令格式与内容模板，识别发布调度命令的时机。

2. 能力目标

能够处理需要发布调度命令指挥运输生产的个别具体场景，熟悉调度命令下达对受领范围内作业方式的影响变化。

3. 素质目标

认识调度命令各项要求与制度，能建立简单调令的使用管理能力，能严格遵守调度命令签发流程。通过事故案例建立调度命令使用安全责任意识。

5.6.3 相关配套知识

知识点一　调度命令的发布权限

在日常运输生产过程中，各级调度通过调度命令或口头指示进行调度指挥。

指挥列车运行的命令（运行揭示调度命令除外）和口头指示，只能由列车调度员发布。列车调度员在发布命令之前，应详细了解现场情况，并听取有关人员意见。下级调度以及行车有关人员必须坚决执行。

知识点二　发布调度命令的规定

一、发布调度命令的基本规定

（1）调度命令发布前，应详细了解现场情况，听取有关人员的意见，命令内容、受令处所必须正确、完整、清晰。

（2）使用计算机、传真机、调度命令无线传送系统发布调度命令时，必须严格遵守“一拟、二审核（按规定须监控人审核的）、三签发（按规定须领导、值班主任签发的）、四发布、五确认签收”的发布程序。命令接受人员确认无误后及时反馈回执。

（3）使用电话发布调度命令时，必须严格遵守“一拟写、二审核（按规定须监控人审核的）、三签发（按规定需领导、值班主任或值班副主任签发的）、四发布、五复诵核对、六下达命令号码和时间”的发布程序。使用电话发收调度命令时，应填记《调度命令登记簿》（列车调度员使用调度命令系统记录时除外），指定受令人员中一人复诵，并记明发收人员姓名及时刻。

（4）已发布的调度命令遇有错、漏或变化时，尚未开始执行的，必须取消前发命令，重新发布调度命令；已开始执行的，应立即停止执行错误或变化内容，并及时发布调度命令进行修正。

（5）调度命令书写不正确时，应重新书写。

（6）发布有关线路、道岔限速的调度命令，必须注明具体地点、起止里程及限速值。

（7）发布救援调度命令，必须注明被救援列车或车列的救援端里程。

（8）使用常用行车调度命令模板、常用运行揭示调度命令模板拟写调度命令时，可根据需要对命令模板内容进行增加或删减。

二、发布行车调度命令的规定

铁路局列车调度员发布行车调度命令时，除严格执行《铁路技术管理规程》（普速铁路部分）的严格要求外，还应遵守以下规定：

（1）发布行车调度命令，要一事一令，不得发布无关内容。一事一令是指对一个独立事件发布一个命令，该独立事件包括单因素事件和多因素事件两类。单因素事件是指不与其他工作发生关联的简单事件；多因素事件是指涉及两项及其以上工作内容，且因此及彼、因果相关、时间相连的复杂事件，可发布一个调度命令。

（2）设有双线双向闭塞设备且作用良好的区间，需要连续反方向行车时，可发布一个调度命令。

（3）交付调度命令的规定：

① 具备调度命令无线传送系统的，列车调度员（车站值班员）应使用调度命令无线传送系统向值乘司机发布（转达）调度命令。

② 语音记录装置良好条件下，符合使用列车无线调度通信设备发布、转达调度命令内容的，列车调度员（车站值班员）可使用列车无线调度通信设备向司机发布（转达）调度命令。

③ 不具备上述条件时，本区段有停车站，列车调度员指定车站值班员在列车进入关系地点前的停车站交付调度命令；本区段无停车站或来不及时，在列车进入关系地点前的车站停车交付调度命令。

（4）交付和核对限速调度命令的规定：

① 限速调度命令，须在列车进入限速地点前发布（转达）完毕，如来不及时，必须在列车进入限速地点前的车站停车转达调度命令。

② 具备使用调度命令无线传送系统或提前在停车站交付调度命令条件的须传送（交付）书面调度命令。

③ 不具备使用调度命令无线传送系统或提前在停车站传送（交付）书面调度命令，需要使用列车无线调度通信设备发布（转达）调度命令时，列车调度员除发给限速地点关系站外，还应发给转达调度命令车站，转达调度命令车站应在列车于本通过（开车）前转达完毕。

限速地点关系站（简称关系站）：限速地点在区间内，关系站为区间的两端站；限速地点在车站站内或站内跨区间，关系站为限速地点车站和相邻车站

限速地点关系站示意图如图 5-4 至图 5-7 所示。

a. 站内限速（C 站站内限速，关系站为 B、C、D 站，图 5-4 中运行方向 A 站或其后方站转达，B 站核对）。

b. 区间限速（B 至 C 站区间限速，关系站为 B、C 站，图 5-5 中运行方向 A 站或其后方站转达，B 站核对）。

c. 站内跨区间限速（C 站及 C 至 D 站区间限速，关系站为 B、C、D 站，图 5-6 中运行方向 A 站或其后方站转达，B 站核对）。

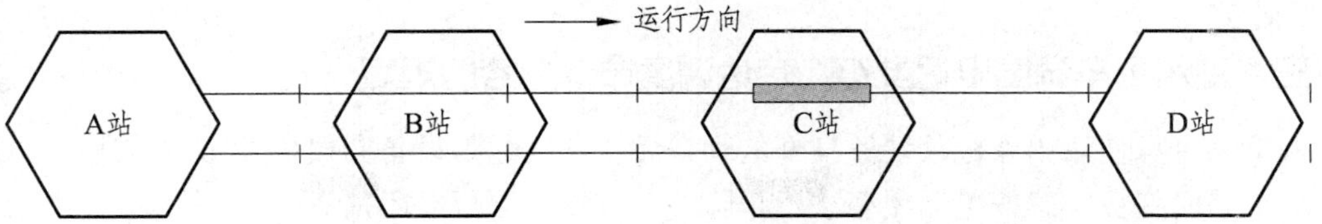

图 5-4　站内限速

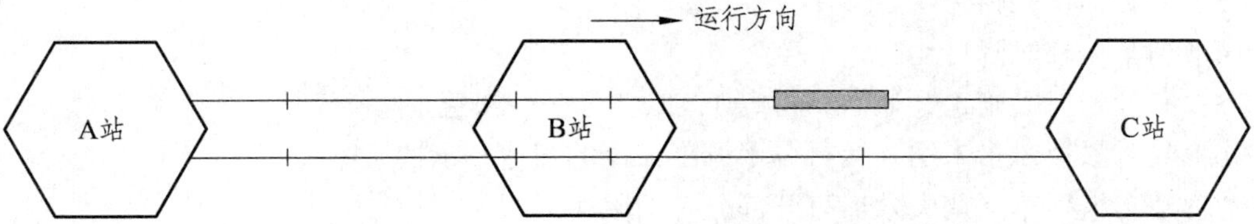

图 5-5　区间限速

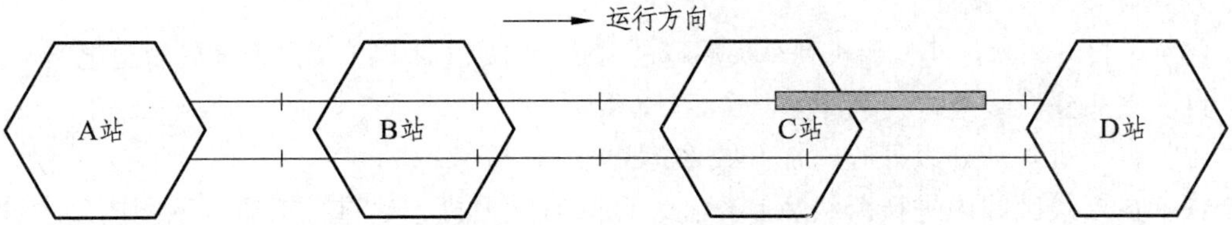

图 5-6　站内跨区间

d. 一站两区间（C 站及 B 至 C、C 至 D 站区间限速，关系站为 B、C、D 站，图 5-7 中运行方向 A 站或其后方站转达，B 站核对）。

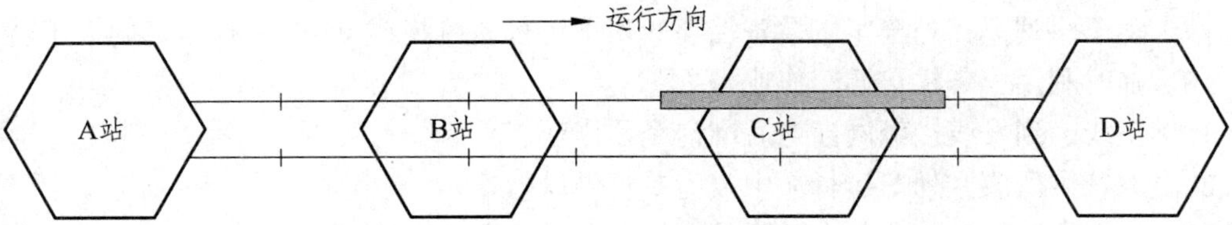

图 5-7　一站两区间

④ 对限速的调度命令，列车进入限速地点前的关系站在列车通过（开车）前，须逐列与司机核对限速内容。调度集中区段、装备列控设备区段，有关核对要求由铁路局规定。

⑤ 核对不一致时，司机应在进入限速地点前的车站停车并向车站值班员报告，车站值班员立即向列车调度员报告，列车调度员核实后，发布（交付）正确的限速调度命令。

（5）对跨局（调度台）的列车，接车铁路局（调度台）列车调度员可委托发车铁路局（调度台）列车调度员发布调度命令。接车铁路局（调度台）要将需转发的调度命令号码和内容发给邻局（调度台），邻局（调度台）在时间允许情况下，不得拒绝委托，并将受令情况向接车铁路局（调度台）列车调度员通报。

（6）发布行车调度命令时，涉及限速内容应一并下达（司机已有限速调度命令除外）。

（7）总公司规定的“常用行车调度命令模板”以外确需发布行车调度命令的事项，由铁路局制定“补充常用行车调度命令模板”。

三、使用列车调度电话发布、转达调度命令内容的规定

调度命令可使用语音记录装置良好的列车无线调度通信设备向司机发布、转达：

（1）临时变更（改按电话闭塞法行车除外）或恢复原行车闭塞法。

（2）设有双线双向闭塞设备且作用良好的区间，双线反方向行车。

（3）变更列车径路。

（4）列车需临时降弓运行。

（5）有计划封锁施工开通后，指定 1，2，3……列限速。

（6）临时限速（指未纳入运行揭示调度命令的限速，下同）。

（7）动车组列车空调失效需打开部分车门限速运行。

（8）超长列车。

（9）单机附挂车辆。

（10）半自动闭塞区间，超长列车头部越过出站信号机（未压上出站方面的轨道电路）发车。

（11）在非到发线上接发列车。

（12）日（班）计划以外临时加开或停运列车。

（13）在双线区间内进行跨线装卸作业，区间有除雪机、起重机工作，区间内发生冲突、脱轨、火灾、爆炸事故，对开入其邻线的列车。

（14）列尾装置故障（丢失）的货物列车继续运行。

（15）改按天气恶劣难以辨认信号的办法行车。

（16）动车组列车转入或退出隔离模式。

（17）动车组列车在列车车载设备控车和列车运行监控装置（LKJ）控车之间人工转换。

（18）临时利用本务机车调车作业。

（19）正线、到发线接触网停电后准许登顶作业。

（20）双管供风旅客列车运行途中改为单管供风。

（21）运行揭示调度命令与实际限速、行车方式或设备不符时。

（22）调度集中区段，由列车调度员办理接、发列车，作为行车凭证的调度命令。

（23）使用引导手信号接车。

（24）遇特殊情况，向已进入关系区间的列车司机发布（交付）的调度命令。

（25）铁路局规定可以利用列车无线调度通信设备发布、转达的调度命令。

四、发布列控限速命令的规定

普速铁路装备列控设备区段列控限速调度命令的发布办法，由铁路局根据具体设备条件规定。跨局列控限速调度命令的发布办法，由相邻铁路局根据设备情况协商确定。

五、不发布调度命令的规定

除《铁路技术管理规程》（普速铁路部分）有明确规定外，遇下列情况，列车调度员亦不发布调度命令：

（1）使用绿色许可证或半自动闭塞发车进路通知书发出列车。

（2）自动闭塞区间一架通过信号机故障。

（3）旅客列车在技术停车站（不办理客运、通勤业务和技术作业）临时变更通过。

（4）使用引导信号接车（使用引导手信号除外）。

（5）站内采用调车方式救援。

（6）已发布运行揭示调度命令的变更旅客列车固定走行径路。

（7）接发动车组列车变更固定股道。

（8）区间内机车信号、列车运行监控装置（LKJ）、轨道车运行控制设备（GYK）发生故障，运行至前方站停车处理。

（9）列车退行。

（10）自轮运转特种设备自走行时因自身设备原因限速。

（11）旅客列车发生制动关门，依据《旅客列车制动关门限速证明书》限速；货物列车编入关门车数超过现车总辆数的 6%，依据《制动效能证明书》限速。

六、发布施工调度命令的有关规定

（1）施工调度命令是指施工作业当日由列车调度员发布的准许施工作业开始、确认施工作业结束等与实际施工作业有关的调度命令。

（2）施工调度员负责拟写次日施工调度命令，经一人拟写、另一人核对后，传（交）列车调度员。

（3）列车调度员根据施工日计划与车站值班员的施工作业申请核对一致后，发布准许进行施工作业的调度命令。

（4）施工作业结束后，列车调度员根据车站值班员申请，应及时发布施工作业结束的调度命令。

（5）施工开通后有第 1，2，3……列限速要求的列车，由列车调度员发布调度命令。

（6）施工开通后启用新版本 LKJ 数据涉及径路、线路允许速度变化的第一列列车，列车调度员应发布调度命令。

（7）因施工提前、延迟或其他原因造成运行揭示调度命令与实际限速、行车方式或设备不符时，列车调度员应取消前发运行揭示调度命令，向有关司机、车站值班员、施工负责人重新发布全部内容的调度命令；相符时仍按前发运行揭示调度命令执行。

七、发布运行揭示调度命令的有关规定

（1）运行揭示调度命令是指由施工调员发布的涉及限速、行车方式变化和设备变化的调度命令。

（2）运行揭示调度命令应包括时间、地点、因由、速度、行车方式变化、设备变化等内容。

（3）发布运行揭示调度命令，不得含有与受令处所无关的内容。

（4）施工调度员应依据施工日计划和主管业务处提报的灾害、故障涉及限速、行车方式变化和设备变化的申请编制运行揭示调度命令。

（5）总公司发布的“常用运行揭示调度命令模板”未涉及的项目，由铁路局制定“补充常用运行揭示调度命令模板”。

（6）运行揭示调度命令须一人拟写、另一人核对，施工办主管科室主任（副主任）、施工办主任（副主任）逐级审核签认，于施工前一日 12:00 前（其中 0:00 至 4:00 执行的运行揭示调度命令为前一日 8:00 前）发布至有关业务处、机务段、车务段（直属站），并传（交）相关列车调度台。其中涉及邻局的车务段（直属站）和相关调度台，传（交）邻局施工办并由其转达。主管业务处负责转交施工单位、自轮运转特种设备管理单位，车务段（直属站）负责转交相关车站。

（7）列车运行途中遇跨越运行揭示调度命令有效时段或其他原因，造成列车运行没有可依据的运行揭示调度命令时，司机须提前向车站值班员（列车调度员）报告，车站值班员立即向列车调度员报告，列车调度员安排交付书面调度命令（可在一个行车调度命令中转发有关运行揭示调度命令），跨铁路局（调度台）运行时，须通知邻局（调度台）列车调度员。

（8）运行揭示调度命令发布的限速条件需转变为 LKJ 基础数据时，除按有关 LKJ 数据管理规定程序办理外，本着“谁申请（登记）、谁取消”的原则，由申请（登记）部门在 LKJ 数据换装生效时刻后，向施工办、车站申请取消限速。施工调度员须在得到申请（登记）部门取消限速的申请后，方准取消该运行揭示调度命令。

（9）发生灾害、设备故障等突发情况，需临时限速时（含施工开通后未达到规定的放行列车条件），应由用有关单位（人员）提出限速申请，列车调度员按规定发布临时限速调度命令；对于暂时不能取消的临时限速，应纳入运行揭示调度命令管理，具体纳入时机由铁路局规定，限速登记单位或设备管理单位应提出限速申请，报告主管业务处室，由主管业务处室审核后提交施工办发布运行揭示调度命令。

思政拓展：安全事故
——运行揭示调度命令管理不善，诱发铁路交通特别重大事故

（1）事故概况。

2008 年 4 月 28 日 4 时 38 分，由北京开往青岛的 T195 次旅客列车运行至济南铁路局管内胶济下行线王村至周村东间 K290+800 处，因超速，机后 9 至 17 位车辆脱轨、颠覆，并侵入上行线。4 时 41 分，由烟台开往徐州的 5034 次旅客列车运行至胶济上行线 K290+850 处，与侵入限界的 T195 次第 15、16 位间发生冲突，造成 5034 次机车及机后 1 至 5 位车辆脱轨。事故造成 72 人死亡，416 人受伤，机车报废 1 台、客车 14 辆，中断胶济上下行线行车 21 小时 22 分。依据《铁路交通事故调查处理规则》第八条规定：造成 30 人以上死亡，构成铁路交通特别重大事故。

（2）事故原因。

① 济南局对施工文件、调度命令管理混乱，用文件代替临时限速命令极不严肃。济南局《关于实行胶济线施工调整列车运行图的通知》，即 154 号文件，23 日印发，距实施的时间 28 日 0 时仅有 4 天。如此重要的文件，却在局网上发布，对外局及相关单位以普通信件的方式传递，而且把北京机务段作为了抄送单位。文件发布后在没有确认有关单位是否接到的情况下，4 月 26 日又发布了 4158 号调度命令，取消了多处限速命令，其中包括王村至周村东间便线限速的 4240 号调度命令（154 号文件对该地段限速 80 km/h 的条件并未取消），导致各相关单位在没有收到 154 号文件的情况下，根据 4158 号命令，盲目修改了运器数据，取消了限速条件。

② 济南局列车调度员在接到 2245 次机车反映现场临时限速与运行监控器数据不符时，济南局于 4 月 28 日 4 时 02 分补发了 K293+780～K290+784 处限速 80 km/h 的 4444 号调度命令，但该命令没有发给 T195 次机车乘务员，漏发了调度命令。

③ 王村站值班员对 4444 号临时限速命令没有与 T195 次司机进行确认，也未认真执行车机联控。同时，北京局在没有接到 154 号文件、也未确认限速条件的情况下，就盲目修改运器芯片；机车乘务员没有认真瞭望，失去了防止事故的最后时机。

知识点三　列车调度员在指挥工作中的安全要求

铁路列车调度员是为了适应铁路运输特点而设置的行车工作的统一指挥者，是整个行车过程实现安全的重要环节，应满足以下要求：

（1）严格按列车运行图指挥列车安全正点运行。

（2）组织协调行车有关部门、单位、工种的工作，纠正各种违章现象，保证行车工作均衡、协调、安全、准确地进行。

（3）注意列车在车站到发及区间内运行情况，正确及时地处理和排除各种危及或可能危及行车安全的意外情况。

（4）遇发生行车事故和灾害而中断行车时，采取积极有效措施，组织事故救援，迅速恢复行车，减少事故损失。

知识点四　确保旅客列车安全

为确保客运列车绝对安全，各级列车调度人员要周密计划，精心组织，正确指挥列车运行，应做到：

（1）不准发布违章指挥行车或内容含糊不清的命令。

（2）信号开放后，除发生危及行车及人身安全的情况外，不准变更接发列车计划。

（3）加开的临时客运列车，要提前发布各站到发时刻的命令，不准按现时刻运行办理。

（4）接到区间发生危及行车安全的故障通报后，未判明情况前不准盲目放行列车。

（5）不准利用客运列车担任施工或事故修复后的试运转工作。

知识点五　不准列车调度员随意变更列车车次

列车车次是日（班）计划和阶段计划的重要构成因素，是现场行车各单位确定本班组工作的依据和识别列车的标志，如随意变更车次，势必造成行车各有关部门间工作的冲突、脱节或遗漏，在外界具备适当条件时，如基本闭塞法停用或其他部门工作发生疏漏，会造成行车事故。

知识点六 调度命令的编号

调度命令号码的编制应按不同工种分别规定。铁路局调度所行车调度命令按日循环，运行揭示调度命令及其他工种调度命令按月循环；总公司各工种的调度命令按月循环（其中总公司货运和列车工作日计划命令按年循环）。

调度命令日期的划分，以 0:00 为界。调度命令循环号码的起止时间，以 0:00 区分。

各级调度命令应保管 1 年。

总公司调度命令号码分为：

（1）货运和列车工作日计划命令号码 0001 ~ 0366。

（2）车流调整命令号码 0401 ~ 0499。

（3）行车调度命令号码 0501 ~ 1799。

（4）专运调度命令号码 1801 ~ 1899。

（5）客运调度命令号码 1901 ~ 2399。

（6）货运调度命令号码 2401 ~ 2699。

（7）行包调度命令号码 2701 ~ 2999。

（8）机车调度命令号码 3001 ~ 3299。

（9）车辆调度命令号码 3301 ~ 3399。

（10）军运调度命令号码 3401 ~ 3699，其中军运及军列空车底回送命令号码 3401 ~ 3599，长大货物车（D 型车）使用、回送及超限专列命令号码 3601 ~ 3699。

（11）特运调度命令号码 3701 ~ 3999，其中机械冷藏车使用及回送命令号码 3701 ~ 3799，重点石油装车命令号码 3801 ~ 3899，总公司所属罐车调整命令号码 3901 ~ 3999。

（12）供电调度命令号码 4001 ~ 4099。

（13）停、限装及恢复装车命令号码 4101 ~ 4399。

（14）备用车命令号码 4401 ~ 4999。

（15）集装箱命令号码 5001 ~ 5599。

（16）施工命令号码 5601 ~ 5899。

（17）备用命令号段 5901 ~ 5999。

铁路局与总公司调度命令号码不得重复，具体由铁路局规定。

知识点七 需要发布调度命令的情况

表 5-1 发布命令的情况

顺序	命令项目	受令者	
		司机	车站值班员
1	封锁、开通区间		○
2	向封锁区间开行救援列车、路用列车	○	○
3	临时变更或恢复原行车闭塞法	○	○

续表

顺序	命令项目	受令者	
		司机	车站值班员
4	双线反方向行车、由双线改为单线或恢复双线行车	○	○
5	变更列车径路	○	○
6	发出在区间内停车或由区间返回的列车	○	○
7	开往区间内岔线的列车	○	○
8	发出临时由区间内返回后部补机的列车	○	○
9	列车需临时降弓运行	○	○
10	因行车设备故障、灾害或施工，以及列车中挂有限速的机车车辆等，需要使列车临时限速运行（纳入运行揭示调度命令或本务机车、动车组自身设备原因限速时除外）	○	○
11	动车组列车空调失效需打开部分车门限速运行	○	○
12	车站使用故障按钮、总辅助按钮		○
13	超长列车或列车挂有装载超限货物的车辆	○	○
14	单机附挂车辆	○	○
15	半自动闭塞区间，超长列车头部越过出站信号机（未压上出站方面的轨道电路）发车	○	○
16	在非到发线上接发列车	○	○
17	调度日（班）计划以外，临时加开或停运列车（单机除外）	○	○
18	双线区间在区间内进行跨线装卸作业时，对开入其邻线的列车	○	○
19	双线区间在区间内有除雪机、起重机工作时，对开入其邻线的列车	○	○
20	双线区间在区间内发生冲突、脱轨、火灾、爆炸事故，对开入其邻线的列车	○	○
21	列尾装置故障（丢失）的货物列车继续运行	○	○
22	改按天气恶劣难以辨认信号的办法行车或恢复正常行车	○	○
23	动车组列车转入或退出隔离模式（被救援时除外）	○	○
24	动车组列车在列控车载设备控车和列车运行监控装置控车之间人工转换	○	○
25	临时利用本务机车调车作业	○	○
26	利用天窗施工、维修作业		○
27	施工、维修作业较指定时间延迟结束		○
28	运行揭示调度命令与实际限速、行车方式或设备不符时	○	○
29	正线、到发线接触网停电或送电（接触网倒闸、跳闸后试送电、向中性区送电或弓网故障排查除外）		○
30	正线、到发线接触网停电后准许登顶作业	○	○
31	双管供风旅客列车运行途中改为单管供风	○	○
32	列车调度员认为有必要记录的上述以外的命令	有关人员	

知识点八　口头指示

除调度命令外，调度员在日常生产指挥中向有关人员发布的完成运输生产任务的具体部署和指挥行车工作的命令，称为口头指示。

口头指示和调度命令具有同等作用。有关人员必须坚决执行。发布口头指示，也应正确、及时、完整、清晰。

知识点九　常用行车调度命令模板

一、封锁及开通区间

1. 封锁区间

______站至______站间______行线因____________，自接令时（______次列车到______站）起（至______时______分止），区间封锁。

2. 开通封锁区间

根据______站报告，______站至______站间______行线________完毕（区间已空闲），自接令时起区间开通。

二、向封锁区间开行救援列车

3. 向封锁区间开行救援列车

（自接令时起______站至______站间________行线区间封锁。）

准许______站（利用______机车）开______次列车，进入______站至________站间____行线封锁区间______km______m 处进行救援，将______次列车推进（拉回）至______站（返回开______次列车）（按事故救援指挥人的指挥办理）。

4. 列车分部运行

根据______站报告，______次列车因______，自接令时起______站至______站间______行线区间封锁。

准许______站利用______机车开行______次列车进入封锁区间______km______m 处挂取遗留车辆，将______次列车推进（拉回）至______站（返回开______次列车）。

三、临时变更行车闭塞法或恢复原行车闭塞法

5. 停用基本闭塞法，改用电话闭塞法

自接令时（______次列车到______站）起，______站至______站间______行线停用基本闭塞法，改用电话闭塞法行车。

6. 恢复原行车闭塞法

自接令时（______次列车到______站）起，______站至______站间______行线，恢复基本闭塞法行车。

7. 停用自动站间闭塞法，改用半自动闭塞法

自接令时（______次列车到______站）起，______站至______站间______行线停用自动站间闭塞法，改用半自动闭塞法行车。

8. 由半自动闭塞法恢复自动站间闭塞法

自接令时（______次列车到______站）起，______站至______站间______行线，恢复自动站间闭塞法行车。

9. 双线反方向行车（未设双线双向闭塞设备或双线双向闭塞设备故障）

自接令时（______次列车到______站）起，______站至______站间______行线停用基本闭塞法，改用电话闭塞法行车。准许______次列车在______站至______站间利用______行线反方向运行，______次列车到______站后，恢复______行线基本闭塞法行车。

10. 双线改单线行车（未设双线双向闭塞设备或双线双向闭塞设备故障）

自接令时（______次列车到______站）起，______站至______站间______行线停用基本闭塞法，改用电话闭塞法，按单线行车。

11. 恢复双线行车（未设双线双向闭塞设备或双线双向闭塞设备故障）

自接令时（______次列车到______站后）起，恢复______站至______站______行线基本闭塞法，______站至______站间恢复双线行车。

12. 列车反方向进入区间并运行至前方站(未设双线双向闭塞设备或双线双向闭塞设备故障）或发出由区间返回的列车

自接令时（______次列车到______站）起，______站至______站间______行线停用基本闭塞法，改用电话闭塞法行车。准许______站开______次列车（反方向）进入区间______km______m至______km______m处______，（返回开______次列车）限______时______分前到______站，本列到达后恢复基本闭塞法。

13. 单线半自动闭塞法或双线反方向越出站界调车

自接令时（______次列车到______站）起，______站至______站间______行线停用基本闭塞法，改用电话闭塞法行车。准许______站利用该区间越出站界调车，限______时______分前完毕，作业完毕后恢复基本闭塞法。

四、双线反方向行车或双线改单线（设有双线双向闭塞设备）和恢复双线正方向行车

14. 双线反方向行车

自接令时(______次列车到______站)起，准许________次(______次……)列车在______站至______站间利用______行线反方向运行。

15. 双线改单线行车

自接令时（______次列车到______站）起，______站至______站间______行线改按单线行车。

16. 恢复双线行车

自接令时（______次列车到______站后）起，恢复______站至______站间双线行车。

五、变更列车径路

17. 变更列车经路

准许______次列车由原运行径路，改经______运行，各站按现时分办理。

六、列车在区间内停车并运行至前方站（使用基本闭塞法）

18. 列车正方向进入区间内停车并运行至前方站

准许______站开______次列车进入______站至______站间____行线______km______m至______km______m处______，限______时______分前到______站。

19. 列车反方向进入区间并运行至前方站（设有双线双向闭塞设备）

自接令时（______次列车到______站）起，准许______站开______次列车反方向进入______站至______站间______行线______km______m至______km______m处______，限______时______分前到______站。

七、列车需临时降弓运行

20. 临时降弓运行

自接令时______站至______站间______行线（站内______道）______km______m至______km______m处，降弓（限速______km/h）运行。

八、列车临时运行速度

21. 站内或区间临时限速

自接令时（______时______分）起至另有命令时（______时______分）止，______站至______站间______行线______km______m至______km______m处限速______km/h。

______次列车运行至______站至______站间______行线______km______m至______km______m处限速______km/h。

22. 列车中挂有限速的机车、车辆

______次列车在______站挂有限速______km/h车辆（机车），运行至______站。

23. 旅客列车车辆故障、动车组安装过渡车钩限速运行

______次列车因空气弹簧故障（密接式车钩因故更换为15号车钩、动车组安装过渡车钩），限速______km/h运行。

九、动车组列车空调失效需打开部分车门限速运行

24. 动车组列车空调失效需打开部分车门限速运行

______次列车因空调失效打开部分车门限速60 km/h运行，通过邻靠高站台的线路时限速40 km/h运行。

十、车站使用故障按钮、总辅助按钮

25. 半自动闭塞区段车站使用故障按钮

根据______站请求，现查明______站至______站间______行线区间空闲，准许______站使用故障按钮办理闭塞机复原。

26. 自动闭塞区段车站使用总辅助按钮

根据______站请求，现查明______站至______站间______行线区间空闲，准许______站使用总辅助按钮改变闭塞方向。

十一、列车挂有装载超限超重货物的车辆

27. 货物列车超长

______次列车换长______，准许在______站至______站间超长运行。

28. 列车挂有装载超限货物的车辆

______次列车挂有超限超重货物______辆，______站至______站间运行条件如下：

（1）限速______km/h。

（2）行经300 m及其以下半径曲线，限速______km/h。

（3）进出站经侧向道岔限速______km/h，禁止（侧向）通过______号及其以下道岔。

（4）______站至______站间区间会车限速______km/h，……

（5）______站至______站间……禁止在区间会车。

（6）______站至______站间……禁止在区间会______列车。

（7）禁止接（进）入有高站台的线路。

（8）各站按《站细》规定的线路接发。
（9）其他要求。

十二、单机附挂车辆

29. 单机附挂车辆

准许______次列车在______站挂车______辆到______站，尾部车辆车号______。

十三、半自动闭塞区段，超长列车头部越过出站信号机（未压上出站方面的轨道电路）发车

30. 半自动闭塞区段，超长列车头部越过出站信号机（未压上出站方面的轨道电路）发车

准许______次列车在______站______道______行出站信号机开放情况下越过出站信号机发车。

十四、在非到发线上接发列车

31. 在非到发线上接车

准许______次列车接入______站非到发线______道。

32. 半自动闭塞、自动站间闭塞区间在非到发线上发车

自接令时（______次列车到______站）起，______站至______站间______行线停用基本闭塞法，改用电话闭塞法行车，准许______次列车在______站非到发线______道发车，本列到______站后恢复基本闭塞法行车。

33. 自动闭塞区间在非到发线上发车

准许______次列车在______站非到发线______道发车。

十五、调度日（班）计划以外。临时加开或停运列车（单机除外）

34. 临时停运列车

准许______次列车在______站停运，______站至______站间加开______次列车，按现时分运行。

35. 临时加开列车

准许______站至______站间加开______次、______次……列车，______站至______站间加开______次、______次……列车，按现时分运行。

十六、双线区间内进行跨线装卸作业，有除雪机、起重机工作，发生冲突、脱轨、火灾、爆炸事故时，对开入其邻线的列车

37. 双线区间内进行跨线装卸作业，有除雪机、起重机工作，发生冲突、脱轨、火灾、爆

炸事故时，对开入其邻线的列车

因______站至______站间______行线______km______m至______km______m处____________，______次列车注意运行。

十七、行车设备故障

38. 列尾装置故障（丢失）的货物列车继续运行

根据______站报告，______次列车列尾装置故障（列尾主机丢失），（______站负责吊起尾部软管）准运行至______站，各站注意接车。

39. 货物列车列尾主机回送

指定______次列车携带货车列尾主机______台（回送）到______站。

十八、改按天气恶劣难以辨认信号的办法行车或恢复正常行车

40. 改按天气恶劣难以辨认信号的办法行车

根据______报告，______站至______站间信号显示距离不足 200 m，自接令时起，改按天气恶劣难以辨认信号的办法行车。

41. 天气好转，恢复正常行车

根据______报告，______站至______站间天气好转，自接令时起，恢复正常行车。

十九、动车组列车转入或退出隔离模式（被救援时除外）

42. 列车将列控车载设备转入隔离模式

准许______次列车将列控车载设备转入隔离模式。（运行至______站后将隔离模式退出，转换为列控车载设备方式行车。）

43. 列控车载设备由隔离模式退出，转换为列控车载设备方式行车

准许______次列车将隔离模式退出，转换为列控车载设备方式行车。

二十、动车组列车在列控车载设备控车和 LKJ 控车之间人工转换

44. 由列控车载设备行车转换为 LKJ 方式行车

准许______次列车（在______站）由列控车载设备方式行车转换为 LKJ 方式行车（运行至______站后由 LKJ 方式行车转换按列控车载设备方式行车。）

45. 由 LKJ 方式行车转换为列控车载设备行车

准许______次列车（在______站）由 LKJ 方式行车转换按列控车载设备方式行车。

二十一、临时利用本务机车调车作业

46. 指定______次本务机车在______站进行调车作业。

二十二、利用天窗施工、维修作业

（一）施工作业

47. 封锁区间并向封锁区间开行路用列车（适用于每端各进一列）

______站至______站间______行线施工，自______时______分（________次列车到________站）起区间封锁，限________时________分施工完毕。

（1）准许工务部门在______km______m至______km______m处施工。

（2）准许供电部门在______km______m至______km______m处施工。

（3）准许______部门在______km______m至______km______m处施工。

准许______站开______次列车，进入封锁区间______km______m处停车，按施工负责人的指示进行作业，（返回开______次列车，）限______时______分前到达______站。

准许______站开______次列车，进入封锁区间______km______m处停车，按施工负责人的指示进行作业，（返回开______次列车，）限______时______分前到达______站。

48. 自动闭塞区间路用列车追踪进入区间后封锁施工

准许______站开______次列车跟随______次列车按自动闭塞方式进入______站至______站间______行线，在______km______m处停车。______次列车到达______站后区间封锁。准许______部门在______km______m至______km______m处施工，限______时______分施工完毕。______次列车按施工负责人的指示进行作业，（返回开______次列车，）限______时______分前到达______站。

49. 信联闭施工（采用施工特定行车）

自______时______分（______次列车到______站）起，准许______站至______站间______行线______部门施工，限______时______分施工完毕，施工期间：

（1）______站______行进站（______接车进路）信号停用。

（2）______站______道______行出站（______发车进路）信号停用。

（3）自______时______分（______次列车到达______站）起______站至______站间______行线停用基本闭塞法，改用电话闭塞法行车。

（4）有关行车凭证的交付和正线通过列车的引导按“施工特定行车办法”规定办理。

（二）维修作业

50. 单个区间和车站维修作业

自______次列车______站出站（到达）（______时______分）起，准许______站（含______道、______号道岔）至______站（含______道、______号道岔）______行线进

行______分钟维修作业。

51. 单线连续多个区间和车站维修作业

______站（含______道、______号道岔）至______站（含______道、______号道岔）间自______次列车各站出站或到达起，准许各站及后方区间进行______分钟维修作业。

52. 双线维修“V形天窗”作业（连续多个区间和车站）

______站(含______道、______号道岔)至______站(含______道、______号道岔)间____行线自______次列车各站出站或到达起，准许各站及后方区间进行______分钟维修作业。

53. 维修“垂直天窗”作业

自接令时（______次列车到达______站、______次列车到达______站、______次列车到达______站……)起，______站(含______道、______号道岔)至______站(含______道、______号道岔）间上下行线准许各区间及站内进行______分钟维修作业。

二十三、施工、维修作业较指定时间延迟结束

54. 施工、维修作业较指定时间延迟结束

根据______站申请，______站（含______道、______号道岔）至______站（含______道、______号道岔）间______行线施工（维修）延迟至______时______结束。

二十四、运行揭示调度命令与实际限速、行车方式或设备不符时

55. 运行揭示调度命令与实际限速、行车方式或设备不符时

______次列车前发______号运行揭示调度命令取消，运行条件如下：

（1）______站（含______道、______号道岔）至______站（含______道、______号道岔）间______行线______km______m至______km______m限速______km/h。

（2）______站______行线按基本闭塞法行车。

（3）施工结束后设备变化情况……

二十五、正线、到发线接触网停电或送电（接触网倒闸、跳闸后试送电、向中性区送电或弓网故障排查除外）

56. 接触网有计划停电

根据供电调度______号申请，自接令时(______次列车到______站)起，准许______站(含)至______站（含）间______行线（______km______m到______站至______站间______km______m）接触网停电。

57. 接触网故障停电

根据供电调度______号通知，自接令时起，______站（含）至______站（含）间______行线（______km______m到______站至______站间______km______m）接触网已停电。

58. 接触网送电

根据供电调度______号通知，______站（含）至______站（含）间______行线（______km______m 到______站至______站间______km______m）接触网已恢复供电。

二十六、正线、到发线接触网停电后准许登顶作业

59. 正线、到发线接触网停电后准许登机车（车辆）顶部作业

根据供电调度______号通知，______站（含）至______站（含）间______行线（______km______m 到______站至______站间______km______m）接触网已停电，自接令时起，准许采取安全措施后继续登顶作业。

二十七、双管供风旅客列车运行途中改为单管供风

60. 双管供风旅客列车运行途中改为单管供风

准许______次列车在______站由双管供风改为单管供风运行至终到站。

二十八、调度集中区段，由列车调度员办理接、发列车，作为行车凭证的调度命令

61. 调度集中区段，由列车调度员办理发车，调度命令用作允许列车运行的行车凭证

（1）因______站至______站间______行线停用基本闭塞法，现查明______站至______站间______行线区间空闲，准许______次列车由______站发往______站。

（2）在______站______道出站（______发车进路）信号机故障（未设出站信号机、列车头部越过出站（______发车进路）信号机）的情况下，准许______次列车由______道发车。

62. 调度集中区段，由列车调度员办理接车，调度命令用作允许列车运行的行车凭证

因______站______行进站（______接车进路）信号机故障，准许______次列车以不超过 20 km/h 的速度越过______站______行进站（______接车进路）信号机进入______站______道。

二十九、其　他

63. 自接令时起取消前发年月日号调度命令。

64. 施工开通启用新版本 LKJ 数据涉及径路、线路允许速度变化列车

______次列车为施工开通启用新版本 LKJ 数据后第 1 列（或第 2 列、第 3 列……）列车：

（1）经由（______线）______站（含）至______站（含）间______行线运行。

（2）经由______站______道运行。

（3）运行至（______线）______站（含）至______站（含）间______行线______km______m 至______km______m 处限速______km/ h 运行（按线路允许速度______km/ h 运行）。

（注：限速和线路允许速度在同一命令中最多只能包含一项；限速列车为施工开通后低于线路允许速度且未纳入运行揭示调度命令的第 1、2、3……列临时限速列车。）

知识点十　常用运行揭示调度命令模板

一、封锁及开通区间

（一）封锁区间

1. 限速

_____月_____日_____时_____分至_____月_____日_____时_____分（另有命令时），______线______站（含______道、______号道岔）至______站（含______道、______号道岔）间______行线______km______m 至______km______m 处施工（灾害、故障），限速______km/h。

2. 封锁施工限速

因____月____日____时____分至____月____日____时____分，______线______站（含______道、______号道岔）至______站（含______道、______号道岔）间______行线封锁，______km______m 至______km______m 处施工。

开通后______线______站（含______道、______号道岔）至______站（含______道、______号道岔）间______行线______km______m 至______km______m 处）第 1 列限速______km/h，第 2 列限速______km/h，第 3 列限速______km/h，……；______月______日______时______分至____月____日____时____分限速______km/h 运行。其中，开通后第 1，2，3……列限速由列车调度员发布调度命令。

设备变化：……

3. 信联闭设备停用

____月____日____时____分至____月____日____时____分，因______线______站施工，施工期间：

（1）______行进站（______接车进路）信号停用，列车凭引导（手）信号的显示进站。

（2）（______道）______行出站（______发车进路）信号停用，列车凭绿色许可证发车。

（3）______站至______站间____行线停用基本闭塞法，改用电话闭塞法。______站____行列车凭路票发车。

（4）设备变化：……

4. 施工特定行车

____月____日____时____分至____月____日____时____分，因______线______站施工，施工期间执行施工特定行车办法。

（1）______行进站（______接车进路）信号停用，引导接车并正线通过时，列车凭特定引导手信号的显示，以不超过 60 km/h 速度进站。

（2）______道______行出站（______发车进路）信号停用，车站使用列车无线调度通信设备（其通信记录装置须作用良好）将绿色许可证编号和调度命令号码通知司机，列车凭通过手信号通过车站。

（3）______站至______站间______行线停用基本闭塞法，改用电话闭塞法。______站使用列车无线调度通信设备（其通信记录装置须作用良好）将路票电话记录号码和调度命令号码通知司机，列车凭通过手信号通过车站。

（4）设备变化：……

典型工作任务 7　非正常情况下的行车办法

5.7.1　工作任务

以小组为单位，分享一例因处置不当导致铁路事故的案例。

5.7.2　任务目标

1. 知识目标

认识三种设备故障的处置办法，了解施工、被迫区间停车、列车冒进信号等常见特殊情况下组织行车的注意事项，明确简易制动阀的使用场景与应用办法。

2. 能力目标

系统、车辆、线路故障时能通过应急办法快速处理，能在特殊情况下按规章要求组织非正常行车。

3. 素质目标

认识非正常行车各项要求与规定，建立丰富坚实的业务素质。在处置突发情况时，能保持良好的心态和心理定力，领导团队协作，灵活、冷静地处置应急情况。

5.7.3　任务目标

知识点一　设备故障时的行车办法

一、TDCS 系统故障时处置办法

TDCS 系统故障时，通知 TDCS 中心值班人员处理。一时处理不好的，发布 TDCS 系故障停用，改按人工方式办理的调度命令。

二、列车运行途中发生车辆故障时的应急处理

（1）发现客车车辆轮轴故障、车体下沉（倾斜）、车辆剧烈振动等危及行车安全的情况时，须立即采取停车措施。由司机、车辆乘务员检查，对抱闸车辆应关闭截断塞门，排除副风缸

中的余风，确认安全无误后，方可继续运行；如车轮踏面损坏超过限度或车辆故障不能继续运行时，应甩车处理。

（2）列车调度员接到热轴报告后，应按热轴预报等级要求果断处理。必要时，立即安排停车检查（司机应采用常用制动，列车停车后由车辆乘务员负责检查，无车辆乘务员的由司机确认能否继续安全运行）或就近站甩车处理。

（3）遇客车安全监控系统报警或其他故障需要列车限速运行时，应使用列车无线调度通信设备通知司机，由司机报告车站值班员、列车调度员。

三、线路断轨、晃车时的处置办法

（1）当接到发生线路断轨（含钢轨夹板折断，下同）、线路晃车的报告后，禁止向该区间（地段）放行列车。如后行列车已进入区间，立即布置车站值班员使用列车无线调度通信设备将线路断轨、线路晃车的地点通知本区间内续行列车就地停车做好防护，禁止通过该地点，并告知相邻车站。

（2）列车调度员应立即通知工务调度员及工务人员前往处理。

（3）根据现场工务工务要求，不能放行列车时，发布封锁区间（站内）的调度命令；需限速运行时，向关系车站（含 CTCS-2 级区段的列控中心）及司机发布限速调度命令。

（4）在 200 km/h 及以上区段，接到动车组车载式轨道动态监测装置测到Ⅳ级晃车的信息报告时，向关系车站（含列控中心）及后续动车组司机发布限速 160 km/h 运行的调度命令。

思政拓展：安全教育——线路晃车未按规定采取拦停措施

1. 事故概况

2010 年某日，87914 次列车司机 3 时 19 分向衡龙桥站反映 210 km+00 m 至 211 km+00 m 处线路晃车，衡龙桥站值班员立即通知宁乡站及工务工区，并向列车调度员报告，后续 42016 次运行至 211 km+395 m 处，司机感觉到晃车严重，使用紧急制动停车，停车后检查发现 212 km+50 m 处运行左股钢轨揭盖（尾部第三位车辆两台车之间），经工务处理于 7 时 04 分开车。构成铁路交通一般 C 类事故，因列车调度员接到线路晃车的报告后，未做任何反应和应急处置，险未造成后续列车在故障地点脱线，定调度所同等主要责任。

2. 原因分析

（1）值班调度员安全意识淡薄，缺乏安全责任心，严重违反《技规》第 180 条 “列车调度员应注意列车在车站到发及区间内的运行情况，正确、及时地处理临时发生的问题，防止列车运行事故”，《调规》第 5 条调度的主要职责：“严格执行各项规章制度、安全管理制度和安全卡控措施，遵守和维护调度纪律，正确发布调度命令，及时处理影响行车安全的有关情况，确保调度指挥安全”的规定，在接到车站关于线路晃车的报告时，没有立即布置车站扣停列车，失去了安全生产的最后一道屏障。

（2）关键的安全业务知识掌握不到位，应急处置不当。广铁下发电报明文规定：“当列车调度员接到司机反映线路晃车报告后，应立即布置相关车站通知后续列车限速 45 km/h 运行”，该电报于 2009 年 8 月 6 日下发后，调度所不仅组织了学习，而且还将该电报放在各个岗位上供调度员查阅，但是值班调度员平时不注意学习，对车站反映线路晃车的情况时，没有按要求进行应急处置，麻木不仁。

（3）值班调度员对调度所多次强调的确保季节性安全警惕性不强。1 月份湖南地区气温低，设备发生问题频繁，极易发生断轨等问题，但值班调度员未在这方面提高警惕，接到现场报告后，反应迟钝，没有引起警觉，错过了防止问题的最佳时机。

3. 事故教训

（1）增强列车调度员的安全意识与责任心，杜绝侥幸心理，值班中牢固树立“安全第一”的思想，在得到现场反映危及行车安全的报告后，必须杜绝因担心影响运行秩序而不及时果断地采取措施进行处理的现象。

（2）强化安全基础教育和应急处置办法的学习，加强对管辖范围内设备情况的熟悉了解。

（3）抓好季节性安全，尤其是要加强对雨雪冰冻、大风、雾天等恶劣天气下的安全卡控，确保非正常情况下行车安全。

知识点二　特殊情况下的行车组织办法

一、施工特定行车

影响行车的施工、检修作业，应安排在“天窗”内进行。遇有施工又必须接发列车的特殊情况时，可按以下施工特定行车办法办理：

（1）车站采用固定进路的办法接发列车。施工开始前，车站须将正线进路开通，并对进路上所有道岔按规定加锁（集中联锁良好的道岔可在控制台上进行单独锁闭）。有关道岔密贴的确认及具体的加锁办法，由铁路局规定。

（2）引导接车并正线通过时，准许列车司机凭特定引导手信号的显示，以不超过 60 km/h 速度进站。

（3）准许车站不向司机递交书面行车凭证和调度命令。但车站仍按规定办理行车手续，并使用列车无线调度通信设备（其语音记录装置须作用良好）将行车凭证号码（路票为电话记录号码、绿色许可证为编号）和调度命令号码通知司机，得到司机复诵正确后，方可显示通过手信号。列车凭通过手信号通过车站。

其他具体安全行车办法由铁路局规定。

二、列车在区间被迫停车时的处理方法

（1）列车在区间被迫停车不能继续运行时，司机应立即使用列车无线调度通信设备通知两端站（列车调度员）及车辆乘务员（随车机械师），报告停车原因和停车位置，根据需要迅速请求救援。需要防护时，列车前方由司机负责，列车后方由车辆乘务员（随车机械师）负责，无车辆乘务员（随车机械师）为列车乘务员负责。配备列车防护报警装置的列车应首先使用列车防护报警装置进行防护。单班单司机值乘的列车防护作业办法由铁路局规定。

如遇自动制动机故障，动车组以外的旅客列车司机应通知车辆乘务员立即组织列车乘务人员拧紧全列人力制动机，以保证就地制动；其他列车司机应立即采取安全措施，并向车站值班员（列车调度员）报告，请求救援。

（2）对已请求救援的列车，不得再行移动，并按规定对列车进行防护。

（3）车站值班员（列车调度员）接到司机通知后，应将区间内列车运行情况通知司机，并立即使用列车无线调度通信设备转告区间内有关列车。在停车原因消除前不得再放行追踪、续行列车。

需组织旅客疏散时，车站值班员得到列车调度员准许后，扣停邻线列车并通知司机，司机通知有关作业人员办理。

（4）列车被迫停车可能妨碍邻线时，司机应立即用列车无线调度通信设备通知邻线上运行的列车和两端站（列车调度员），并与车辆乘务员（随车机械师）分别在列车的头部和尾部附近邻线上点燃火炬；在自动闭塞区间，还应对邻线来车方向短路轨道电路。配备列车防护报警装置的列车应首先使用列车防护报警装置进行防护。司机应亲自或指派人员沿邻线一侧对列车进行检查，发现妨碍邻线时，应立即派人按规定防护。如发现邻线有列车开来时，应鸣示紧急停车信号。

单班单司机值乘的列车防护作业办法由铁路局规定。

车站值班员（列车调度员）接到列车被迫停车可能妨碍邻线的通知后，应立即通知邻线有关列车停车，在原因消除前不得向邻线放行列车。

（5）列车在区间被迫停车后，根据下列规定放置响墩防护：

① 已请求救援时，从救援列车开来方面（不明时，从列车前后两方面），距离列车不少于 300 m 处防护；

② 一切电话中断后发出的列车（持有《技规》附件 3 通知书 1 的列车除外），应于停车后，立即从列车后方按线路最大速度等级规定的列车紧急制动距离位置处防护；

③ 对于邻线上妨碍行车地点，应从两方面按线路最大速度等级规定的列车紧急制动距离位置处防护，如确知列车开来方向时，仅对来车方面；

④ 列车分部运行，机车进入区间挂取遗留车辆时，应从车列前方距离不少于 300 m 处防护。防护人员设置的响墩待停车原因消除后可不撤响墩。

（6）在对被迫停留在区间的列车做好防护措施后，根据线路、车辆情况，组织列车分部运行或列车退行。

三、列车冒进信号

列车冒进信号机后，不得擅自动车。司机须立即报告车站值班员，按车站值班员的指示办理。

四、汛期暴风雨行车时的应急处理

（1）列车通过防洪重点地段时，司机要加强瞭望，并随时采取必要的安全措施。

（2）当洪水漫到路肩时，列车应按规定限速运行；遇有落石、倒树等障碍物危及行车安全时，司机应立即停车，排除障碍并确认安全无误后，方可继续运行。

（3）列车遇到线路塌方、道床冲空等危及行车安全的突发情况时，司机应立即采取应急性安全措施，并立刻通知追踪列车、邻线列车及邻近车站。配备列车防护报警装置的列车应首先使用列车防护报警装置进行防护。

五、列车发生火灾、爆炸时的应急处理

（1）列车发生火灾、爆炸时，须立即停车（停车地点应尽量避开特大桥梁、长大隧道等，选择便于旅客疏散的地点），车站不再向区间放行列车，并通知邻线及后续相关列车停车。电气化区段，现场需停电时，应立即通知供电部门停电。

（2）列车需要分隔甩车时，应根据风向及货物性质等情况而定。一般为先甩下列车后部的未着火车辆，再甩下着火车辆，然后将机后未着火车辆拉至安全地段。

对甩下的车辆，在车站由车站人员负责采取防溜措施；在区间由司机、车辆乘务员负责采取防溜措施。

六、电力机车被迫停在接触网分相无电区

电力机车被迫停地接触网分相无电区时，司机要立即降弓，查明列车前方接触网无电区长度，判断电力机车能否从前部救援，并及时报告车站值班员和列车调度员。列车调度员根据司机的报告和救援机车实际情况，确定救援方案进行救援。

七、旅客列车有扒乘人员的处理

列车调度员接到旅客列车有人扒乘的报告后，须立即安排列车在前方站停车处理。电气化区段，处理旅客列车车顶闲杂人员时，应先停电，后处理。

八、使用紧急制动阀时的处置办法

1. 使用情况

车辆乘务员、客运乘务组等列车乘务人员发现下列危及行车和人身安全情形时，应使用紧急制动阀（紧急制动装置）停车：

（1）车辆燃轴或重要部件损坏。

（2）列车发生火灾。

（3）有人从列车上坠落或线路内有人死伤。

（4）其他危及行车和人身安全必须紧急停车时。

2. 使用方法

使用车辆紧急制动阀时，不必先行破封，立即将阀手把向全开位置拉动，直到全开为止，不得停顿和关闭。遇弹簧手把时，在列车完全停车以前，不得松手。在长大下坡道上，必须先看制动主管压力表，如压力表指针已由定压下降 100 kPa 时，不得再行使用紧急制动阀（遇折角塞门关闭时除外）。

动车组列车遇上述情况时，随车机械师、客运乘务组等列车乘务人员应立即报告司机采取停车措施；来不及报告时，应使用客室紧急制动装置停车。

列车乘务人员应将使用紧急制动阀（紧急制动装置）的情况报告司机。

九、列车失控时的处置办法

应将列车接入空闲的线路，如前方区间空闲，可与前方站办妥闭塞（预告），放入前方区间；如不具备接车条件或前方区间占用时可放入安全线或其他不影响正线的线路（必要时采取脱轨措施，尽量避免影响正线）。

十、车辆溜逸时的处置办法

（1）布置车站迅速利用现场的既有防溜器具对车辆采取制动措施；尽量阻止溜逸车辆进入区间，不得危及旅客列车或站存爆炸等危险货物（包括油罐列车）；专用线车辆溜逸时应立即采取制动措施，防止车辆溜入站内；根据溜逸的车数、方向及线路坡度等情况，迅速将溜逸车辆所在线路溜逸方向一端开通安全线、牵出线、货物线、岔线等次要线路；如溜逸车辆可能侵入接发列车及调车作业进路时，立即通知司机停车。

（2）如车辆溜入区间，呼叫区间内对向运行的列车司机立即停车；正方向溜入区间时，组织溜逸方向的前行列车迅速进站，并停止向该区间发车（必要时也应停止向相邻区间发车）；布置相邻站将道岔开通站内空线或安全线、牵出线、货物线、岔线，同时组织人员采取制动措施。

（3）迫不得已时可采取脱轨措施，但脱轨车辆应尽量避免影响正线。

（4）溜逸车辆已在区间停车并得知停车地点后，应派人到区间做好防护和车辆防溜措施，发布调度命令封锁区间，开行救援单机进入封锁区间将车辆拉回站内；未得到溜逸车辆停妥的报告前，禁止盲目派机车或其他轨道交通工具进入区间。

十一、需接触网停电后登上车顶时的处理故障办法

需接触网停电后登上车顶处理故障，如机车乘务员处理机车受电弓，车务人员上车顶处理车辆上部篷布、绳索松脱，罐车、客车、冷藏车车顶盖打开及敞车装载的货物与接触网有接近危险时需上车顶处理等。

（1）故障处理人员确认处理故障位置的线别、里程及供电支柱号码，通过车站值班员办理申请，列车调度员接到车站值班员申请后，及时通知供电调度员，由供电调度员确定停电范围V形天窗区段必须上下行接触网同时停电。

（2）列车调度员确认停电影响范围内的各站具备停电条件并下达停电行车限制命令后，与供电调度员办理互签手续。

（3）供电调度员按接触网停电程序办理停电手续，确认接触网已停电后，在停送电登记簿上登记实际停电时间，并与列车调度员相互签认。

（4）列车调度员与供电调度员办理相关签认手续后发布准许上车顶处理故障的命令。

（5）车站值班员得到故障处理人员关于故障处理完毕、具备送电条件的报告并确认后，报告列车调度员。

（6）列车调度员与供电调度员在停送电登记簿相互签认后，供电调度员按接触网送电程序办理送电手续。

（7）供电调度员确认接触网已送电，与列车调度员相互签认后，列车调度员发布恢复送

电、取消行车限制的命令。

（8）在站内发生时，指示车站将机车车辆调入设有隔离开关的线路或无电区进行处理。

（9）在有接触网工区的车站，可通知接触网工区派人配合处理。

十二、列车变更基本径路办法

（1）旅客列车仅在正方向区间线路封锁施工、发生自然灾害或因事故中断行车等特殊情况下，经值班主任准许后方可办理。

（2）双线区间列车基本径路为反方向，变更为正方向运行时，按变更径路办理；枢纽地区列车基本径路按列车运行图或《站细》的规定办理。

（3）向相关车站及列车司机发布变更列车经路命令，但旅客列车变更基本径路命令需经值班主任签认后方可发布。

（4）挂有超限货物车辆的列车不得变更基本经路；遇特殊情况确需变更基本径路时，必须有电报明示。

（5）站多场的车站，变更接发车场但不变更相邻站接发列车方向、区间、线路时，不属于变更径路范围。

十三、列车中篷布绳索松脱、车门打开时的处置办法

（1）篷布绳索松脱或车门打开时，若列车在车站停车尚未出发时，应指示车站派人整理篷布、关好车门后再开车。

（2）列车已通过车站或出发后发现篷布绳索松脱或车门打开时，应通知司机立即停车处理，待机车乘务员整理篷布、关好车门后再开车。如整理不好，应指示车站派人协助处理。

（3）若列车无线调度通信设备故障呼叫不到司机时，应使列车在前方站进站信号机外停车，理好后再进站。

（4）电气化区段需接触网停电后登上车顶处理时，按第12项办理或调往无电区处理。

（5）遇篷布绳索整理不好或车门无法关闭，应安排甩车整装。

十四、列车中货物装载发生意外时的处置办法

（1）装载货物有移位、窜动、偏载以及加固材料（加固装置）发生异常情况时，应及时布置车站立即扣停列车，并通知车站（货运）、公安等有关人员前去检查，经处理确认不影响运行安全后再放行列车。

（2）装载货物发生倒塌（倾斜）或超限货物发生位移时，应及时布置车站立即扣停列车，指示车站（货运）派人会同司机详细检查是否超过机车车辆限界、车辆是否发生偏载、超限货物是否超过位移标志等；在区间经整理确认可以运行或限速运行时，运行至前方站停车整装；凡有危及行车安全又暂时无法消除者，应甩车处理。

（3）列车中若有货物坠落时，应立即派人检查是否影响行车和寻找坠落的货物，通知续行列车加强瞭望和注意查看线路上是否有坠落的货物，并通知工务、电务部门检查设备。

（4）如线路受损，需根据工务人员的要求限速运行时，除向列车司机转达限速命令外，在CTCS-2级区段必须同时向列控中心发布限速命令；不能放行列车时，根据工务人员的要求，

发布封锁区间（线路）的调度命令进行抢修。

（5）电气化区段需接触网停电后登上车顶处理时，按第12项办理或调往无电区处理。

典型工作任务8　调度工作分析

5.8.1　工作任务

认识调度分析工作，尝试回答调度工作分析分为哪三种？主要内容是什么？

5.8.2　任务目标

1．知识目标

认识调度工作分析的种类与相应内容，明确计划。

2．能力目标

会计算兑现率。

3．素质目标

数据化视角认识调度工作，掌握利用调度分析工作指导生产的思路与方法。向榜样学习，认识新时代全国铁路优秀调度工作者。

5.8.3　相关配套知识

调度工作分析，是通过日常运输综合分析发现问题、制定措施，不断提高调度工作质量，促进运输生产的有效方法。各级调度必须配备调度分析人员，由具有较强业务水平和实践经验的人员负责本单位的调度分析工作。

知识点一　调度工作分析的种类

调度工作分析可分为日常分析、定期分析和专题分析。

1．日常分析

（1）列车工作计划兑现情况（含分界站列车交接、排空计划兑现情况）分析。

（2）运用车分布及车流状况分析。

（3）停运列车分析。

（4）列车等线分析。

（5）运输收入完成情况分析。

（6）货车周转（中转、停留、旅行）时间分析。

（7）大点车分析。

（8）换算周转量（货物周转量、旅客周转量）分析。

（9）运量（货物发送吨、旅客发送人、静载重）分析。

（10）旅客列车、货物列车正晚点（惯性晚点）分析。

（11）机车运用及效率指标分析。

（12）机车乘务员超劳情况分析。

（13）列车违编、欠重、超重情况分析。

（14）列车机外停车分析。

（15）运输需求兑现情况分析。

（16）装卸车及重点物资装车分析。

（17）特需、快速货物列车开行情况分析。

（18）铁路局间分界口能力利用率情况分析（每月按运调 18 格式逐项填写，于次月 5 日前电传报总公司）。

（19）施工及维修天窗兑现率分析。

（20）检修车发布及检修车扣修、回送、检修、修竣计划兑现情况分析。

（21）铁路车辆运行安全监控系统运行情况分析。

（22）篷布使用分析。

（23）临时旅客列车开行、旅客列车甩挂车辆、折返、停运分析。

（24）牵引供电运行情况统计分析。

（25）行车设备故障统计及运输影响情况分析。

（26）货车使用费情况分析。

（27）调度安全情况分析。

（28）调度工作质量分析。

2. 定期分析

根据日常运输及安全工作情况，收集、积累有关资料，按时作出旬、月、季、半年、年度分析，并提出改进日常运输组织和安全工作的意见和建议，以便及时采取技术组织措施，提高运输工作质量。

3. 专题分析

分析人员要深入实际，调查研究，善于发现问题，及时作出必要的专题分析，并提出改进意见或措施。

知识点二　计划兑现率

日（班）计划考核按下列规定逐日进行：

1. 列车工作计划兑现率

$$列车工作计划兑现率=\frac{符合日（班）计划规定的车次、时分、编组内容的实际列数}{日（班）计划列数}\times 100\%$$

2. **排空计划兑现率**

$$排空计划兑现率=\frac{实际排空车数}{日计划排空车数}\times 100\%$$

注：（1）按日（班）计划规定的车次并正点出发的列车，其编组内容符合下列要求者均视为兑现：

整列重车——符合编组计划规定的方向号；

整列空车——主型空车不少于日（班）计划所规定的车数；

重空合编列车——重车数或空车数按日（班）计划规定，上、下波动不超过 5 辆。

（2）旬、月兑现率分别按日、列数、车数加总平均计算。

榜样力量：指挥台前绽芳华

——论太原局集团公司调度所高铁列车调度员周凤

滚滚车流南来北往，指挥台前运筹帷幄。在铁路运输的各个岗位中，列车调度员劳动强度大、安全责任重，少有女职工从事这一专业。然而，中国铁路太原局集团有限公司调度所高铁列车调度员周凤对这一专业情有独钟。

2011 年，从西南交通大学铁路运输专业毕业的周凤通过双选来到大同车务段，在阳高站客运岗位见习。然而，周凤始终对走上行车岗位念念不忘，见习不到一个月，便找到站长，强烈要求上信号楼。站长提醒她："行车岗位大多是男同志，安全压力大、技术要求高，仅规章就有 1000 多条，你有信心胜任吗？""我不怕困难，我想学行车！"

在周凤的坚持下，站长最终同意将她调往行车室工作。为掌握行车岗位的全流程作业，周凤苦练专业技能，从担任日勤工作逐步成长为参与固定班次的倒班作业。倒班打乱了她多年的作息规律，内分泌紊乱还导致了脱发。每次后半夜接班，她要独自从客运间休室穿过一段阴暗的地下通道，一路跑到信号楼。

星光不负追梦人。周凤用 3 个月时间就熟记下《技规》《行规》，在大同车务段背规比武中摘得桂冠。经过半年的学习，周凤终于通过了行车工种出徒考核，成为大同车务段第一位女车站值班员。

2013 年底，大同车务段公开竞聘车站调度员，周凤以综合得分第一名的成绩成为该段调度车间的车站调度员。她在自己钟爱的行车岗位上又迈上了新台阶。由她牵头的"周凤工作室"对"列车占用丢失""压缩停时提高运输效率"等课题进行攻关，为安全高效运输发挥了积极作用。

2016 年，太原局集团公司招聘调度员，周凤以综合排名第一的成绩被局集团公司调度所录取，成为太原局集团公司调度所历史上第一名女列车调度员。走进调度所之前，她毅然将自己留了 10 多年的长发剪掉，开启了自己的新征程。

步入太原局集团公司 2000 多平方米的调度大厅，几百台电脑摆在一起，上百名调度员在不停地接打电话、发布指令。周凤知道，这里是铁路这台大联动机的"大脑"，这里发出去的每一条指令都关乎着铁路运输安全和效率。这里，是周凤从学生时代就向往的"圣殿"。

刚刚走上调度台的周凤出现过工作失误，好在被师傅发现并纠正。周凤深知安全责任的意义，更加深了对调度指挥工作的理解，她开始更加自觉地进一步提升业务水平。

为突破工作堵点，她连续利用 4 个休班时间去现场调研。为下级部门改良设备提出合理化建议。经设备维护、牵引试验后。她的研究成果获得局集团公司质量管理一等奖。

2019 年，周凤向难度更大、标准更高的高铁列车调度员发起挑战。

成为一名高铁列车调度员的周凤，对调度指挥的理解更加深刻，她不断地在提升业务能力上下功夫，把管辖区段大西高铁 7 个车站、60 多对车、1000 多个到达出发时刻和 100 多个常见的调度命令全部烂熟于心。她说，反应越快速、操作越熟练，越能有效保障运输安全。两年多来，周凤共处置 36 起突发情况，正确率达到 100%。每当列车驶过自己调度指挥的区段，不断进取、不断挑战自我的周凤内心都有一种满足感。怀着对梦想的极致追求，肩负对安全责任的使命担当，她在新时代铁路发展中绽放出绚丽夺目的光彩。

因为热爱，她从努力和奋斗中获得了由衷的满足。周凤是许许多多青年调度员的一个缩影。他们在三尺指挥台前夜以继日、默默奉献，在指挥着列车安全有序运行的同时，实现着自己的人生价值。11 年工作，历经四个行车工作岗位。大秦重载点燃青春之梦、历经磨砺不断成长、进取路上永不停歇。一次次岗位变动的背后，是周凤不断挑战自己、不断超越自己的全身心付出。

资料来源：中国国家铁路集团有限公司官网. http://www.china-railway.com.cn/tlwh/tlby/202209/t20220904_123297.html.

项目综合考核

一、理论知识考核

（一）填空题

1. 车流调整分为重车调整、空车调整和________调整。

2. 为消除局部重车积压，可采取限制装车、停止装车和________________等措施。

3. 变更车流输送径路，应适应有关区段的通过能力，并指定变更径路的期限、列数、辆数和_____________。

4. 集中装车仅在所经区段通过能力和__________允许的条件下，方准采用。

5. 空车调整的方法有正常调整、综合调整和_______调整。

6. 空车调整必须做到缩短空车行程，组织车种代用，消除同一区段___________。

7. 备用车分为______备用车、军用备用车、专用货车备用车和港口、国境站备用车。

8. 专用货车备用车必须备满_____h，才能解除备用。

9. 调度日（班）计划应保证均衡地完成月度运输生产经营计划，实现列车编组计划、列运行图及__________。

10. 铁路局调度日计划的内容有货运工作计划、列车工作计划和__________工作计划。

11. 固定车次贯通到底的直达货物列车，在接续的区段站或编组站因晚点不能使用原定运行线，在制定日（班）计划时，准许利用图定的______列车运行线开车，但必须持原车次不变。

12. 编制铁路局日（班）计划的列车工作计划时，原则上不准编制跨铁路局的超重、超长车计划，必须编制时，须征得相邻铁路局的同意，并经总公司以___________准许。

13. 列车调度员要按列车运行图指挥列车运行，当列车不能按列车运行图运行时，除特情况外，要按先客后货、__________的原则和规定的列车等级顺序调整列车运行。

14. 调度命令发布前，应详细了解现场情况，听取有关人员的意见，书写命令内容、________必须正确、完整、清晰。

15. 区间限速区长度超过_____m 时，列车调度员应按区间限速下达限速命令。

16. 在列车实际运行图上，“五定”班列运行线用_________________表示。

17. 在 CTCS-2 级区段，动车组在完全监控模式、部分监控模式下运行时，进入闭塞分区的行车凭证为___________________________________。

18. 在 CTCS-2 级区段，出站（发车进路）信号机故障时，动车组的行车凭证为____________，列控车载设备应转入目视行车模式。

19. 在调度集中区段，由列车调度员办理接发列车，遇基本闭塞法停用或出站、进站信号机故障停用时，以_________作为行车凭证，列车调度员须确认发给行车凭证的依据附带条件。

20. 调车模式是动车组进行调车作业的固定模式，限速值为_____km/h。

（二）判断题

1. 车流径路通常是最短径路，但有些径路虽然运行距离长，但也可能成为正常径路。（ ）

2. 运输工作不正常，需要增加或减少日装车计划时，应首先调整（增加或减少）外局的装数量。（ ）

3. 分界站接入某方向的重车不足或增多时，应首先采取增加或减少自铁路局装往该去向车数的方法进行调整。（ ）

4. 装车数超过卸车地的卸车能力时，应进行去向别装车调整。（ ）

5. 某方向移交重车严重不足时，应进行去向别装车调整。（ ）

6. 因紧急任务需要解除备用车时，须经总公司调度批准，可不受时间限制。（ ）

7. 特殊备用车必须备满 36 h，才能解除备用。（ ）

8. 调度日计划的编制，铁路局由调度所主任（副主任）负责。（ ）

9. 列车调度员利用空闲运行线运行列车时，应提前向有关站段和乘务员下达调度命令。（ ）

10. 设有双线双向闭塞设备的区间且作用良好，需要连续反方向行车时，可一次发布调度命令。（ ）

11. 施工计划调度命令应由列车调度员发布。（ ）

12. 自动闭塞区间，出站（发车进路）信号机故障、停用时发出列车，列车调度员不发调度命令。（ ）

13. 旅客列车在技术停车站（不办理客运业务和技术作业）临时变更通过时，列车调度员可不下达调度命令。（ ）

14. 列车实际运行图中，行包列车用蓝单线加蓝圈表示。（ ）

15. 调度工作分析，可分为日常分析、定期分析和不定期分析。（ ）

16. 重空合编列车，按日（班）计划规定的车次正点出发，重车数或空车数按日（班）计划规上、下波动不超过 6 辆，视为列车工作计划兑现。（ ）

17. 动车组禁止加挂各型机车车辆。 (　　)

18. 两列动车组重联时各升 1 架受电弓运行，但不得采用前车升前弓、后车升后弓的模式。 (　　)

19. 动车组不得通过半径小于 180 m 的曲线，不得侧向通过小于 12 号的道岔。 (　　)

20. 动车组通过车站时，车站须提前停止通过进路上的作业和对列车运行安全有影响的调车作业，提前时间由总公司规定。 (　　)

（三）选择题

1. 编制铁路局日（班）货运工作计划时，第一班装、卸计划应达到全日计划的（　　）以上。

A. 40%　　B. 45%　　C. 50%　　D. 55%

2. 铁路局日（班）列车工作计划要确保排空列车的开行，第一班计划的排空车数必须达到计划的（　　）以上。

A. 40%　　B. 45%　　C. 50%　　D. 55%

3. 旅客列车车辆甩挂的调度命令，由（　　）发布。

A. 列车调度员　　B. 计划调度员　　C. 客运调度员　　D. 特运调度员

4. 利用计算机发布调度命令时，必须严格遵守“一拟、二审、三签（按规定须领导、值班主任签发）、四发布、五（　　）”的发布程序。

A. 签收　　B. 核对

C. 复诵核对　　D. 确认签收

5. 利用电话发布调度命令时，必须严格执行“一拟、二审、三签（按规定须领导、值班主任签发），四发布、五（　　）、六下达命令号码和时间”的发布程序。

A. 签收　　B. 核对　　C. 复诵核对　　D. 确认签收

6. 发布、接受调度命令时，应填记《调度命令登记簿》，并记明（　　）姓名及时刻。

A. 发布人员　　B. 发收人员　　C. 接收人员　　D. 车站站长

7. 需要向车站值班员发布调度命令的是（　　）。

A. 变更列车径路　　B. 自动闭塞区间，出站信号机故障时发出列车

C. 站内采用调车方式救援　　D. 使用引导接车

8. 需要向车站值班员发布调度命令的是（　　）。

A. 双线正向出站调车　　B. 自动闭塞区间一架通过信号机故障

C. 单机附挂车辆　　D. 未设出站信号机的到发线，向自动闭塞区间发出列车

9. 车站向区间内岔线发出列车时，需经（　　）准许并发布命令。

A. 车站值班员　　B. 车站调度员　　C. 值班站长　　D. 列车调度员

10. 车站临时利用本务机车进行调车作业时，须经（　　）准许并发布命令。

A.车站调度员　　B. 机务段调度员

C. 车站值班员　　D. 列车调度员

11. 列车运行线的表示方法规定：旅客列车运行线表示为（　　）。

A. 红双线　　B. 红单线

C. 红单线加红圈　　D. 蓝双线

12. 列车运行线的表示方法规定：远程技术直达货物列车运行线表示为（　　）。

A. 蓝单线　　B. 蓝单线加方框　　C. 黑单线　　D. 黑双线

13. 列车运行线的表示方法规定：直通货物列车运行线表示为（　　）。

A. 黑单线　　B. 黑单线加红圈　　C. 黑单线加黑圈　　D. 蓝单线

14. 列车运行线的表示方法规定：临时旅客列车运行线表示为（　　）。

A. 蓝单线　　B. 蓝单线加红圈

C. 红单线　　D. 红单线加红双杠

15. 列车运行线的表示方法规定：特快货物列车运行线表示为（　　）。

A. 蓝单线　　B. 蓝单线加红圈

C. 红单线　　D. 红单线加红双杠

16. 编组始发列车，根据日（班）计划规定的车次，按图定时刻正点或早点不超过（　　）。

A. 5 min　　B. 10 min　　C. 15 min　　D. 20 min

17. 在进行货物列车正点统计时，凡以（　　）列车车次开行的列车，不按货物列车统计。

A. 军运　　B. 小运转　　C. 超限　　D. 自备车

18. 在进行货物列车正点统计时，临时定点运行的列车，根据（　　）规定的时分统计。

A. 运行图　　B. 铁路局下达的书面文件

C. 运输方案　　D. 日（班）计划

19. 200 ~ 250 km/h 速度等级 CRH 型动车组，制动初速度为 250 km/h 时，制动距离限值（　　）。

A. 2 600 m　　B. 2 800 m　　C. 3 000 m　　D. 3 200 m

20. 动车组在不满足（　　）列车追踪间隔的处所，经总公司批准，允许在出站信号机显示黄色灯光时，办理动车组由车站通过。

A. 3 min　　B. 4 min　　C. 5 min　　D. 6 min

（四）简答题

1. 铁路运输调度的基本任务是什么？
2. 调度所的组织系统是如何构成的？
3. 铁路运输调度基本工作制度有哪些？
4. 编制调度日（班）计划时应遵守哪些原则？
5. 重车调整的方法有哪些？去向别装车调整要执行哪些规定？
6. 列车运行调整计划的主要内容是什么？
7. 列车运行调整计划是如何编制的？
8. 列车调度员进行列车运行调整的方法有哪些？
9. 发布调度命令的基本规定？
10. 调度命令和口头指示的作用是什么？二者有何区别？
11. 哪些情况下需要发布调度命令？
12. 列车调度员为什么不准随意变更列车车次？
13. 发布行车调度命令应遵守的规定？
14. 旅客列车有扒乘人员时应如何处理？
15. 调度工作分析的目的是什么？
16. 调度工作分析分为哪三种？主要内容是什么？

二、实作技能考核

1. 已知：A—E 间部分列车运行图如图 5-6 所示，各站 $\tau_{不}$=4 min，$\tau_{会}$=2 min，$\tau_{连}$=5 min，$t_{起}$=2 min，$t_{停}$=1 min，现预计客车 3002 次晚点 20 min，其他列车正点运行。

要求：在图 5-8 中编制列车运行调整计划。

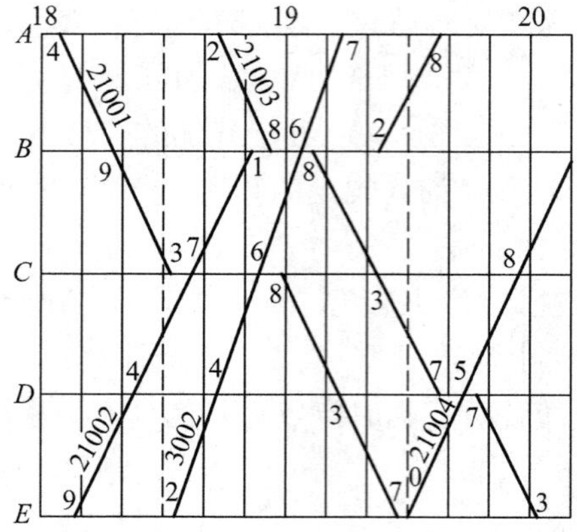

图 5-8　A—E 间列车运行图

2. 已知：甲—C 间部分列车运行图如图 5-7 所示，单机 51012 次 C 站 13:15 开，比照 23104 次的运行时分运行，现预计 23101 次甲站早开 15 min，其他列车正点运行，各站 $\tau_{不}$=4 min，$\tau_{会}$=3 min，$\tau_{连}$=5 min。

要求：在图 5-9 中编制列车运行调整计划，并说明采用的调整措施有哪些？（调整线用虚线表示）

$t_{运费}$	
上行	下行
16_4^2	16_2^4
17_4^2	19_2^4
20_4^2	20_2^4

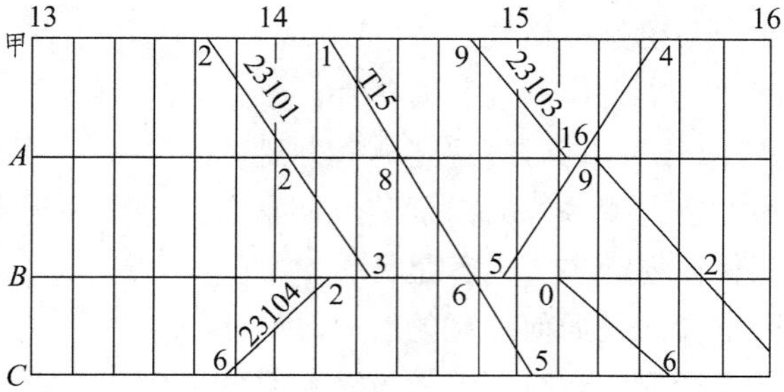

甲—C区间列车运行图

图 5-9　甲—C 间列车运行图

三、素质考核

根据出勤情况及课堂表现，获得素质考核成绩。

参考答案

（一）填空题

1. 备用车　2. 变更车流输送径路　3. 列车编组计划　4. 到站卸车能力
5. 紧急　6. 同车种对流　7. 特殊　8. 48
9. 施工计划　10. 机车车辆　11. 货物　12. 调度命令
13. 先跨局再管内　14. 受令处所　15. 6000　16. 蓝单线加篮圈
17. 列控车载设备显示的允许运行的速度值　18. 绿色许可证　19. 调度命令
20. 40

（二）判断题

1. √　2. ×　3. √　4. ×　5. √　6. √　7. ×　8. √　9. √　10. √
11. √　12. √　13. √　14. ×　15. ×　16. ×　17. √　18. ×　19. ×　20. √

（三）选择题

1. B　2. B　3. C　4. D　5. C　6. B　7. A　8. C　9. D　10. D
11. B　12. A　13. A　14. D　15. B　16. C　17. B　18. D　19. D　20. C

（四）简答题

略

综合实训

一、填空题

1. 车流调整分为重车调整、空车调整和________调整。

2. 为消除局部重车积压，可采取限制装车、停止装车和________________等措施。

3. 变更车流输送径路，应适应有关区段的通过能力，并指定变更径路的期限、列数、辆数和____________。

4. 集中装车仅在所经区段通过能力和__________允许的条件下，方准采用。

5. 空车调整的方法有正常调整、综合调整和_______调整。

6. 空车调整必须做到缩短空车行程，组织车种代用，消除同一区段__________。

7. 备用车分为______备用车、军用备用车、专用货车备用车和港口、国境站备用车。

8. 专用货车备用车必须备满_____h，才能解除备用。

9. 调度日（班）计划应保证均衡地完成月度运输生产经营计划，实现列车编组计划、列运行图及__________。

10. 铁路局调度日计划的内容有货运工作计划、列车工作计划和__________工作计划。

二、判断题

1. 车流径路通常是最短径路，但有些径路虽然运行距离长，但也可能成为正常径路。 （ ）

2. 运输工作不正常，需要增加或减少日装车计划时，应首先调整（增加或减少）外局的装数量。 （ ）

3. 分界站接入某方向的重车不足或增多时，应首先采取增加或减少自铁路局装往该去向车数的方法进行调整。 （ ）

4. 装车数超过卸车地的卸车能力时，应进行去向别装车调整。 （ ）

5. 某方向移交重车严重不足时，应进行去向别装车调整。 （ ）

6. 因紧急任务需要解除备用车时，须经总公司调度批准，可不受时间限制。 （ ）

7. 特殊备用车必须备满 36 h，才能解除备用。 （ ）

8. 调度日计划的编制，铁路局由调度所主任（副主任）负责。 （ ）

三、简答题

1. 重车调整的调整方法有哪些？
2. 进行去向别装车调整时，执行哪些规定？
3. 什么情况下采取限制装车或停止装车？
4. 什么情况下采取集中装车？
5. 空车调整应掌握的原则？
6. 铁路局如何确定排空车数？
7. 备用车的备用和解除，须经哪些部门批准？
8. 备用车的备用和解除有哪些规定？
9. 调度日（班）计划的编制应遵守哪些原则？
10. 列车工作计划包括哪些内容？

参考答案

一、填空题

1. 备用车　2. 变更车流输送径路　3. 列车编组计划　4. 到站卸车能力
5. 紧急调整　6. 消除同车种对流　7. 特殊备用车　8. 24 h
9. 运输方案　10. 机车车辆

二、判断题

1. √　2. ×　3. √　4. ×　5. ×　6. √　7. ×　8. √

三、简答题

1. 重车调整的调整方法有哪些？

答：去向别装车调整、限制装车、停止装车、变更重车输送径路和集中装车。

2. 进行去向别装车调整时，执行哪些规定？

答：（1）运输工作不正常，需要减少或增加日装车计划时，应首先用调整（减少或增加）自局管内的装车数；如需减少或增加外局的装车数量时，须经铁道部批准；

（2）分界站接入某方向的重车不足或增多时，应首先采取增加或减少自局装往该去向装车数量的方法进行调整。如果重车不足或增多延续时间较长，自局调整又有一定困难时，应将情况及时报铁道部，由铁道部统一调整。

3. 什么情况下采取限制装车或停止装车？

答：装车数超过区段通过能力和编组站作业能力时；装车数超过卸车地的卸车能力时；因自然灾害、事故，线路封闭中断行车时；因其他原因发生车辆积压或堵塞时。

4. 什么情况下采取集中装车？

答：某铁路局的管内重车严重不足时；某方向移交重车严重不足时；重点用户、港口、国境站急需到达物资或外运物资严重积压时；急需防洪、抢险、救灾物资时。

5. 空车调整应掌握的原则？

答：必须做到缩短空车行程，组织车种代用，消除同车种对流。

6. 铁路局如何确定排空车数？

答：根据车种别装车、卸车的差数，接空数和实际货车保有量确定排空车数。

7. 备用车的备用和解除，须经哪些部门批准？

答：特殊备用车、军用备用车和专用货车备用车的备用、解除，必须经铁道部以备用车命令批准。港口、国境站备用车的备用、解除，有关铁路局根据铁道部每季批准的计划，按照指定的车站、车种、数量，以铁路局备用车命令批准。

8. 备用车的备用和解除有哪些规定？

答：（1）特殊备用车须备满 48 小时，军用备用车和专用货车备用车和港口、国境站备用车须备满 24 小时，才能解除备用。因紧急任务需要解除备用车时，须经铁道部以调度命令批准，可不受时间限制。

（2）备用车状况须经备用基地检车员检查。

9. 调度日（班）计划的编制应遵守哪些原则？

答：认真贯彻国家的运输政策，保证重点运输的原则；坚持一卸、二排、三装的运输组织原则；严格按列车编组计划编车，按列车运行图行车，按运输方案组织运输，按《车站行车工作细则》组织作业，最大限度地组织直达、成组运输的原则；经济合理地使用机车车辆和其他运输设备，提高运输效率和效益的原则；均衡运输的原则；

10. 列车工作计划包括哪些内容？

答：（1）列车到、发及运行计划；（2）分界站列车交接计划；（3）管内工作车输送计划、各站配空挂运计划和摘挂列车的装卸、甩挂作业计划；

（4）专用货车的使用、调整计划；（5）施工计划；

参考文献

[1] 中华人民共和国铁道部标准计量研究所．铁路调车作业标准[S]．北京：中国标准出版社，2012.
[2] 铁道部．中华人民共和国铁道行业标准．接发列车作业（TB/T1500.1 至 TB/T1500.8）[S]．北京：中国铁道出版社．2012.
[3] 中国铁路总公司．铁路技术管理规程（普速铁路部分）[S]．北京：中国铁道出版社，2014.
[4] 中国铁路总公司．铁路运输调度规则（普速铁路部分）[S]．北京：中国铁道出版社，2017.
[5] 中华人民共和国铁道部．车站行车工作细则编制规则[S]．北京：中国铁道出版社，2008.
[6] 中华人民共和国铁道部．铁路 200 ~ 250 km/h 既有线技术管理暂行办法[S]．北京：中国铁道出版社，2007.